D1928095

Kurt Murer (Red.)

1003 Spiel- und Übungsformen in der Leichtathletik

Mitarbeiter bei einzelnen Kapiteln:

Walter Bucher, Unterägeri
Josef Fähndrich, Littau
Rainer Huber, Mutschellen
Ernst Strähl, Magglingen
Rolf Weber, Bern

CIP-Kurztitelaufnahme der Deutschen Bibliothek

12 000 [Zwölftausend] Spiel- und Übungsformen /
hrsg. von Walter Bucher. — Schorndorf: Hofmann
Früher u. d. T.: Zehntausend Spiel- und Übungsformen

NE: Bucher, Walter [Hrsg.]

1003 [Tausenddrei] Spiel- und Übungsformen in der
Leichtathletik. — 5., unveränd. Aufl. — 1986

1003 [Tausenddrei] Spiel- und Übungsformen in der
Leichtathletik / Kurt Murer (Red.) Mitarb. bei
einzelnen Kap.: Walter Bucher ... [Jll.: Dani Lienhard.
Skizzen: Barbara Murer]. — 5., unveränd. Aufl. —
Schorndorf: Hofmann, 1986.
(12 000 [Zwölftausend] Spiel- und Übungsformen)
ISBN 3-7780-6235-2

NE: Bucher, Walter [Mitverf.]

Bestellnummer 623

5., unveränderte Auflage 1986

Illustrationen: Dani Lienhard, Zürich
Skizzen: Barbara Murer, Neuheim

Redaktion: Karl Koch, Hamburg

Gesamtherstellung in der Hausdruckerei des Verlags
Printed in Germany · ISBN 3-7780-6235-2

Inhaltsverzeichnis

Vorwort

1003 Spiel- und Übungsformen ... bedeutet: Es gibt sehr viele Möglichkeiten, die leichtathletischen Formen auf abwechslungsreiche und spielerische Art zu lernen, zu trainieren. Diese Übungssammlung erhebt keinen Anspruch auf Vollständigkeit. Vielmehr sollen diese Möglichkeiten das eigene Übungsrepertoire erweitern. Durch kleine Änderungen lassen sich sehr einfach neue Varianten ableiten und kreieren. Es gibt (fast) keine Grenzen ...

Um dieser Vielfalt gerecht zu werden, haben wir uns entschlossen, das vorliegende Buch als *Autorenkollektiv* herauszugeben. Meinen Mitarbeitern, alles erfahrene Turn- und Sportlehrer und versierte Trainer, möchte ich an dieser Stelle herzlich danken. Es sind dies:

Walter BUCHER, Unterägeri
Josef FÄHNDRICH, Littau
Rainer HUBER, Mutschellen
Ernst STRÄHL, Magglingen
Rolf WEBER, Bern

Weiter in den Dank einschließen möchte ich:

Dani LIENHARD, Zürich, für die originellen Illustrationen.
Barbara MURER, Neuheim, für die vielen Übungsskizzen.
Elisabeth SCHMID, Geroldswil, für die Reinschrift, sowie Anna Maria KAPPELER, Zürich, für die Durchsicht des Manuskriptes.

Neuheim, Oktober 1984 — KURT MURER

Einleitung

In der Schule verliert die Leichtathletik zusehends an Attraktivität. Die Vereine haben Mühe, ihren Nachwuchs bei der Stange zu halten. Welches sind die Gründe, die diese Entwicklung ermöglichten?

Der Gründe gibt es viele. Ein wesentlicher Punkt: Eine große Gefahr besteht in der Anwendung von „falschen“ *Unterrichtsmethoden.* Kinder- und Jugendleichtathletik darf nicht gleichbedeutend sein mit: Meßband, Stoppuhr. Bestimmt, die primäre Zielsetzung bleibt: Laufen, Werfen, Springen. Aber warum dürfen diese Grundformen nicht auch Freude und Spaß erwecken? Muß ein junger Leichtathlet bereits so monoton und stur trainieren, wie ein Spitzenathlet? Aha, auf die weiche Tour! Mitnichten, ein spielerisches, abwechslungsreiches Training kann sehr wohl intensiv und anspruchsvoll sein! Freude an der Bewegung, Freude an der Leistung, Spaß in der Gruppe sind Garantien für ein noch engeres Beschäftigen mit der Leichtathletik.

Nach weniger als drei Jahren seit der Veröffentlichung der ersten Auflage ist bereits die vierte Auflage notwendig. Eine sehr erfreuliche Tatsache! — Persönlich bin ich überzeugt, daß die Idee der „Spiel- und Übungsformen“ im obigen Sinne richtig verstanden wurde. Als Ergänzung zu den vielen Trainings- und Technikbüchern liegt hier eine *Übungssammlung* für den Praktiker vor.

Wenn es uns Lehrern und Trainern gelingt, die Freude an der Leichtathletik auf unsere Schüler und Athleten zu übertragen, dann muß uns für diese traditionelle „Arbeits-Sportart“ nicht bange sein!

In diesem Sinne viel Spaß und Erfolg

KURT MURER

Kapitel 1

Einlaufen

1.1 Einlaufen: Partner-Übungen

NR.	ZIEL	BESCHREIBUNG	ORGANISATION	LIT.
1	Gewandtheit Beweglichkeit	Ein- und Aussteigen: Die Partner stehen sich, an den Händen gefasst, gegenüber. Uebersteigen der Arme, eine Drehung und aussteigen! Hände loslassen!		B
2	Gewandtheit Beweglichkeit	Unterschwung: Die Partner stehen sich, an den Händen gefasst, gegenüber. Hochschwingen der Arme, eine Drehung und zurück in Ausgangsstellung.		B
3	Gewandtheit	Aufladen und Abrollen: Die Partner stehen Rücken an Rücken. Arme in der Hochhalte, die Hände gefasst. A lädt B auf den Rücken, B zieht die Beine an und rollt über den Nacken von A zum Stand. Hände bleiben bis zum sicheren Stand gefasst.		B
4	Gewandtheit	Mühldrehen: Die Partner stehen sich mit Händen in Kreuzfassung gegenüber. Abwechselndes Mühlkreisen um die eigene Achse. Auch Seitenwechsel.		B
5	Gewandtheit Kräftigung	Nackenschleuder: Die Partner stehen sich mit Nackenfassung gegenüber. A dreht sich an Ort und schleudert B im Kreis herum. Wechsel.		B

NR.	ZIEL	BESCHREIBUNG	ORGANISATION	LIT.
6	Gewandtheit Geschicklichkeit	Fusstreten: Die Partner fassen sich an der rechten Hand und versuchen, sich gegenseitig auf die Fuss-Spitze zu treten.		B
7	Gewandtheit Geschicklichkeit	Gesäss-Schlagen: Die Partner fassen sich an der rechten Hand und versuchen, sich gegenseitig aufs Gesäss zu schlagen.		B
8	Gewandtheit	Zieh- und Drückkampf: Einhandfassung rechts, im Grätschstand, rechte Beine gegeneinander gestemmt. Die Partner versuchen, sich gegenseitig aus dem Gleichgewicht zu bringen.		B
9	Gewandtheit Beinkraft	Hahnenkampf: Die Partner versuchen, mit verschränkten Armen auf einem Bein hüpfend, einander aus dem Gleichgewicht zu bringen.		B
10	Gewandtheit Beinkraft	Stosskampf: Partner im Hockstand, Handflächen gegeneinander gepresst. Versuch, den Partner auf diese Weise aus dem Gleichgewicht zu bringen.		B

1.1 Einlaufen: Partner-Übungen

NR.	ZIEL	BESCHREIBUNG	ORGANISATION	LIT.
11	Gewandtheit Kraft	Armdrücken: Die Partner in Bauchlage, Köpfe gegeneinander, Handfassung rechts mit aufgestütztem Ellbogen. Versuch, den Arm des Partners auf die Seite zu drücken.		B
12	Gewandtheit Kraft	Liegestütz-Kampf: Die Partner in Liegestütz, Beine geschlossen. Versuch, den Partner durch Wegziehen eines Armes aus dem Gleichgewicht zu bringen.		B
13	Gewandtheit Kraft	Schiebekampf: Die Partner stehen sich gegenüber, die Hände sind gegen die Schultern des Partners gestützt. Versuch, den Partner über eine bestimmte Markierung zu schieben. Wechsel.		B
14	Gewandtheit	Gesäss-Prellen: Die Partner stehen im Grätschstand, Rücken an Rücken, im Abstand von einem Schritt. Versuch, den Partner mit Prellen des Gesässes aus dem Gleichgewicht zu bringen. Füsse müssen am Ort bleiben.		B
15	Gewandtheit Reaktion	Händeschlagen: Partner stehen sich gegenüber, die Arme in Vorhalte, Handflächen gegeneinander. A (Hände unten) versucht, auf die Hände von B zu schlagen, der seine Hände zurückziehen darf. Bei Treffer wird gewechselt.		B

NR.	ZIEL	BESCHREIBUNG	ORGANISATION	LIT.
16	Stehvermögen Gewandtheit	Schattenlaufen: Der Partner muss sich immer auf der gleichen Seite des Ausführenden befinden. (Laufen, Hüpfen, Rollen usw.)		B
17	Schnelligkeit Gewandtheit	Bandwurm: Gruppe von ca. 8-12 bildet eine Schlange durch Umfassen der Hüfte. Der vorderste versucht, den hintersten zu erwischen.		B
18	Schnelligkeit Gewandtheit	Verteidigender Bandwurm: Schlange wie oben. Der vorderste verteidigt sein Ende gegen einen Angreifer. Angreifer wird Verteidiger, Ende wird zum Angreifer.		B
19	Schnelligkeit Gewandtheit	2 kämpfende Bandwürmer: 2 Schlangen wie oben. Jeder Kopf versucht, das Ende der anderen Schlange zu erwischen. Bei Wechsel wird der Kopf zum Ende.		B
20	Schnelligkeit Gewandtheit	Bandwurm-Rennen: 2 oder mehrere Schlangen wie oben. Wettrennen über eine bestimmte Distanz oder einen Parcours.		B

1.2 Einlaufen: Medizinball (einzeln)

NR.	ZIEL	BESCHREIBUNG	ORGANISATION	LIT.
1	Gewandtheit Geschicklichkeit	Grätschstand, Ball in Tiefhalte. Ball zwischen den Beinen durch, über den Rücken nach vorne werfen und auffangen.		B
2	Gewandtheit Geschicklichkeit	Grätschstand. Ball hinter dem Kopf fallen lassen und von vorne zwischen den Beinen durch wieder auffangen.		B
3	Gewandtheit Geschicklichkeit	Stand auf dem Ball. Vorwärtsbewegung mit kleinen Schritten auf dem Ball. Wer legt die weiteste Strecke zurück?		B
4	Gewandtheit Geschicklichkeit	Bauchlage. Arme in Seithalte, Ball im Nacken. Aufrichten in die Neigehalte, ohne dass der Ball herunter fällt. Wer steht zuerst?		B
5	Gewandtheit Geschicklichkeit	Medizinball mit den Beinen hochwerfen. - durch Anhocken - durch Vorschnellen - durch Anfersen Wer hat zuerst 10 mal den Medizinball abgefangen?		B

NR.	ZIEL	BESCHREIBUNG	ORGANISATION	LIT.
6	Gewandtheit Schnelligkeit	Die Gruppe steht im Grätschstand in einer Kolonne. Der Ball wandert vom vordersten über die Köpfe zum hintersten. Dieser kriecht durch die gegrätschten Beine nach vorne usw. Wer ist zuerst fertig?		B
7	Gewandtheit Schnelligkeit	Gleiche Aufstellung wie oben. Der Ball wird zwischen den Beinen zum hintersten gerollt. Dieser läuft mit dem Ball um die Gruppe herum nach vorne und rollt den Ball zurück. Wer ist zuerst?		B
8	Gewandtheit Schnelligkeit	Gruppe in Bauchlage nebeneinander. Auf Kommando ganze Gruppe in Liegestütz. Der Ball wird unten durchgerollt, vom letzten der Gruppe um die Gruppe herum getragen und erneut gerollt. Welche Gruppe ist zuerst durch? Das Ganze auch in Rückenlage.	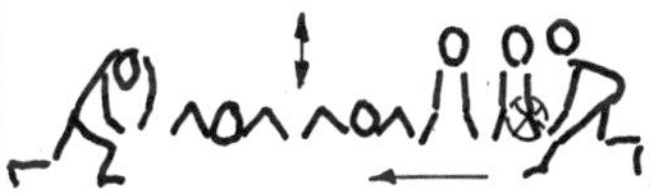	B
9	Geschicklichkeit Kraft	Gruppe in Rückenlage in einer Linie. Transport des Balles mit den Füssen durch Aufrollen nach rückwärts. Rücktransport mit den Händen durch Aufsitzen und Weiterreichen. Welche Gruppe ist zuerst durch?	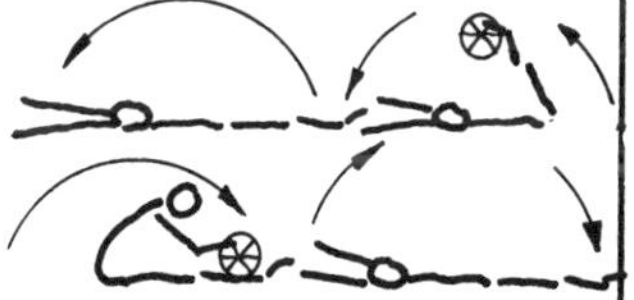	B
10	Geschicklichkeit Kraft	Ballkrieg: Zwei Gruppen, durch eine Linie getrennt, versuchen, einander möglichst viele Bälle zuzurollen. Zugerollte Bälle dürfen sofort zurückgerollt werden. Bei Spielende (Pfiff) werden die Bälle gezählt. Wer hat weniger Bälle in der eigenen Hälfte?	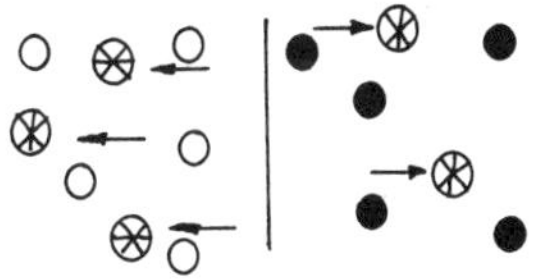	B

1.3 Einlaufen: Mit Ball

NR.	ZIEL	BESCHREIBUNG	ORGANISATION	LIT.
1	Gewandtheit Beine	Der Ball wird zwischen den Beinen festgeklemmt. Wer legt die längste Strecke hüpfend zurück?		B
2	Gewandtheit Arme	Der Ball wird zwischen den Beinen festgeklemmt. Im Vierfüsslergang wird herumgehüpft. Wer bleibt am längsten ohne Ballverlust?		B
3	Gewandtheit Beweglichkeit	Prellen um die gegrätschten Beine - Handwechsel. Wer verliert den Ball am wenigsten?		B
4	Gewandtheit Ausdauer	Jeder gegen jeden. Prellend versucht man, dem andern den Ball zu entreissen. Wer hat in 3 Min. am meisten Punkte?		B
5	Gewandtheit Beweglichkeit	Im Marschieren den Ball zwischen den Beinen durchschieben: von der rechten in die linke Hand usw . Tempo steigern.		B

NR.	ZIEL	BESCHREIBUNG	ORGANISATION	LIT.
6	Gewandtheit	Der Ball wird zwischen den Beinen festgeklemmt. Fortwährendes Drehen von der Bauch- in die Rückenlage ohne Ballverlust.		B
7	Gewandtheit	Prellen: stehend, kniend, sitzend, liegend und zurück. Wer steht wieder zuerst, ohne Ballverlust?		B
8	Gewandtheit Arme, Rumpf	Einarmige Liegestützposition. Der Ball wird mit der rechten Hand hochgeworfen und links gefangen und umgekehrt. Wer hat in einer bestimmten Zeit am meisten Fänge?		B
9	Gewandtheit Kräftigung	Einarmig abstützen. Drehung um den Stützarm und mit der andern Hand prellen (Kreis beschreiben).	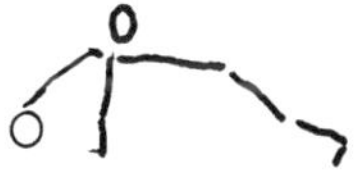	B
10	Gewandtheit Laufen	Verschiedene Formen von Prellen: - Handwechsel - ganz hoch, ganz tief - Handwechsel: Ball hinter dem Rücken durchspielen.		B

1.4 Einlaufen: Mit Stafettenstab

NR.	ZIEL	BESCHREIBUNG	ORGANISATION	LIT.
1	Geschicklichkeit	Aufstellung im Viereck. Stafettenstab wird dem Partner zugeworfen. Welche Gruppe hat zuerst 10 Runden? (Wenn Stab zu Boden fällt: 1 Runde mehr).	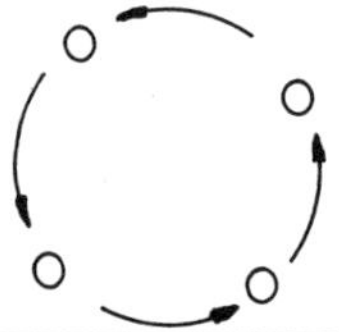	E
2	Schnelligkeit	Die Schüler befinden sich auf einer Linie (stehend, liegend usw.). Auf Kommando Sprint zu den bereit-liegenden Stäben (20 m). Wer einen Stab ergattert, erhält einen Punkt. Mehrere Wiederholungen.	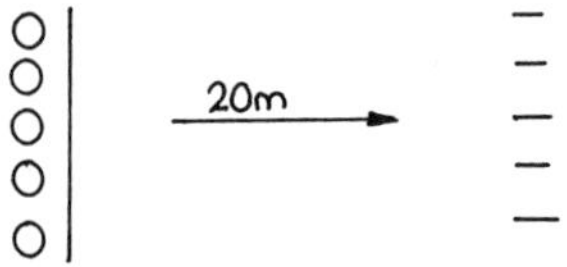	E
3	Gewandtheit	Ein Schüler bewacht die Staffelstäbe. Die andern versuchen,sie zu stehlen. Wer dabei erwischt wird, scheidet aus. Wie lange dauert es, bis alle Stäbe gestohlen sind?	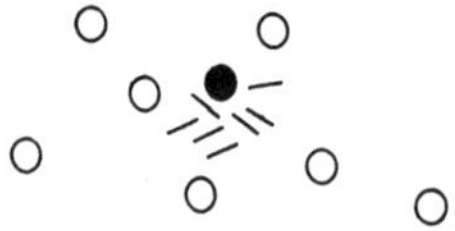	E
4	Gewandtheit Schnelligkeit	Gruppen bilden. Jede Gruppe stellt sich in einer Kolonne auf (Schülerabstand 1 m). Grätschstand. Der Stab wird von hinten nach vorne übergeben, der vorderste kriecht durch die Beine zurück und übergibt den Stab von neuem nach vorn. Welche Gruppe ist zuerst fertig?	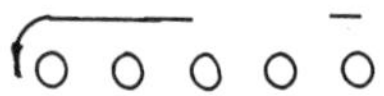	E
5	Schnelligkeit Gewandtheit Geschicklichkeit	Mehrere Gruppen. Mit dem Stab muss ein kleiner Parcours absolviert werden (z.B. Balancieren, Ballwerfen, Klettern usw.), ohne dass der Stab fallengelassen wird. Dann erfolgt Uebergabe an den nächsten usw. Welche Gruppe ist zuerst fertig?	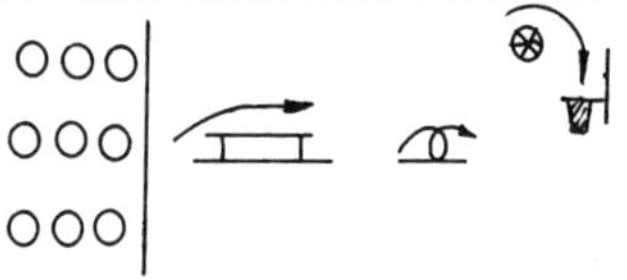	E

1.5 Einlaufen: Mit Sprungseil/Schwungseil

NR.	ZIEL	BESCHREIBUNG	ORGANISATION	LIT.
1	Gewandtheit	Zweier-Springen: Seilspringen zu zweit hintereinander. Dasselbe zu zweit nebeneinander.	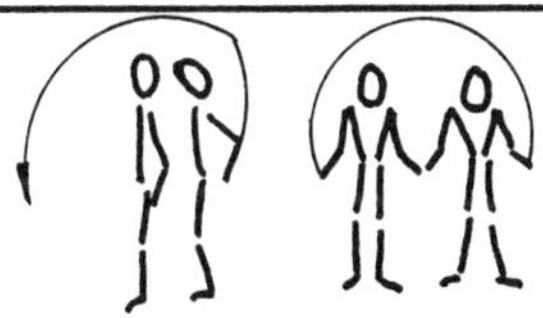	B
2	Kraft	Zweispänner: Zwei nebeneinander ziehen mit dem Seil (um die Hüften) einen Dritten. Der hintere leistet Widerstand!		B
3	Gewandtheit	Seilspringen im Sitzen: Langsitz, Schwungholen mit dem Seil über dem Kopf, Durchziehen unter dem Gesäss und den Beinen mit aktivem Abdrücken vom Boden durch Gesäss und Beine.		B
4	Gewandtheit	Die Schüler bilden einen Kreis. In der Mitte wird das Seil durch einen Schüler ca. 10 cm über dem Boden geschwungen. Im Kreis muss durch Aufspringen dem Seil ausgewichen werden. Wer getroffen wird, muss das Seil schwingen.	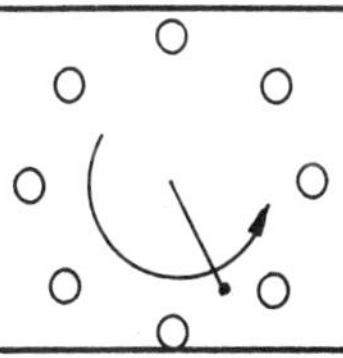	B
5	Gewandtheit Reaktion	Gruppenwettkampf: Ganze Gruppe muss x mal durch das Schwungseil laufen. Welche Gruppe braucht am wenigsten Zeit? Welche Gruppe erreicht am meisten Durchzüge in einer bestimmten Zeit? usw.		B

1.6 Einlaufen: Mit dem Speer

NR.	ZIEL	BESCHREIBUNG	ORGANISATION	LIT.
1	Beweglichkeit Schultergürtel	Grätschstellung, Speer breit fassen. Achterschlaufen hinter dem Rücken ausführen.		B
2	Beweglichkeit Schultergürtel	Grätschstellung, Speer breit fassen und über den Kopf hinter den Rücken bringen. Griffweite verkleinern. Wer schafft es mit engstem Griff?	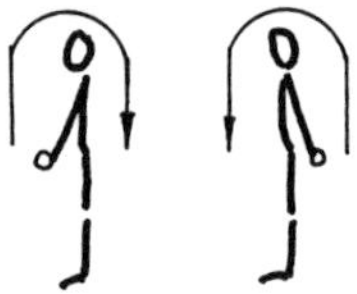	B
3	Beweglichkeit Schultergürtel und Wirbelsäule	Weiter Grätschstand, Speer am Ende fassen mit beiden Händen. Grosse Kreise nach links und rechts mit der Speerspitze. Wer beschreibt die grössten Kreise? (Genug Abstand)		B
4	Beweglichkeit Schultergürtel	Grundstellung, Speer weit gefasst. Ueber den Speer zwischen den Armen durch "einsteigen". Speer hinter dem Rücken hochbringen. Griffweite enger wählen. Wer kann dies mit der engsten Griffweite?		B
5	Beweglichkeit Geschicklichkeit	Grundstellung, Speer weit gefasst. Speer überspringen ohne loszulassen. Dann zurückspringen. Griff zuerst nur ganz locker.		B

NR.	ZIEL	BESCHREIBUNG	ORGANISATION	LIT.
6	Kräftigung: Arme	Slalomlauf auf allen vieren um die Speere. Variante: Froschhüpfen.	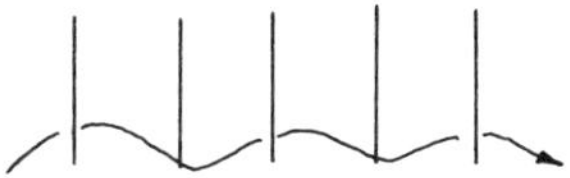	E
7	Kräftigung: Beine	Eine Gruppe hält die Speere auf Knie-(Hüft-) - Höhe. Die andere Gruppe überspringt die Speere in verschiedenen Sprungvarianten.		E
8	Beweglichkeit Rücken	Der Speer steckt. Wer kommt durch Wippen vorwärts bis zur Speerspitze? Distanz zum Speer immer vergrössern.	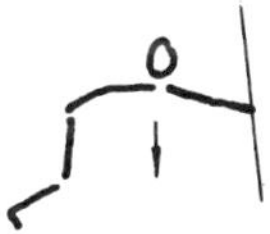	B
9	Kräftigung: Beine	Die Speere liegen parallel (1-2 m Distanz), hintereinander am Boden. Wer überspringt den letzten Speer mit Laufsprüngen, einbeinigem Sprung usw.?	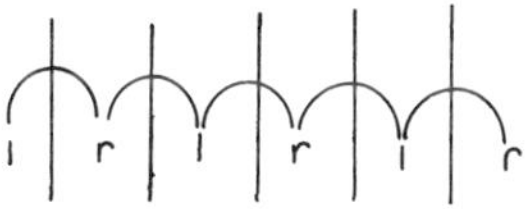	E
10	Gewandtheit Beine	A und B halten einen Speer mit je einem Fuss und hüpfen einbeinig frei umher. Wer ist am schnellsten? Wer verliert den Speer nie?		E

1.6 Einlaufen: Mit dem Speer (Partnerübungen)

NR.	ZIEL	BESCHREIBUNG	ORGANISATION	LIT.
11	Gewandtheit	A bildet mit seinen Armen und dem Speer ein Rechteck, durch das B steigen muss, ohne A und den Speer zu berühren. Mit Wechsel. Wer hat zuerst 3 Durchgänge?		B
12	Beweglichkeit Schultergürtel	A und B stehen sich gegenüber, jeder fasst mit je einer Hand die Enden von 2 Speeren (auch 1) Gemeinsames Unterwinden mit ganzer Drehung in die Ausgangsstellung.	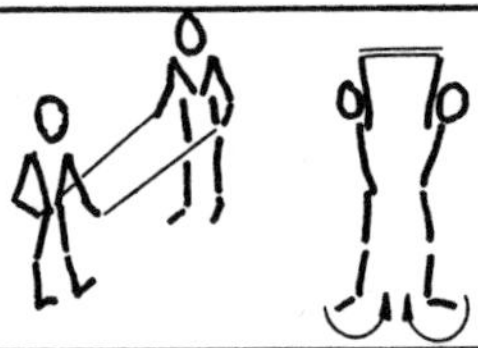	B
13	Beweglichkeit Gewandtheit	A und B stehen sich gegenüber, jeder fasst mit je einer Hand die Enden von 2 Speeren. Auf der gleichen Seite mit einem Bein "einsteigen", Unterwinden und "aussteigen" zur Ausgangsstellung. Welches Paar hat zuerst 5 Durchgänge?		B
14	Gewandtheit	A in Rückenlage (oder Bauchlage). B führt den Speer dicht über den Boden unter dem Körper von A durch. A muss dabei den Körper heben, da er den Speer nicht berühren darf. Wechsel.		B
15	Reaktion	Die Partner stehen sich gegenüber. A hält den Speer in der Vorhalte. B hat seine Handflächen über dem Speer. A lässt den Speer fallen, und B muss ihn abfangen, bevor er zu Boden fällt. Zur Erschwerung auch im Kniestand möglich.		B

1.7 Einlaufen: Mit Kugeln

NR.	ZIEL	BESCHREIBUNG	ORGANISATION	LIT.
1	Beweglichkeit Geschicklichkeit	Grätschstand. Achterkreisen mit der Kugel zwischen den Beinen. Richtungswechsel.		B
2	Beweglichkeit	Grätschstand, Kugel in Vorhalte, Rumpfsenken vorwärts und Rumpfdrehen nach links und rechts (schwunghaft).		B
3	Beweglichkeit	Grätschstand, Kugel in der Hochhalte. Grosse Kreise mit dem Oberkörper nach links und rechts.		B
4	Kraft	Grundstellung. Kugel auf der rechten Handfläche in Schulterhöhe. Hochstossen der Kugel und Auffangen mit der linken Handfläche usw. Durch Beinstrecken unterstützen. Zuerst nur knapp über den Kopf stossen. Dann die Höhe steigern.		B
5	Beweglichkeit	Partner im Grätschstand, Rücken an Rücken (Distanz ca. 1 m). Durch beidseitiges Rumpfdrehen nach links (rechts) Kugel dem Partner übergeben (nicht werfen). Kugel beschreibt Achterkreis.		B

1.7 Einlaufen: Mit Kugeln

NR.	ZIEL	BESCHREIBUNG	ORGANISATION	LIT.
6	Gewandtheit Kraft	Die Partner stehen Rücken an Rücken (Distanz ca. 1,5 m). Die Kugel muss jeweils in der Hochhalte und zwischen den gegrätschten Beinen übergeben werden. Welches Paar hat zuerst 10 x übergeben?		B
7	Kraft	A macht auf 2 Kugeln Liegestütze, B unterstützt durch Heben und Senken an den Beinen. Wechsel. Welches Paar hat zuerst 20 Liegestützen ausgeführt?		E
8	Kraft	Aus der Kauerstellung beidhändiges Stossen der Kugel von der Brust weg. Auch als Partnerübung mit Zuwerfen. (genug Distanz, Kugel ausrollen lassen) Wettbewerb: Wer stösst am weitesten, am höchsten usw.?		B
9	Gewandtheit Kraft	Die Kugel wird mit einem Fuss an das Ende der Anlage gerollt. - Beinwechsel und zurück. Wer ist am schnellsten zurück?		E
10	Genauigkeit	Boccia-Spiel. Als Ziel z.B. Stecknagel. Wer rollt seine Kugel am nächsten zum Ziel? Jeder muss seine Kugel beobachten.		B

1.8 Einlaufen: Mit dem Diskus

NR.	ZIEL	BESCHREIBUNG	ORGANISATION	LIT.
1	Beweglichkeit Geschicklichkeit	Grundstellung. Aufwerfen des Diskus und Auffangen mit der gleichen (oder anderen) Hand. Vorsicht!		B
2	Beweglichkeit	Grätschstand. Diskus auf der flachen, rechten Hand in der Vorhalte, linke Hand darübergelegt. Rumpfdrehen nach rechts und links, wobei die linke Hand unter dem Diskus liegt.		B
3	Gewandtheit Beweglichkeit	Partner stehen im Grätschstand Rücken an Rücken, Distanz ca. 1 m. Uebergeben des Diskus durch beidseitiges Rumpfdrehen nach links (rechts). Diskus macht 8er-Kreis. Wer übergibt zuerst 10 x ?		B
4	Beweglichkeit Geschicklichkeit	Grätschstand. Achterkreisen des Diskus zwischen den Beinen. Diskus auf den Handflächen führen. Richtungswechsel.		B
5	Geschicklichkeit	Grundstellung. Aufwerfen des Diskus mit Anschwingen. Der Diskus soll in der Luft nicht flattern und bei der Landung im Gras stecken. Auf dem Hartplatz soll er nach der Landung wegrollen. (genug Drehbewegung beim Rollen über den Zeigefinger geben).		B

1.8 Einlaufen: Mit dem Diskus

NR.	ZIEL	BESCHREIBUNG	ORGANISATION	LIT.
6	Gewandtheit	Der Diskus wird zwischen Fuss und Unterschenkel festgeklemmt. Einbeiniges Hüpfen!		E
7	Gewandtheit Geschicklichkeit	Der Diskus wird mit dem Fuss hochgeschleudert, so dass er abgefangen werden kann. - Vorsicht!		E
8	Gewandtheit Schultergürtel Arme	Lauf im Vierfüsslergang. Der Diskus liegt auf dem Bauch (Rücken): Wer hat zuerst eine bestimmte Strecke zurückgelegt? - vorwärts, rückwärts, seitwärts laufen.	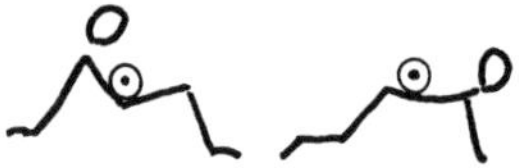	B
9	Gewandtheit Sprungkraft	Der Diskus wird zwischen den Knien festgeklemmt. Wer hüpft am längsten ohne Diskusverlust?		E
10	Gewandtheit Reaktion	Der Diskus wird mit beiden Händen zwischen den gegrätschten Beinen gehalten. - Handwechsel, ohne dass der Diskus zu Boden fällt.		E

NR.	ZIEL	BESCHREIBUNG	ORGANISATION	LIT.
1	Beweglichkeit	Grätschstand .Schlaufe des Balles in beiden Händen, Achterschwingen links und rechts des Körpers. Vorwärts und rückwärts.	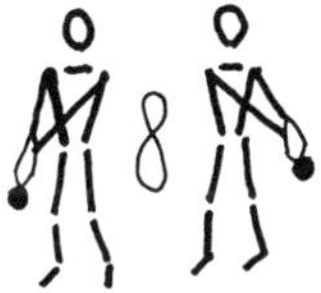	B
2	Kraft	Grätschstand .Schlaufe in beiden Händen. Ausholen über dem Kopf. Den Ball mit Schwung auf den Boden schlagen.		B
3	Gewandtheit	Partner stehen Rücken an Rücken, Distanz ca. 1 m. Der Schleuderball wird in der Hochhalte und zwischen den Beinen hindurch übergeben.	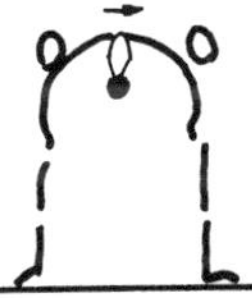	B
4	Beweglichkeit	Grätschstand .Schlaufe in beiden Händen. Schwingen des Balles mit Rumpfkreisen nach links und rechts.		B
5	Beweglichkeit Geschicklichkeit	Grätschstand .Schlaufe in beiden Händen. Schwingen des Balles über dem Kopf mit gebeugten Armen, vor dem Körper Arme gestreckt. Drehrichtung links und rechts. (Bei Fortgeschrittenen mit Tiefgehen und Drehen über Ferse-Ballen)		B

1.9 Einlaufen: Mit dem Schleuderball

NR.	ZIEL	BESCHREIBUNG	ORGANISATION	LIT.
6	Gewandtheit Geschicklichkeit	Grätschstand Ball hinter dem Kopf fallen lassen und von vorne zwischen den Beinen hindurch wieder auffangen. Wer kann dies 5 x ?		B
7	Reaktion	Partner A hält den Ball in Kopfhöhe und lässt ihn fallen. B muss versuchen, den Ball an der Schlaufe aufzufangen, bevor er den Boden berührt. Wechsel.		B
8	Reaktion Schnelligkeit	Ball liegt in der Mitte zwischen zwei Partnern (Gruppen), die sich in Bauchlage (Rückenlage) befinden. Auf ein Signal versuchen beide, den Ball zu erwischen. Wer verliert, darf im nächsten Durchgang die Schlaufe auf seine Seite legen.		B
9	Gewandtheit Schnelligkeit	Stafetten. - Tragestafette: 10 Bälle müssen über einen bestimmten Parcours getragen werden. Uebergabe ohne Fallenlassen der Bälle. - Sträflingsstafette: 2 Bälle mit den Schlaufen um das Fussgelenk. Lauf um eine Wendemarke und Uebergabe an den nächsten.		E
10	Kraft Schnelligkeit	2 Gruppen. Eine Fanggruppe im Feld, eine Wurf/Laufgruppe. Der Werfer muss nach dem Wurf eine bestimmte Strecke so oft laufen, bis die Fänger den Ball unter ihren gegrätschten Beinen durchgereicht haben. Dann folgt der nächste Werfer. Pro Laufstrecke 1 Punkt, pro gefangenen Ball 1 Punkt. Wechsel.	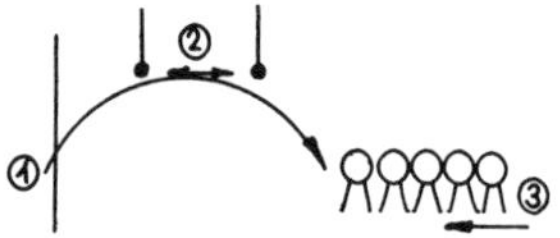	E

NR.	ZIEL	BESCHREIBUNG	ORGANISATION	LIT.
1	Beweglichkeit	Stand quer neben der Hürde. Auf einem Bein hüpfen, mit dem anderen Bein kreisen über die Hürde. Beinwechsel.		B
2	Beweglichkeit	Stand quer zur Hürde. Ein Bein angewinkelt seitwärts auf die Hürde legen, mit dem Oberkörper zum gestreckten Standbein wippen.		B
3	Beweglichkeit	Stand parallel zur Hürde. Ein Fuss angewinkelt vor dem Körper auf die Querlatte der Hürde legen. Mit dem Oberkörper zum Fuss wippen. Standbein bleibt gestreckt. Beinwechsel.		B
4	Beweglichkeit	Grätschsitz parallel zur Hürde. Rumpfwippen vorwärts zur Hürde mit Unterstützung durch die Arme (ziehen). Winkelstellung der Beine ändern (Aufgabe erschweren). Kann auch als Partnerübung durchgeführt werden.		B
5	Beweglichkeit	Rückenlage. Hände fassen die gekippte Hürde. Aufrollen der Beine nach rückwärts so weit wie möglich.		B

1.10 Einlaufen: An der Hürde

NR.	ZIEL	BESCHREIBUNG	ORGANISATION	LIT.
6	Gewandtheit Schnelligkeit	Hürde überspringen, unter der Hürde durch und zurück usw. Jeder (oder 2 zusammen) eine Hürde. Wieviele Durchgänge in einer Minute?		E
7	Gewandtheit Schnelligkeit	5 - 10 Hürden so nahe als möglich aneinander reihen (tiefe Hürden). Wer bewältigt die Hindernisreihe am schnellsten? Auch als Mannschaftswettkampf möglich. Variante: Ueber die Hürde - unten durch usw.	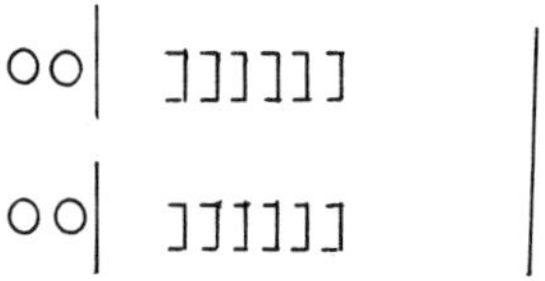	E
8	Schnelligkeit	2 - 3 Hürden in unregelmässigen Abständen. Lauf über die Hürden und um die Malstäbe herum. Wer schafft am meisten Hürden in 2 Minuten?		E
9	Schnelligkeit Reaktion	Aus der Bauchlage (Startstellung, Rückenlage usw.) auf Kommando: Lauf über 1-3 Hürden ins Ziel. Bei Mannschaftswettkampf erhält der Sieger jeweils einen Punkt. Mannschaftstotal am Schluss? Auch mit mehr als 2 Mannschaften durchführbar (Punkte abstufen).	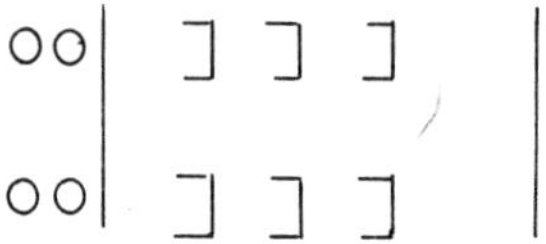	E
10	Schnelligkeit	Hürdenstafette: 1-3 Hürden pro Laufrichtung und Mannschaft. Distanzen variieren.	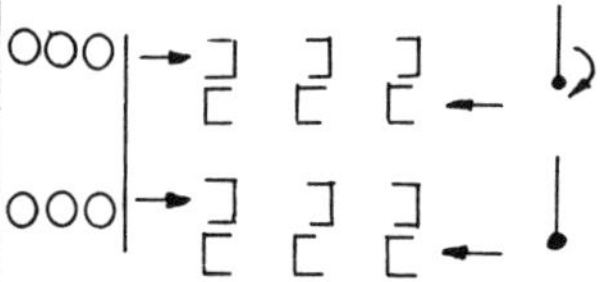	E

1.11 Einlaufen: Mit dem Kasten

NR.	ZIEL	BESCHREIBUNG	ORGANISATION	LIT.
1	Gewandtheit Schnelligkeit	Viele Kastenteile hochkant aufgestellt. Es muss durch die Teile hindurchgelaufen werden, ohne sie umzustossen. Wer durchläuft in 2 Minuten am meisten Teile? (Auch mit Gruppe.)		B
2	Gewandtheit Sprungkraft	Viele Kastenteile aufgestellt. Wer überspringt in 2 Minuten am meisten Teile? (Auch als Gruppenwettkampf.)		B
3	Gewandtheit	2 - 3 Schüler laufen in einem Kastenteil über eine vorgeschriebene Strecke (mit Hindernissen). Auch als Gruppenwettkampf und als Stafette möglich. Variante: Gleiche Tragart, jedoch wird gehüpft.		E
4	Gewandtheit Schnelligkeit Kraft	Mehrere Gruppen. Pro Gruppe 1 Kasten. Demontage, Transport des Kastens an einen neuen Standort und Wiederaufbau. Als Gruppenwettkampf.		E
5	Gewandtheit Sprungkraft	"Sprunggarten" mit allen zur Verfügung stehenden Kastenteilen. Als Einzel- oder Gruppenwettkampf durchführbar.		B

1.12 Einlaufen: Mit Matten

NR.	ZIEL	BESCHREIBUNG	ORGANISATION	LIT.
1	Sprungkraft	Viele Matten unregelmässig ausgelegt. Laufen und Ueberspringen der Matten. Es darf keine Matte betreten werden.	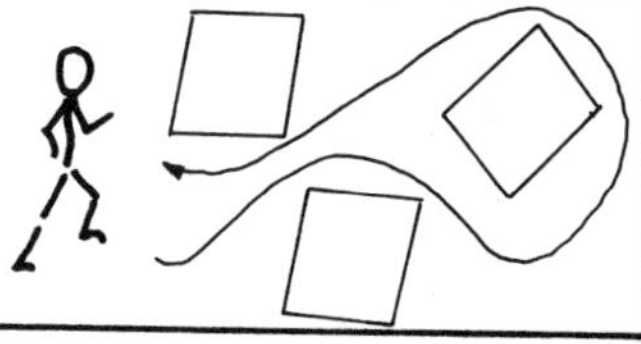	B
2	Sprungkraft	Gleiche Anordnung wie oben. Es muss von Matte zu Matte gesprungen werden, ohne den Boden zu berühren. Variante: Verschiedene Sprungarten.	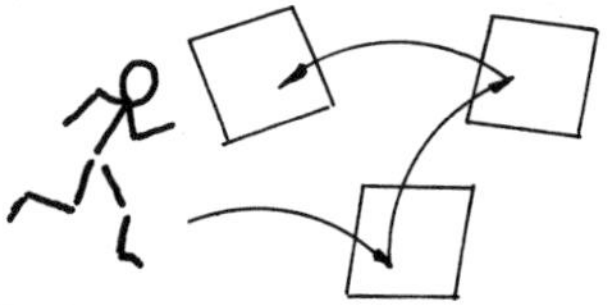	B
3	Kraft Gewandtheit	Partner stehen sich mit Handfassung gegenüber, zwischen sich eine Matte. Es soll versucht werden, den Partner auf die Matte zu ziehen. Das Berühren der Matte gilt als Fehler.		E
4	Beweglichkeit	Pro Matte 4 Schüler, die sich im Grätschsitz an die Mattenecken setzen. Handfassung und Rumpfkreisen durch die ganze Gruppe. Nach links und nach rechts.	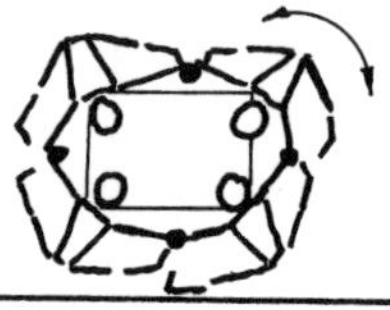	B
5	Gewandtheit Schnelligkeit	4 Schüler sitzen auf einer Matte. Auf Kommando heben zwei die Matte auf, die anderen kriechen unten durch, lösen die haltenden ab. Diese kriechen ihrerseits unter der Matte durch. Wenn alle wieder auf der Matte sitzen, ist die Uebung beendet. Als Stafette auch mit grösseren Gruppe möglich		E

NR.	ZIEL	BESCHREIBUNG	ORGANISATION	LIT.
1	Gewandtheit Gleichgewicht	Ueberlaufen der Bank, Schwebekante nach oben. Einzeln oder in der Gruppe. Auch als Wettkampf. Variante: Rückwärtsgehen. Laufen und Drehen	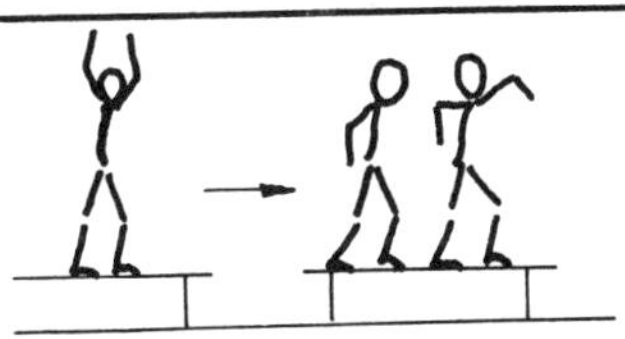	B
2	Gewandtheit Gleichgewicht	Ueberkriechen der Bank (auch auf der Schwebekante) im Vierfüsslergang vorwärts / rückwärts.	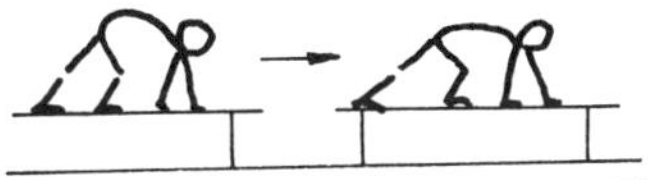	B
3	Sprungkraft	Verschiedene Hüpfformen an der Langbank. Auch als Gruppenarbeit: x mal hüpfen, dann ablösen, bis die ganze Gruppe durch ist. Oder: Wie oft kann in 1 Minute über die Bank gehüpft werden?		B
4	Sprungkraft	Bänke quer überspringen mit verschiedenen Variationen. Als "Sprunggarten" auch als Gruppenwettkampf durchführbar.		B
5	Sprungkraft Gleichgewicht	Mehrere Bänke aneinander gereiht, mit Hindernissen dazwischen, ergeben einen Parcours, der einzeln oder in der Gruppe durchlaufen werden muss.		B

1.13 Einlaufen: Mit der Langbank (Partnerübungen)

NR.	ZIEL	BESCHREIBUNG	ORGANISATION	LIT.
6	Gewandtheit Gleichgewicht Kraft	Partner tragen sich wechselweise im Huckepack über die Langbank (Schwebekante).		B
7	Gewandtheit Gleichgewicht Kraft	Partner mit Schubkarren über die Langbank.		B
8	Gewandtheit Gleichgewicht	Partner auf der Bank kniend . Muss über-laufen oder übersprungen werden.		B
9	Gewandtheit Gleichgewicht	Partner auf der Bank stehend. Muss unterquert werden.		B
10	Gewandtheit Gleichgewicht	Partner kreuzen sich auf der Bank (Schwebe-kante), ohne dass sie den Boden berühren dürfen.		B

1.13 Einlaufen: Mit der Langbank (Partnerübungen)

NR.	ZIEL	BESCHREIBUNG	ORGANISATION	LIT.
11	Beweglichkeit Kraft	Hockstand auf der einen Bank, Liegestütz, und zur anderen Bank stützeln. Zurück in die Ausgangsstellung.	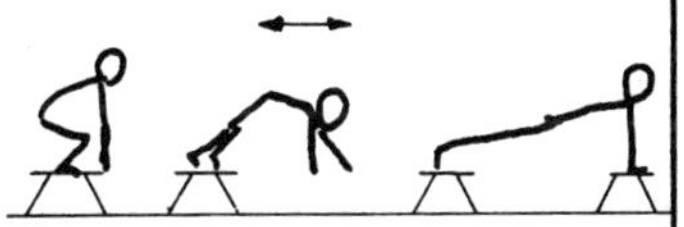	B
12	Beweglichkeit Kraft	Partner, mit Handfassung, sitzen sich auf zwei Bänken gegenüber. Abwechslungsweises Vor- und Zurückbeugen der Oberkörper.	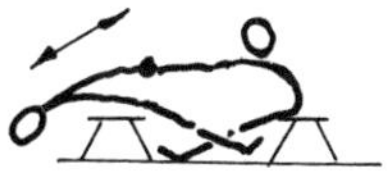	B
13	Kraft	Partner (Gruppe) sitzen sich versetzt auf zwei Bänken gegenüber. Arme in Nackenhalte, Rumpfbeugen rückwärts und wieder aufrichten. Gleiche Uebung in Bauchlage und Seitenlage.		B
14	Kraft	Partner (Gruppen) sitzen sich auf der Bank (Reitsitz) gegenüber. Handfassung. Rückbeugen resp. vorbeugen im Wechsel.		B
15	Sprungkraft	Partner (Gruppen) stehen auf der Bank hintereinander, Arme auf den Schultern des Vordermannes. Gemeinsames Hüpfen in den Grätschstand und zurück auf die Bank. Gemeinsames Hüpfen auch seitwärts über die Bank möglich.		B

1.13 Einlaufen: Mit der Langbank

NR.	ZIEL	BESCHREIBUNG	ORGANISATION	LIT.
16	Kraft Gleichgewicht	Mehrere Gruppen stehen sich auf ca. 10 m auseinanderstehenden Bänken gegenüber. Zuspiel von Bällen (auch Medizinbälle) und Fangen. Variante: Durch scharfes Werfen versuchen, den Gegner von der Bank zu stossen.		B
17	Gleichgewicht Geschicklichkeit	Gruppenwettkampf mit Zureichen von verschiedenen Gegenständen, die von der einen Seite auf die andere (über Schwebekante) gebracht werden müssen.		B
18	Gewandtheit Kraft	Tragstafette: Die Bank muss von der ganzen Gruppe über eine bestimmte Strecke (auch Hindernisse) getragen werden. Variante: Einer sitzt rittlings auf der Bank.	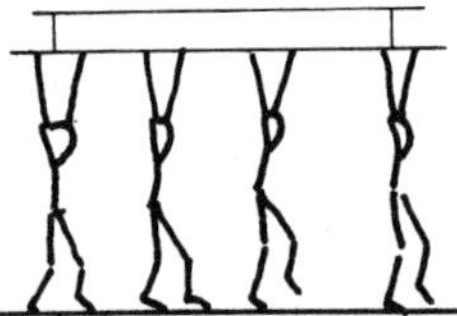	B
19	Gewandtheit	Stafette: Gruppe sitzt auf der Bank. Auf Kommando Bank über die Köpfe auf eine Seite heben, alle kriechen unten durch, Bank wieder über die Köpfe zurückheben und Sitz auf der Bank. Variante: Gruppe muss eine ganze Drehung mit der Bank in der Hochhalte ausführen.		B
20	Gewandtheit Kraft	Stafette: Ausgangsstellung mit Sitz auf der Bank. Auf Kommando Verschiebung der ganzen Gruppe mit Bank an einen bestimmten Platz. Bank der Länge nach aufrichten und einer muss zuoberst auf die Bank klettern. Wer zuerst jemanden oben hat, gewinnt.		B

NR.	ZIEL	BESCHREIBUNG	ORGANISATION	LIT.
1	Beweglichkeit	Stand seitwärts zum Geländer und Halten mit einer Hand. Schwingen des Beines vor und zurück usw. Hand-, resp. Beinwechsel. Wer kommt am höchsten?	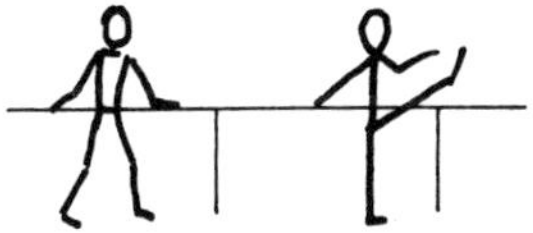	E
2	Beweglichkeit	Stand frontal zum Geländer. Ein Fuss auf dem Geländer, Fassen mit beiden Händen am Geländer, und mit dem Gesäss zur Ferse wippen. Beinwechsel.	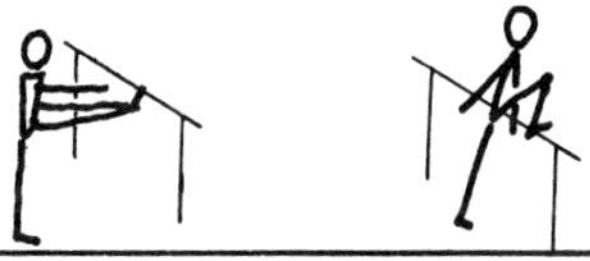	E
3	Kraft	Stand frontal zum Geländer. Grosse Vorlage, auf den Armen am Geländer abgestützt. Fussgelenkarbeit, Geländer "wegstossen".		E
4	Gewandtheit	Hockwende über das Geländer, unten durch zurückkriechen usw. Als Partnerübung, Gruppenübung und auf Zeit durchführbar.		E
5	Gewandtheit Kraft	Partner stehen sich mit Handfassung gegenüber, zwischen sich das Geländer. Ziehkampf: Wer das Geländer berührt oder an das Geländer herangezogen wird, hat verloren.		E

1.15 Einlaufen: An der Treppe

NR.	ZIEL	BESCHREIBUNG	ORGANISATION	LIT.
1	Sprungkraft	Paarweises Treppenlaufen. Variationen: Jede Stufe, zwei Stufen zusammen usw. Als Wettkampf: Wer ist zuerst oben?		B
2	Sprungkraft	Paarweises Treppenhüpfen. Variationen: Jede Stufe, zwei vor, eine zurück usw. Auf einem Bein, auf beiden Beinen. Als Wettkampf auch mit Gruppen und Ablösungen.		B
3	Gewandtheit Kraft	Vierfüsslergang vw oder rw die Treppe hinauf und hinunter. Als Wettkampf zu zweit oder mit Gruppen und Ablösungen.	 	B
4	Kraft	Schubkarren. Laufen oder stützeln jede Stufe. Hinauf und zurück, dann Wechsel. Auch als Wettkampf zu zweit oder mit Gruppen und Ablösungen.		B
5	Kraft	Huckepack. Hinauf und hinunter, dann Wechsel. Als Wettkampf zu zweit oder mit Gruppen und Ablösungen.		B

NR.	ZIEL	BESCHREIBUNG	ORGANISATION	LIT.
6	Kraft Schnelligkeit	Partner. A versucht in der Zeit während B 10 (20) Liegestütze an der Treppe ausführt, möglichst weit die Treppe hochzulaufen (-springen). Wechsel. Wer erreicht mehr Stufen?		E
7	Schnelligkeit Sprungkraft	Partner. A muss möglichst viele Stufen mit Froschhüpfen erreichen in der Zeit, während B die ganze Treppe frei hinaufläuft. Wechsel. Wer erreicht mehr Stufen mit Froschhüpfen?		E
8	Schnelligkeit Sprungkraft	2 Gruppen. Gruppe 1 muss alle Mitglieder im Huckepack die Treppe hochtragen (wer getragen wird, trägt den nächstenusw.). Gruppe 2 versucht in dieser Zeit, möglichst viele Stufen zu erreichen (jede Stufe 1 Punkt, jeder zählt seine Stufen: Total).Wechsel. Wer erreicht mehr Stufen?		E
9	Schnelligkeit Sprungkraft	2 Gruppen. Gruppe 1 läuft geschlossen eine Runde (Bahn, Häuserblock). In dieser Zeit versucht Gruppe 2 mit Froschhüpfen ,möglichst viele Stufen zu ergattern. Wechsel. Wer erreicht mehr Stufen?		E
10	Schnelligkeit Kraft	2 Gruppen. Partner A stützelt im Schubkarren die Treppe hinauf. B trägt A im Huckepack hinunter. Uebergabe an das nächste Paar usw. Welche Gruppe ist zuerst fertig?		E

1.16 Einlaufen: Im Wald

NR.	ZIEL	BESCHREIBUNG	ORGANISATION	LIT.
1	Beweglichkeit	Stand rücklings zu einem Baum. Hände in der Hochhalte am Baum, langsames Senken mit Abstützen am Baum in die Brücke. Zurück in die Ausgangsstellung.		B
2	Beweglichkeit Kraft	Stand frontal zum Baum, Hände am Baum. Fussgelenkarbeit mit grosser Vorlage (auch Skipping), Baum "wegstossen".		B
3	Kraft	Hangen und/oder Klimmzüge an einem Ast. Variante: Hangen und Hochschwingen der Beine zum Ast.		B
4	Gewandtheit Kraft	Bauchlage. Füsse zum Baumstamm. Rückwärts-Stützeln mit den Händen und mit den Füssen am Stamm hochgehen bis in den Handstand. Zurückstützeln in die Ausgangsstellung.	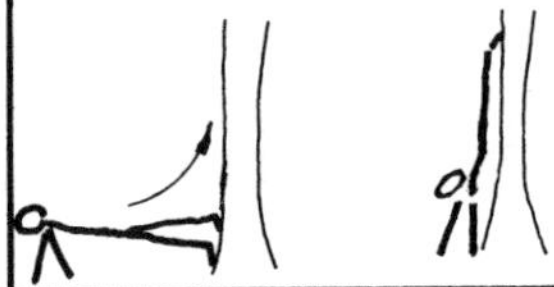	B
5	Kraft	Kniebeugen mit Partner auf den Schultern. Beide halten sich dabei am Baum fest. Wechsel. (Achtung: gerader Rücken!)	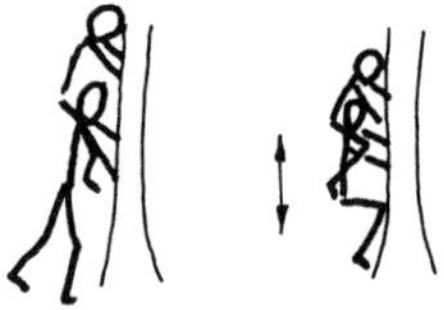	B

NR.	ZIEL	BESCHREIBUNG	ORGANISATION	LIT.
6	Gewandtheit	Slalomlaufen um Bäume, einzeln, zu zweit oder in Gruppen.		B
7	Kraft Genauigkeit	Tannzapfenwerfen auf bestimmte Ziele (Baum, Loch usw). Als Einzel- oder Gruppenwettkampf.		B
8	Gewandtheit Kraft	Dreier- oder Vierergruppen bilden. Pro Gruppe ein Baum. Handfassung im Kreis um den Baum. Jeder versucht, den andern an den Baum heranzuziehen. Die Sieger bestreiten ein Finale.		B
9	Gewandtheit Kraft	Erklettern eines bestimmten Baumes als Einzel-, Partner- oder Gruppenwettkampf. Zeitnahme.		B
10	Gewandtheit Schnelligkeit	Kombinierte Stafette mit Waldslalom, Werfen, Klettern usw. Als Gruppenwettkampf. (Idee: Hindernislauf im Wald).		B

Kapitel 2

Laufen

2.1 Laufen: Start

NR.	ZIEL	BESCHREIBUNG	ORGANISATION	LIT.
1	Reaktion Antritts- schnelligkeit	Turnschuhraub: Die Läufer stehen sich paarweise gegenüber, zwischen ihnen liegt ein Turnschuh. Wem gelingt es, diesen zu fassen und ohne Berührung vom Gegner den Schuh hinter die eigene Grundlinie zu tragen?	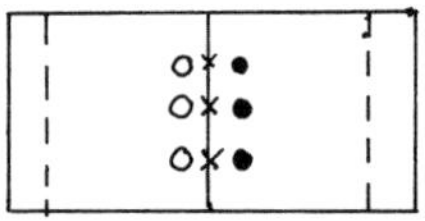	B
2	Akustische Reaktion Knieeinsatz	Fangis im Liegen: A in Rückenlage, Beine gestreckt. B in Bauchlage, Hände neben den Schultern aufgestützt. Auf ein Signal versucht B, die Füsse von A zu berühren, A beugt, so schnell er kann, die Beine. Als Revanchewettkampf mit mehreren Durchgängen.		B
3	Reaktion Koordination der Bewegungen	Weglaufen: 2 Reihen im Langsitz (Rückenlage etc.), Füsse gegeneinander. Auf Signal 1/2 Drehung und zu einer 5 - 10 m entfernten Linie spurten.		B
4	Optische Reaktion Antritts- schnelligkeit	Fangis paarweise: A ist auf einer Linie startbereit (Hochstart). B nähert sich A von vorne und berührt mit einem Fuss eine 4 - 5 m von A entfernte Marke, dreht sich um (1/2 Drehung) und läuft davon. A verfolgt nun B.	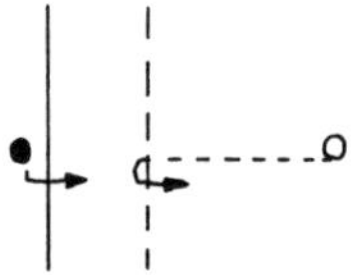	B
5	Akustische/ sensorische Reaktion, Antritts- schnelligkeit	Tag und Nacht: Die Klasse steht (liegt, sitzt, kniet) sich auf 2 Gliedern gegenüber. Auf den Zuruf "Tag" (auch mit Zahlen, Farben etc. möglich) versucht sich die eine Gruppe, über eine bestimmte Linie zu retten. Die andere Gruppe versucht zu fangen. Welche Abteilung hat nach einigen Durchgängen am meisten Fänge erzielt?	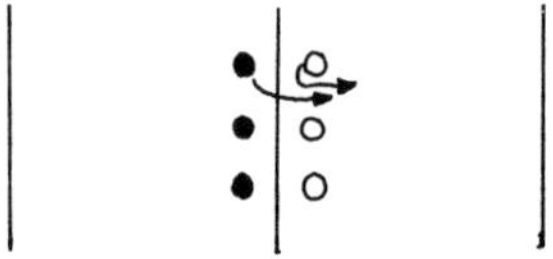	B

NR.	ZIEL	BESCHREIBUNG	ORGANISATION	LIT.
6	Reaktion Koordination Beschleunigung	Verfolgungsrennen: 2 Glieder: 2 m hintereinander. Verfolgungsläufe über 10 - 40 m aus verschiedenen Stellungen (Vorschritt, Knieliegestütz, Bauchlage, Rückenlage etc.)		B
7	Reaktion Koordination der Start-schritte	Verfolgungsrennen mit Partner (2 m zurückgestaffelt): - Hüpfen an Ort, auf Signal wegsprinten. - Hüpfen an Ort, auf Signal ganze Drehung, wegsprinten. - Laufen an Ort, auf Signal den Boden berühren und wegsprinten. Variante: Blick in entgegengesetzter Richtung zum Lauf.	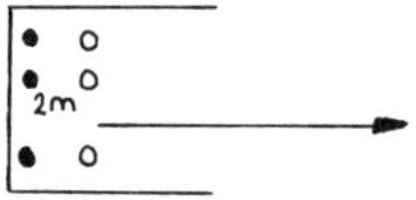	B
8	Start-schnelligkeit Sprintausdauer	Kickball: 1 Läufer kickt den Ball möglichst weit ins Spielfeld: Während nun die ganze Läufergruppe um 2 Laufmale läuft, versucht die Feldpartei den Ball (von Hand) möglichst schnell über die Grundlinie zurückzuwerfen. Erfolgreicher Lauf = 1 Pkt. Wer nach dem Ball hinter der GL eintrifft, erzielt Gutpunkte für Feldpartei.	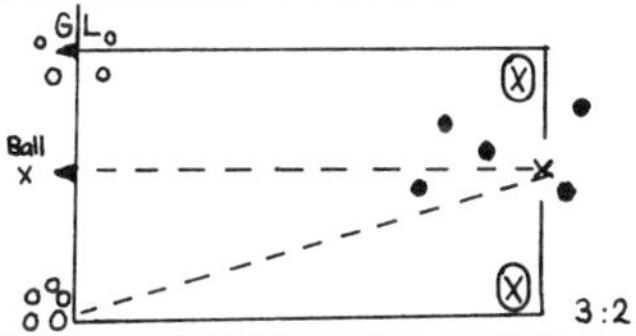	B
9	Reaktion Beschleuni-gungsphase	Ballwettkampf gegen Läufer: Gruppe A versucht, auf Startsignal durch Passen den Ball möglichst schnell ins Ziel zu bringen. Gleichzeitig versucht 1 Läufer oder Gruppe B, schneller als der Ball ins Ziel zu kommen. Als Wettkampf mit Punktewertung.	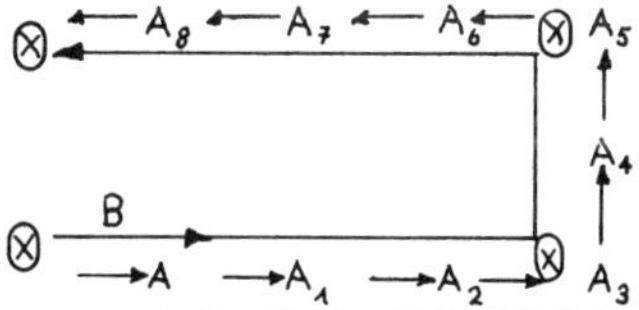	B
10	Reaktion Beschleuni-gungsphase	Handicapsprint über 30 m: Die Serien starten auf ein Signal entsprechend der Staffelung eines vorangehenden Zieleinlaufes.	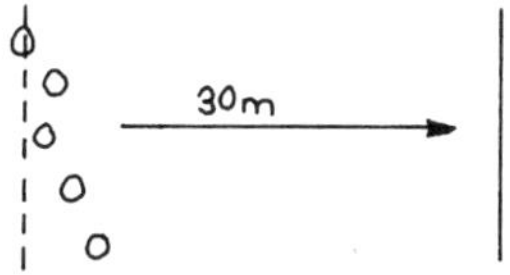	B

2.1 Laufen: Start

NR.	ZIEL	BESCHREIBUNG	ORGANISATION	LIT.
11	Optische Reaktion Ablaufschulung Staffel	Optische Startauslösung: 2 Läufer starten auf einer Linie, sobald ein von hinten gerollter Ball eine Ablaufmarke überrollt. Variante: Ball von vorne.	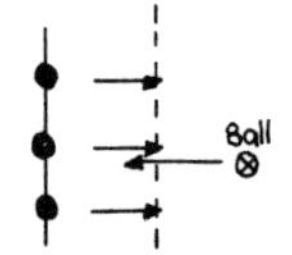	B
12	Optische Reaktion Antritts- schnelligkeit	Mehrere Läufer auf einer Linie reagieren beim Ueberlaufen einer Ablaufmarke durch einen Läufer. Durch blitzschnellen Start versuchen sie, sich der Einholung zu entziehen. - diverse Startpositionen	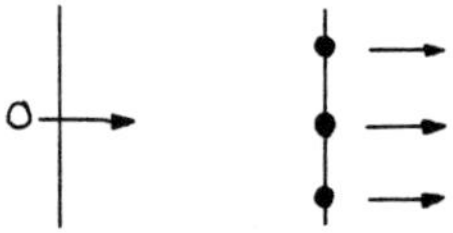	B
13	Start aus Körpervorlage Antritts- schnelligkeit	Zickzack-Stafette: Pendelstafette, in der es gilt, jeweils eine Linie 1 zu überlaufen, den Boden zu berühren, zurückzulaufen, Linie 2 ... usw. (Als Bewegung soll am besten ein Drehsprung zur Tiefstartstellung gemacht werden.)	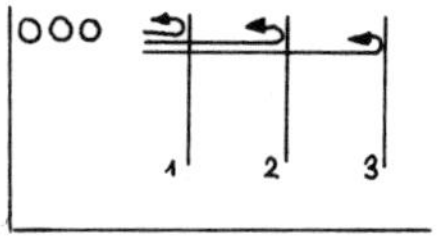	B
14	Start aus Körpervorlage kräftiger Fuss- abdruck	Start mit Gummischlauch: Je 2 Athleten zusammen: A hält B mit einem Gummischlauch leicht zurück, B sprintet weg (A leistet anfänglich etwas Widerstand und lässt dann das Gummiband mit einer Hand los).	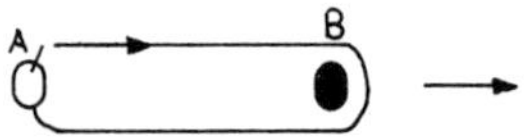	B
15	Vorlage Körperschwerge- wicht auf Arme	Schulung des Tiefstarts: - Start auf leicht geneigter Bahn - Start von Blöcken, die 10 cm über dem Niveau der Laufbahn liegen. - Treffen von Markierungen bei den ersten Schritten	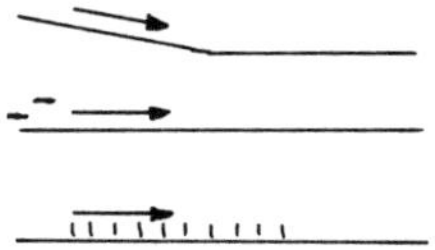	B

NR.	ZIEL	BESCHREIBUNG	ORGANISATION	LIT.
1	Reaktion Antritt Sprintausdauer	Reaktions-Fangis: Die Paare laufen frei umher (Nr. 1,2). Auf Zuruf der betreffenden Zahl läuft einer weg, der andere versucht, ihn innert 10 sec zu erhaschen.	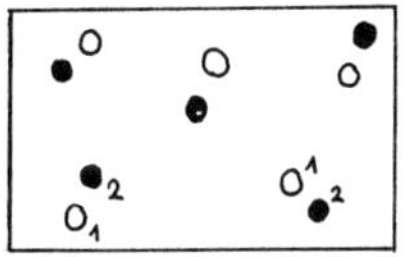	B
2	Sprintaus- dauer	Fangis: 3 Spieler tragen ein Spielband. Wer gefangen wird, übernimmt das Band. Wer wird während 2' nie gefangen?	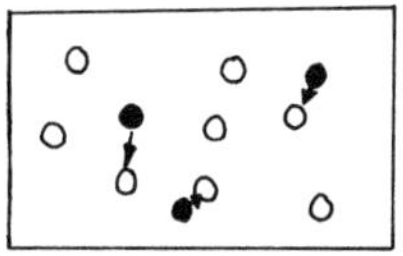	B
3	Reaktion Sprintausdauer	"Kreuzfangis": Fangis auf grossem Platz. Der Verfolgte kann erlöst werden, wenn die Bahn Verfolger-Verfolgter gekreuzt wird. Der Erlöser wird zum neuen "Wild".	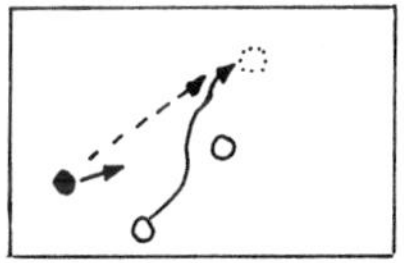	B
4	Sprintausdauer	Fangen mit Erlösen: Freies Fangis auf grossem Platz. Kann der Verfolgte einem Kameraden die Hand reichen, so muss der Fänger von ihm lassen und ein neues "Wild" suchen. Man kann dem Verfolgten zu Hilfe eilen.	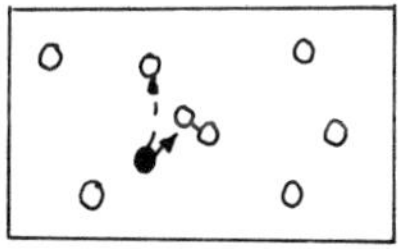	B
5	Sprintausdauer Antrittsschnel- ligkeit	Hin- und Herfangis: Laufen zwischen 2 Querlinien hin und her. Im Zwischenfeld fangen anfänglich 2 markierte Spieler. Wer gefangen wird, holt auch 1 Spielband und hilft fangen. Wer erzielt am meisten Läufe?	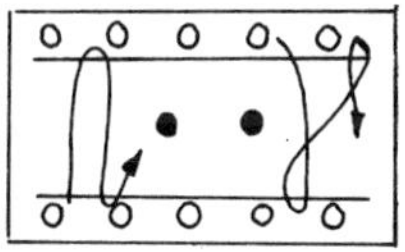	B

2.2 Laufen: Sprint

NR.	ZIEL	BESCHREIBUNG	ORGANISATION	LIT.
6	Grundschnelligkeit	Fliegende Sprints: Die Gruppe trabt auf gleicher Höhe, auf ein Zeichen Wettlauf über 30 - 50 m.	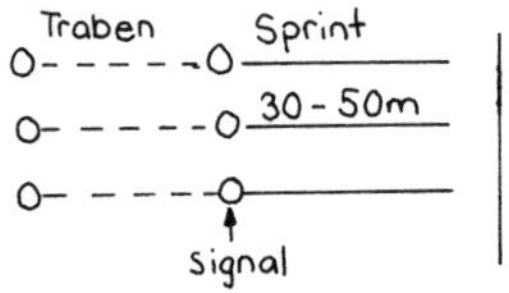	B
7	Laufhaltung Technik des Zieleinlaufes	Fliegender Zieleinlauf: Fliegende 15 m Sprints unter der Gummischnur hindurch, Zieleinlauf mit Zielband. (Baumwollfaden).	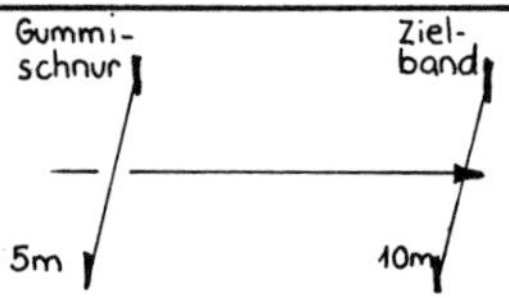	B
8	Beschleunigungsphase, Kadenzwechsel	4-Gang-Schaltung: 4 Fähnchen markieren die 4 Geschwindigkeitsstufen. Wer vermag 4 x zu steigern? Welche Gruppe kann einigermassen geschlossen die Steigerung vollziehen?	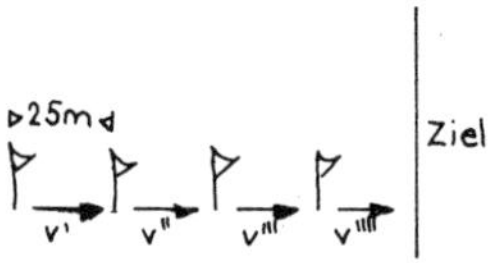	B
9	Selbstvertrauen auch für schwächere Sprinter Kampfgeist im Finish	Handicap-Sprints: Pro 2/10 sec Rückstand beim Zieleinlauf über 100 m darf der Start 1,5 m vorgeschoben werden. Wer ist jetzt zuerst im Ziel?	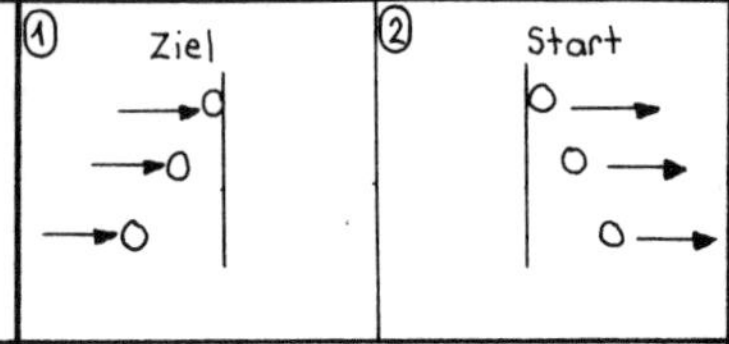	B
10	Selbstvertrauen für schwächere Läufer, Kampfgeist	Vorgabelauf: Der schwächere Läufer erhält eine Vorgabe von 6-8 m. Wo hat der schnellere Läufer seinen Partner eingeholt?	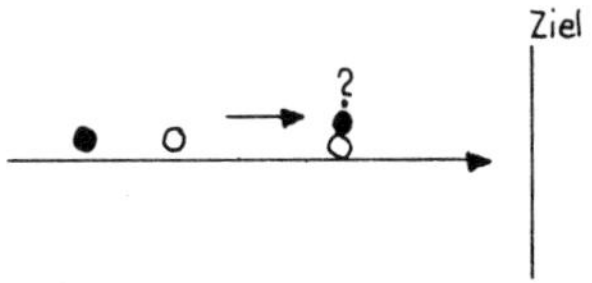	B

NR.	ZIEL	BESCHREIBUNG	ORGANISATION	LIT.
11	Lauf auf Sieg Finish	Sprinterwettkampf mit Mannschaftswertung: Mehrere Kolonnen, pro Kolonne startet je 1 Schüler. Die Rangpunkte werden addiert. Welche Mannschaft hat nach einem Durchgang am wenigsten Rangpunkte?	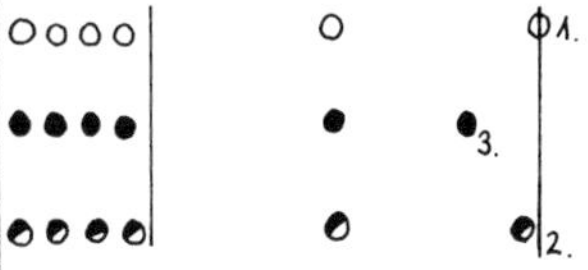	B
12	Stehvermögen Sprint, Verständnis für Leistungen auf längere Distanzen	Weltrekordvergleich: 100 m Resultat mit WR 1500/5000/10000 vgl. 100 m Lauf auf Zeit. ... umrechnen in 1500 m/5000 m/10000 m Zeit und mit Weltbesten vergleichen.	100m z.B 12.5" → WR 1500 m .... WR 5000 m .... WR 10'000 m	E
13	Fussabdruck Knieeinsatz Sprintausdauer	Skipping: A hält das Gummiband auf Hüfthöhe gespannt, B versucht an Ort laufend während 1 Min., möglichst oft mit den Knien das Band zu berühren.	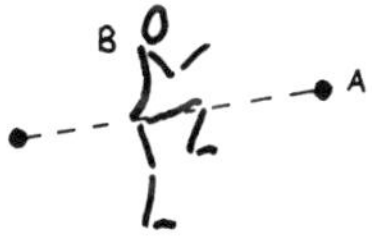	B
14	Kräftiger Fussabdruck, Streckphase ausgeprägt	Strampelübungen: 2 Gummischläuche sind an der Sprossenwand befestigt, die Füsse je in einer Schlaufe, aufstützen mit den Händen an der Sprossenwand: Laufen an Ort mit kräftiger Streckung nach hinten. (100 x Markierung am Boden berühren).		B
15	Körpervorlage kräftiger Fussabdruck	Ross und Wagen: 2 Gummischläuche werden um den Bauch gelegt. Die Enden werden durch den Partner gehalten oder an der Sprossenwand befestigt: Treten an Ort mit starkem Knieheben und betonten Armbewegungen (20 - 30 sec). Mehrmals wiederholen!		B

2.2 Laufen: Sprint

NR.	ZIEL	BESCHREIBUNG	ORGANISATION	LIT.
16	Koordination Betonter Knie- einsatz	Kadenz halten: Laufen an Ort mit schnellem Knieheben, übergehen zum Laufen vorwärts bei gleichbleibender Kadenz.		B
17	Umsehen bei der Stabüber- gabe verhindern	Verfolgungslauf: Gruppe B startet auf Zeichen gemeinsam auf den Abschlagraum zu. Die Gruppe A startet, ohne sich umzusehen, auf Signal und versucht, dem Schlag des Partners aus der Gruppe B zu entgehen.	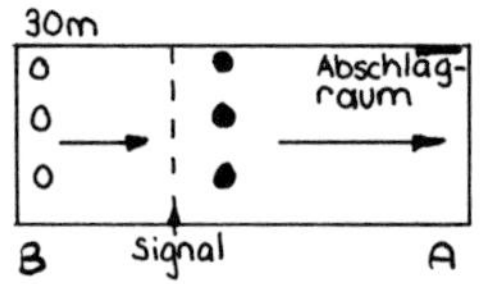	B
18	Kräftiger Fussabdruck Armarbeit	Hügelsprint - Wertung: Die Läufergruppe startet aus der Ebene in einen 30 m langen flachen Anstieg. Wer zweimal als erster die Hügelkuppe erreicht hat, kann als Belohnung zum Spiel übergehen. Auch mit Punktewertung möglich.	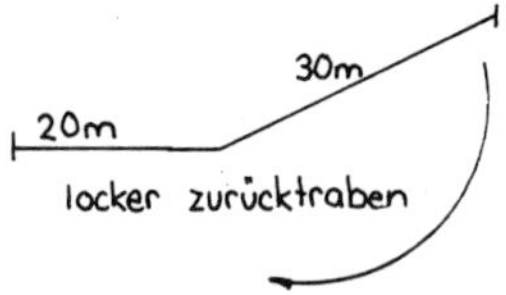	B
19	Reaktion schnelles Abwärts- laufen	Talsprint gegen den Ball: Ein Partner B wirft (im Rücken von A) einen Ball "talabwärts". A sprintet dem Ball nach und versucht,ihn bis zu einer bestimmten Marke in der Ebene einzuholen. Rollenwechsel. Wer hat zuerst 5 Punkte?		E
20	Taktik, Finish, Gegner beobachten	"Velo" - Verfolgungssprint: Wie im Velofahren belauern sich 2 Läufer gegenseitig. Wer ist nach einer Strecke von max. 400 m als erster über dem Zielstrich? Im 1. Lauf startet A 1m vor B, dann B vor A, notfalls Entscheidungslauf.	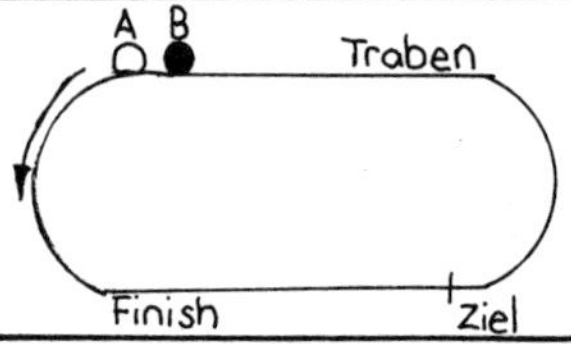	E

NR.	ZIEL	BESCHREIBUNG	ORGANISATION	LIT.
1	Förderung der Dauerleistungsfähigkeit, Antrittsschnelligkeit	Pendelstafette: zu dritt über 30 m, Start durch Handschlag von vorn. Var.: um Gruppe herum von hinten, zwischen gegrätschten Beinen.	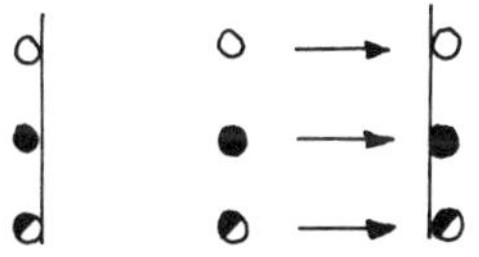	B
2	Antritts-schnelligkeit	Umkehrstafette mit - versch. Fortbewegungsarten - Hindernissen / Bewegungsaufgabe - Transporte	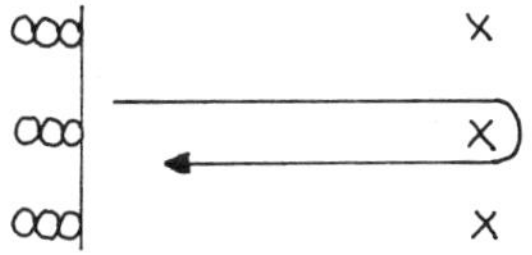	B
3	Stabübergabe Sprintausdauer	Kreis- und Rundbahnstafetten: Jede Mannschaft muss ihren Stafettenstab 20 x um die Runde herumtragen (100 m). Anzahl und Reihenfolge der Ablösungen ist freigestellt. (Americaine).	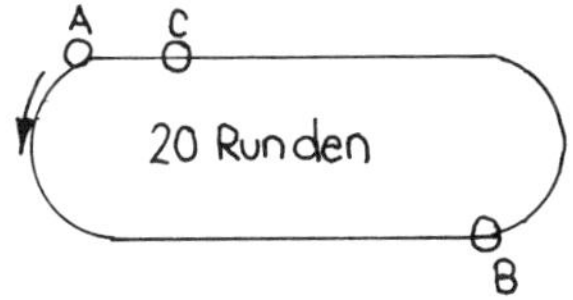	B
4	Ausdauer, Rücksichtsnahme	Anhängestafette zu fünft in der Acht, 1 nimmt 2 mit auf die Runde, 1 + 2 nehmen 3 mit usw. Wer ist zuerst geschlossen im Ziel? Bei Wiederholung umgekehrte Startreihenfolge.	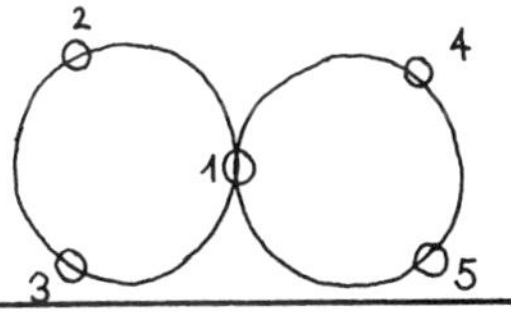	B
5	Stabübergabe unter Zeitdruck Uebergaberaum	Stabübergabe von hinten: 5 Läufer bilden eine Mannschaft. Zwei befinden sich in der Mitte der Laufstrecke. Wettkampf auf Zeit oder mehrere Runden möglich.	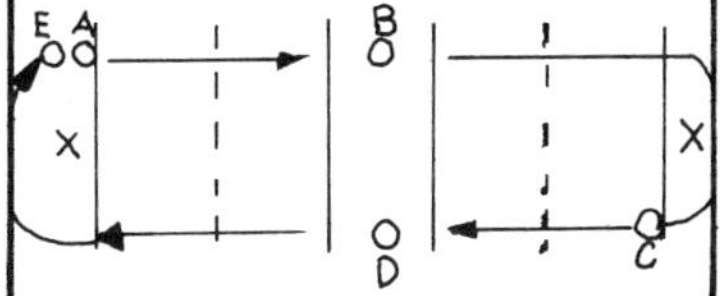	B

2.3 Laufen: Staffel — Stafetten

NR.	ZIEL	BESCHREIBUNG	ORGANISATION	LIT.
6	Geschicklichkeit Schnelligkeit	Gruppenwettläufe mit verschiedenen Bewegungsaufgaben oder Fortbewegungsarten. Die ganze Gruppe startet gemeinsam. Welche Gruppe ist zuerst wieder am Platz?	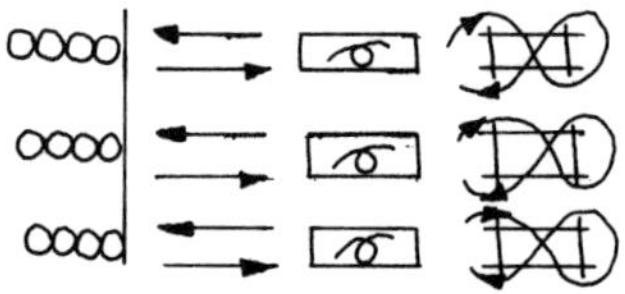	E
7	Geschicklichkeit unter Zeitdruck	Geschicklichkeitsstafette: In der Mitte der Laufbahn hat der Läufer eine Geschicklichkeitsaufgabe zu lösen.	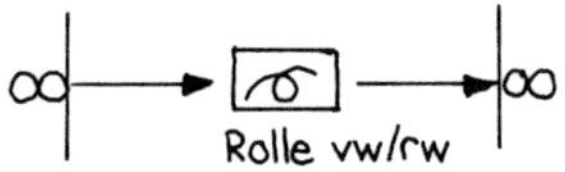	E
8	Start-Beschleu- nigung	Welche Mannschaft legt eine 20 m lange Laufstrecke während 3' die meisten Male zurück? (Rekordliste führen).	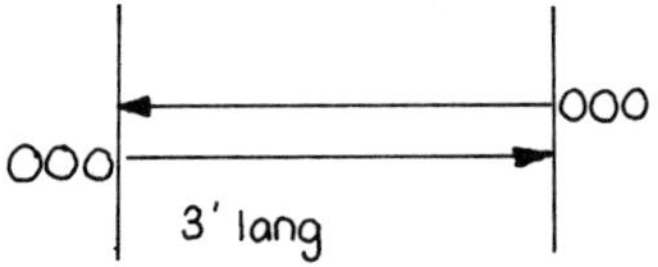	E
9	Ueberprüfen der Uebergabetechnik	Staffel gegen Einzelläufer, 100 m; 2 Teams à 3 Läufer messen sich gegen 2 Einzelläufer über 100 m.	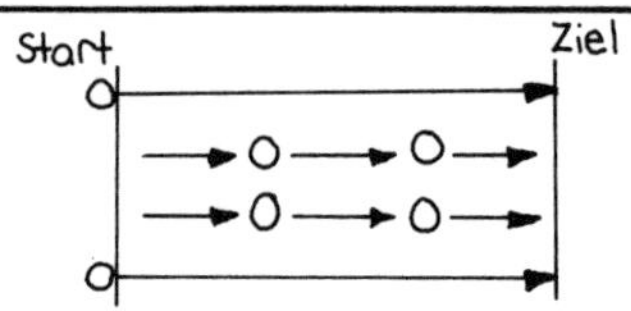	E
10	Sprintausdauer Taktik	Stafette verbunden mit Fangspiel: 2 Staffeln stehen ausserhalb des Spielfeldes, 2 andere Staffeln bewegen sich frei darin. Auf Zeichen darf je der 1. Fänger im Feld auf Jagd gehen, überbringt bei Erfolg sofort das Schlagrecht dem 2. Fänger etc. Bei welcher Staffel hat in kürzerer Zeit jeder einen Fang gemacht?	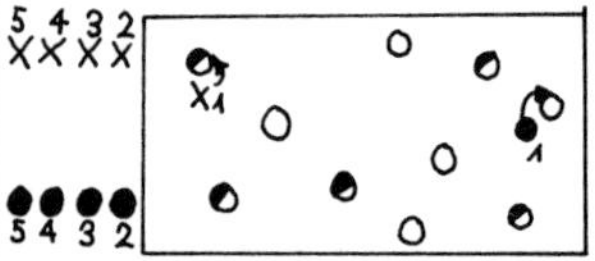	E

NR.	ZIEL	BESCHREIBUNG	ORGANISATION	LIT.
11	Uebergabetechnik Windschatten-laufen	"Schattenlaufen" mit Stabübergabe: 2 gleich schnelle Läufer laufen in grosser Geschwindigkeit möglichst nah hintereinander, ohne einander zu berühren. Auf Kommando des Ueberbringers Uebergabe des Stabes an den führenden Läufer, (auch umgekehrte Richtung möglich).		B
12	Uebergabetechnik Grundschnelligkeit	Staffellauf auf Zeit: 8 Läufer bilden eine Mannschaft (8x50m). Kein Uebergaberaum. Endzeit mit 400 m, 800 m, 1500 m, Weltbestzeiten vergleichen (umrechnen).	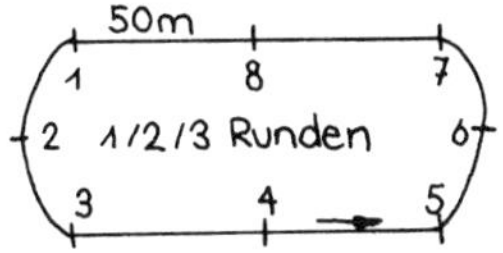	B
13	Wettkampfnahes Uebergabetraining Chancengleichheit	Staffellauf auf Sieg (Staffelvorgabeläufe), ohne Wechselraum: Die schwächeren Mannschaften erhalten eine Vorgabe, die aufgrund der Mannschaftsdurchschnittszeit für 100 m errechnet wird.	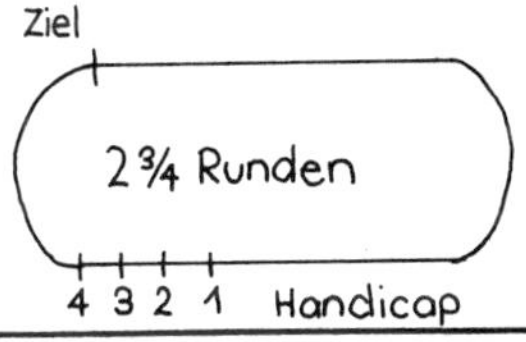	B
14	Stehvermögen Kräfte einteilen	Americaine mit Handicap: 3-5 Läufer bilden eine Mannschaft, die ihre Laufreihenfolge und Laufabschnitte selber bestimmen kann. Auf einer Rundstrecke wird während 5' gelaufen. Für die erfahrungsgemäss besten Läuferteams bestimmt der Trainer 1 Handicap.	wie oben	B
15	Ablaufmarke festlegen	Staffel-Ablaufmarke festlegen: 2 gleich schnelle Läufer (Zeitmessung 40 m) versuchen, in möglichst kurzer Zeit ihre optimale Ablaufmarke festzulegen. Wechselraum 20 m einhalten - in beiden Richtungen üben. Welche Gruppe kommt nach 10' Training über 80 m mit Stabübergabe unter ihre Zeit von 2x40 m?	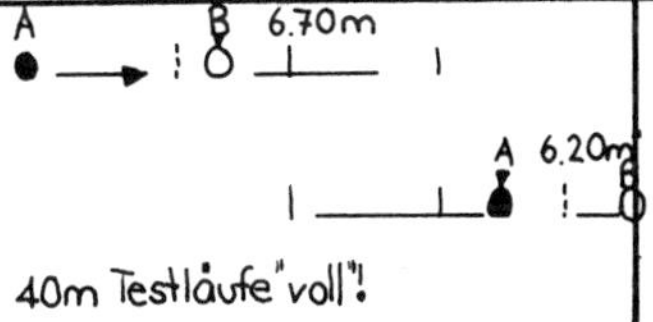	B

2.4 Laufen: Hürden — Hindernisläufe

NR.	ZIEL	BESCHREIBUNG	ORGANISATION	LIT.
1	Richtige Schrittlänge herausfinden	Wahl der Hürdenabstände: Nebeneinander 3 Laufbahnen mit unterschiedlichen Hürdenabständen (je 3 Hürden). Freie Wahl der Bahn. Freies Ueberlaufen der Hindernisse		B
2	Kräftiger Abdruck nicht zu nahe an die Hürden laufen	Hürden zügig überlaufen: Aus seiner Hürdenbahn zuerst nur die 3. Hürde aufstellen, dann auch die 2., zuletzt noch die 1.	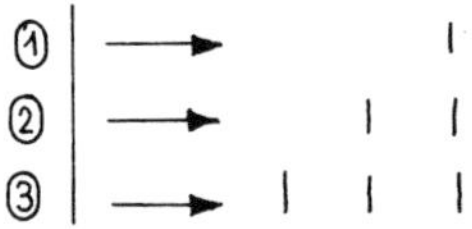	B
3	Technik unter Wettkampfbedingungen	Wettlauf mit 3 Hürden über 40 m: Zuerst 40 m Zeit ohne Hürden ermitteln. Dann versuchen, eine selber festgelegte Zeit möglichst genau anzupeilen.	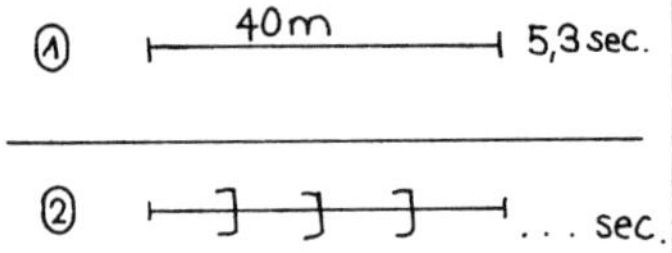	B
4	Reaktion Schrittrhythmus suchen	Nummernwettlauf: Mehrere Läufer (Kolonne) liegen quer zur Laufrichtung am Boden. Auf Aufruf Start aus Bauchlage, 1/4 Drehung, Ueberlaufen der eigenen Kolonne. Wer liegt wieder als erster?	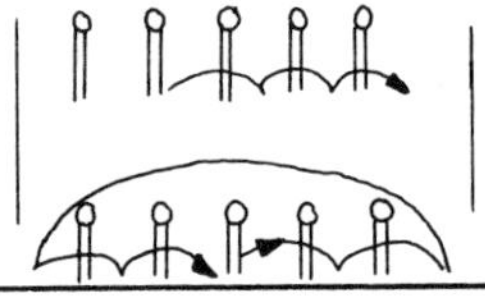	B
5	Wettkampfnahes Training unter Ausdauerbelastung	Verfolgungsjagd: 2 Reihen niedrige Hürden. A und B starten gleichzeitig. Wer ist der schnellste? Wer jagt wen? Zeit oder Rundenzahl bestimmen.	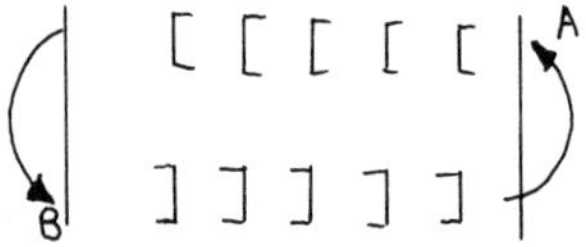	B

NR.	ZIEL	BESCHREIBUNG	ORGANISATION	LIT.
6	Anpassung des Schritt- und Distanzgefühls	Hindernis-Hürdenlauf: Lauf über Hürden bei unterschiedlichen Hürdenhöhen und -abständen: - Zeitlauf - Ausscheidungslauf - Verfolgungslauf (Start alle 5 '')	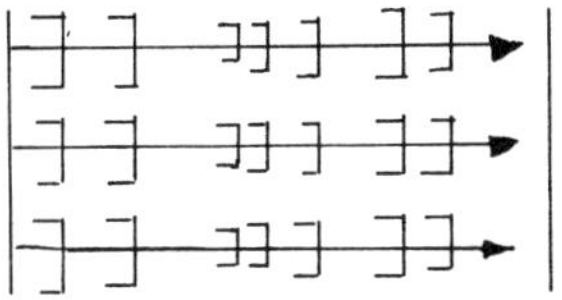	B
7	Verbesserung des Schrittgefühls	Hürden-Schlängellauf: Hürden unterschiedlicher Höhe und Abstände werden in einer Schlängellinie aufgestellt. Zeitlauf oder Verfolgungslauf (Start alle 5 '').	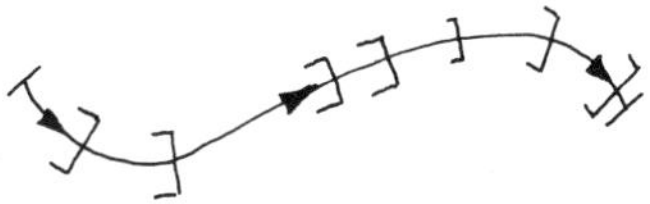	B
8	Schnelligkeit optische Startreaktion, wettkampfnahes Training	Hürdenstafette: Pro Mannschaft 2 Hürdenreihen in beiden Laufrichtungen. Läufer A1 beginnt den Lauf. Sobald sein Schwungbein hinter der letzten Hürde aufgesetzt wird, läuft B1 los. Als Pendelstafette.	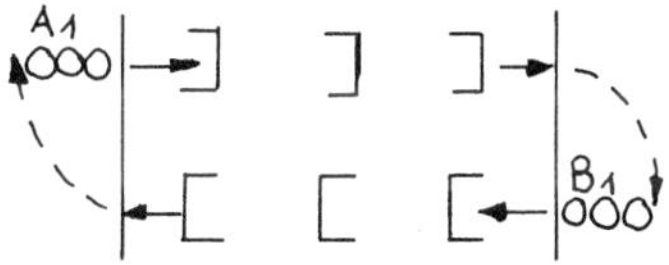	B
9	Abwechselnder, ausgeprägter Einsatz des Schwung- oder Nachziehbeines	Schwung- und Nachziehbein-Schulung: Mehrere Hürden stehen gestaffelt in einer Reihe. Der Läufer überläuft abwechselnd nur mit dem Schwung- oder Nachziehbein die Hürden. Abstände verändern führt zu Beinwechsel.	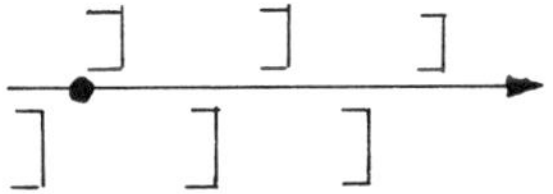	B
10	Renntempo Umstellung auf Höhe und Abstände	3 gegen 4, Hürden-Wettkampf: 2 Läufer laufen auf einer 50 m Strecke gegeneinander. A hat dabei 4 Hürden à 76 cm, B nur 3 Hürden à 92 cm zu überlaufen. Bahnwechsel. Wer läuft die bessere Gesamtzeit?	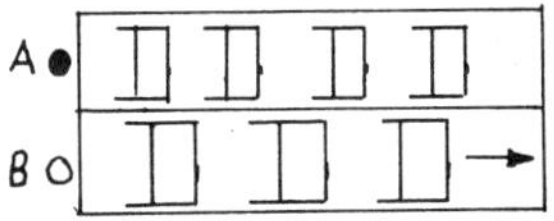	B

2.4 Laufen: Hürden — Hindernisläufe

NR.	ZIEL	BESCHREIBUNG	ORGANISATION	LIT.
11	Geschicklichkeit Verständnis für einfache, ungefährliche Uebungen	Hindernisbahn aufstellen: Pro Runde 1 Hindernis aufstellen. Jeweils 1 - 2 Schüler bestimmen, die ein neues Hindernis aufstellen.	2 Bahnen, Abräumen gleich, aber mit 1. Hindernis beginnen	B
12	Geschicklichkeit	Hindernis-Zeitlauf: Auf aufgestellter Hindernisbahn (s.o.) Wettlauf auf Zeit. Verfolgungslauf mit Handicap.	Mindestens 2 Bahnen	B
13	frühzeitiges Absprungbein "Anpassung", Geschicklichkeit	Hindernis-Gruppen-Wettkampf: Parcours mit leichten Hindernissen. Rundstrecke mit 3 parallelen Bahnen von leichten Hindernissen. Start gruppenweise, mit - und ohne Zeitmessung.	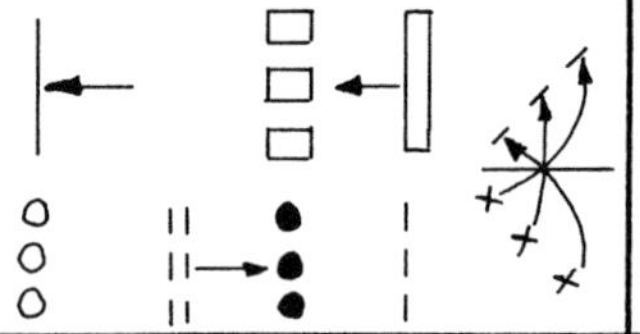	E
14	Geschicklichkeit unter erhöhter Belastung	Hinderniscup: Auf aufgestellter Hindernisbahn Wettkampf nach Cupsystem. Fortsetzung immer mit Siegern und Verlierern untereinander. Wer verliert nie?	s.o.	E
15	Training unter erhöhter Belastung	Hindernis-Verfolgungslauf: 2 Mannschaften, alle 15'' startet je 1 Läufer. Jede Zweiergruppe versucht, die vorhergestartete einzuholen, ohne selber eingeholt zu werden. Wer eingeholt wird, macht sofort Platz. Welche Gruppe bringt mehr Läufer ins Ziel?	2 Parallel-Bahnen, Bahnwechsel in der Kurve	E

NR.	ZIEL	BESCHREIBUNG	ORGANISATION	LIT.
16	Hindernistechnik unter Ausdauerbelastung	Hindernis-Langstreckenlauf: Auf einer Rundstrecke werden 5 Hindernisse eingebaut. Wir vergleichen die Zeit über 7 Runden mit und ohne Hindernisse.	Hindernisse: Hürden, Bänkli, Kasten etc. Beide Zeitläufe nicht am gleichen Tag.	B
17	Hindernistechnik unter Ausdauerbelastung	Hallensteeple: Ueberlaufen, resp. Ueberspringen der Hindernisse, Runden oder Hindernisse während einer bestimmten Zeit zählen. Mit Einzel- und Mannschaftswertung.	Hindernisse: - Hürden, Schwebebalken, - Doppellangbank, Reck, - Kasten, Gummischnur, - Schaumgummimatten.	E
18	Positionswettkampf Hindernistechnik im Pulk	Positionswettkampf am Hindernis: 4 - 6 Läufer trainieren im Pulk auf einem Parcours mit Hindernissen. Wem gelingt es - bei Pfiff des Trainers - am häufigsten, jeweils als 1. über den imitierten Wassergraben (Sprungkasten) zu gehen.	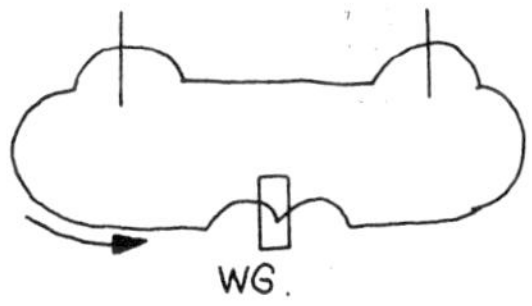	E
19	Technik, Geschicklichkeit unter Wettkampfbedingungen	Hindernis - Staffellauf: Mehrere Gruppen laufen auf parallelen Bahnen mit mehreren unterschiedlichen Hindernissen (ungefährliche H.) eine Pendelstafette. Zeitmessung oder Anzahl Hindernisse als Wertung.	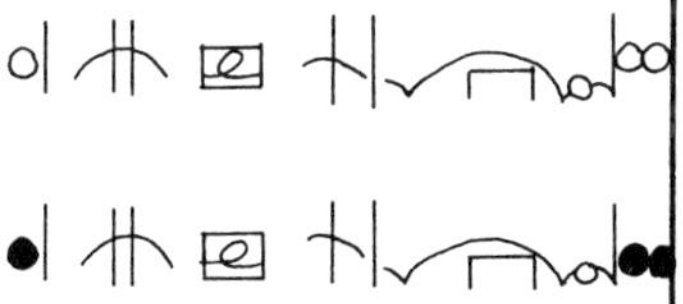	B
20	Geschicklichkeit Balltechnik	Hindernislauf mit Ball: Mehrere Läufer starten auf einem Hindernis-Ball-Parcours gegeneinander. Wer wird Sieger? Auch in Staffelform.	Parcours abhängig von Ballart: Slalomdribbling, Torwurf, Hindernis überqueren etc.	E

2.5 Laufen: Mittel/Langstreckenlauf

NR.	ZIEL	BESCHREIBUNG	ORGANISATION	LIT.
1	Wendigkeit Antritts- schnelligkeit	Dreierfangis: 3 Schüler in einem Feld. A versucht, B innert 30 sec zu fangen. Gelingt dies nicht, so erhält er einen Strafpunkt. Nach 30 sec versucht B, den C zu fangen, dann C den A. Wer 4 Strafpunkte hat, scheidet aus.	A → B B → C C → A Die 30 sec-Intervalle werden durch Pfiff angezeigt.	B
2	Ausdauer Geschicklichkeit	Paarfangis: 2 Fänger mit gefassten Händen beginnen mit dem Verfolgen. Sobald einer erwischt wird, schliesst sich dieser dem Paar an. Wird ein weiterer Spieler gefangen ... 2 Paare usw., bis alle gefangen sind.	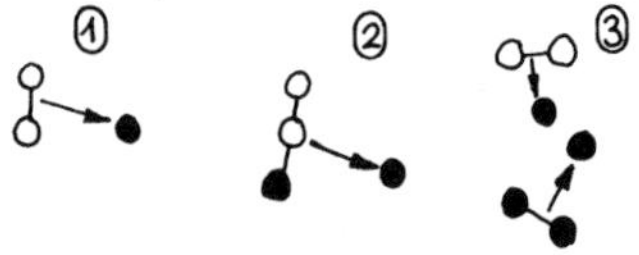	B
3	Schnelligkeit Geschicklichkeit	Grenzwächter und Schmuggler: 1-3 Grenzwächter befinden sich in der Grenzzone. Die Schmuggler versuchen, möglichst viele Läufe durch die Grenzzone zu machen. Wer hat am meisten abschlagfreie Läufe erzielt?	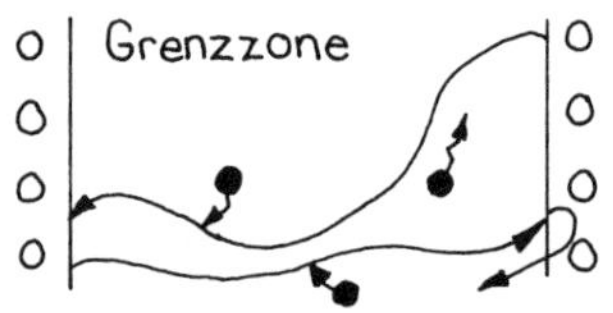	B
4	Ausdauer Wendigkeit	Bändeljagd: Ein Fänger versucht, einen der Verfolgten mit einem Spielband abzuschlagen. Gelingt dies, so lässt er das Band fallen. Der Geschlagene ergreift es und wird neuer Fänger. Var.: Mehrere Fänger oder in 2 Feldern.	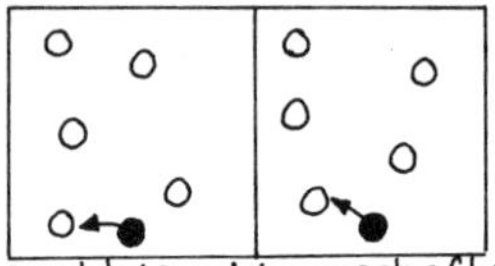 mehrere kleine Mannschaften	B
5	Ausdauer Wendigkeit, An- trittsschnellig- keit	Zweierfangis: Auf grosser Rasenfläche, je 2 Schüler spielen zusammen. Einer beginnt mit Fangen. Nach dem Abschlagen werden die Rollen gewechselt. Wer wird länger als 2, 3 min nicht mehr gefangen?	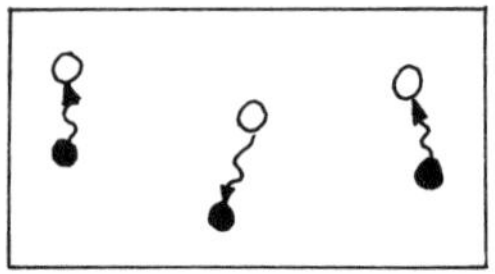	B

NR.	ZIEL	BESCHREIBUNG	ORGANISATION	LIT.
6	Zeitgefühl	Zeitlauf: Dauerlauf kreuz und quer durch den Wald, Rasenplatz usw. Wer findet sich am pünktlichsten auf eine vorgegebene Zeit bei der Uhr ein?	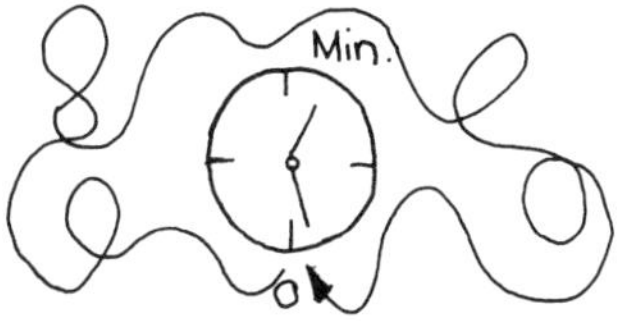	B
7	Zeit- und Tempogefühl, Selbsteinschätzung	Zeit - Distanzlauf: Wem gelingt es, auf einer bekannten Strecke, die von ihm selber vorgegebene Zeit am genauesten einzuhalten? (z.B. 75 % Wettkampftest) (= Sieger).	Meine Streckenbestzeit: 18.31 min Heute will ich: 21.30 min (lockerer Dauerlauf). Resultat: 21.45 min	B
8	Tempowechsel Zwischenspurts	Schlangenlauf: Die Gruppe läuft in Einerkolonne ein bestimmtes Tempo. Der hinterste Läufer spurtet jeweils an die Spitze und übernimmt Führungsarbeit bei gleichbleibendem Tempo. Var.: Tempo darf variiert werden.	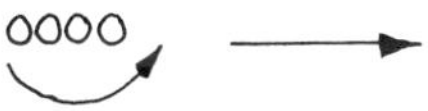	B
9	Dauerlauf mit Tempowechsel	Gruppenlauf: Mehrere Gruppen auf Rundstrecke verteilt marschieren (traben). Gruppe 1 läuft locker (möglichst zügig) zur Gruppe 2. Wird diese erreicht, läuft Gruppe 2 zur Gruppe 3 etc.	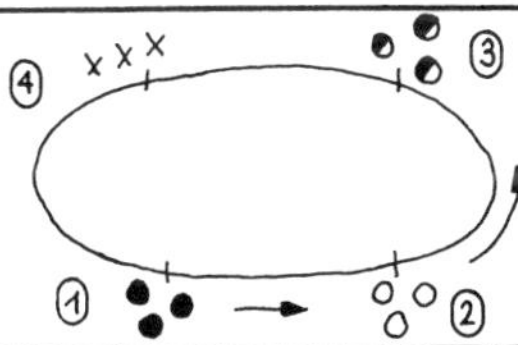	B
10	Selbständigkeit keiner darf verloren gehen	Querfeldein: Jeder Läufer darf 5' Tempo und Routenwahl quer durch den Wald (Gelände) bestimmen.	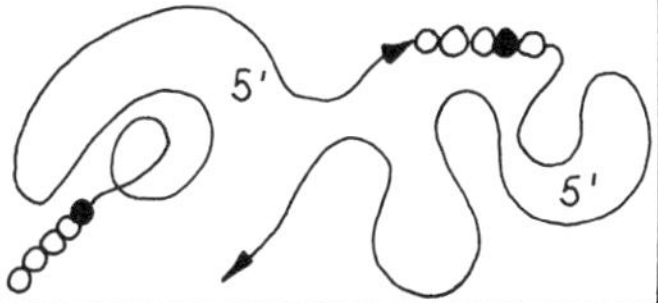	B

2.5 Laufen: Mittel/Langstreckenlauf

NR.	ZIEL	BESCHREIBUNG	ORGANISATION	LIT.
11	Tempogefühl	Dreiecklauf: Umlaufen des △ , 3 Gruppen starten gleichzeitig an jeder Ecke, Pfiff - Erreichen der nächsten Ecke nach 15 - 18 sec. (wer zu früh ist, traben an Ort).	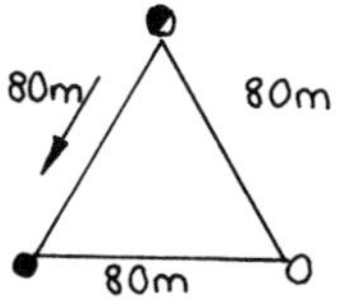	B
12	Gleiche Belastung bei ungleichem Trainingsstand	Mehrere Leistungsgruppen, verschieden lange Laufstrecken, die etwa in 2' zurückgelegt werden können. Mehrmals durchlaufen. Steigerung von 2 auf 5 Durchgänge.	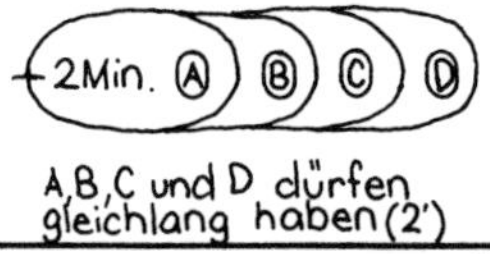	E
13	Training in Leistungsgruppe Ausdauer	Laufen in Leistungsgruppen: Ein geeigneter Läufer bestimmt das Tempo für die langsamere, ein anderer dasjenige für die schnellere Gruppe.	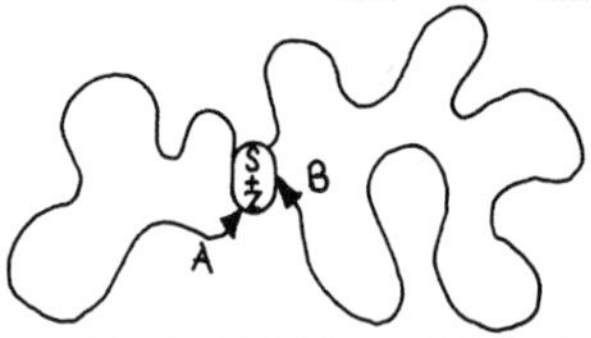	E
14	Tempogefühl	2 Läufer starten auf einer Rundstrecke in entgegengesetzter Richtung und versuchen, sich immer am gleichen Ort auf der Gegenseite zu treffen.	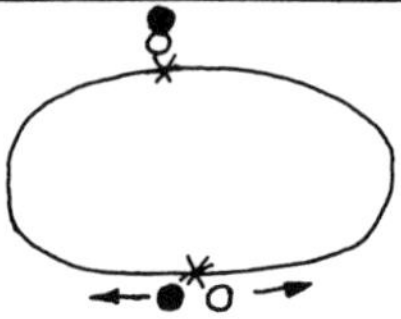	E
15	Zeit- und Tempogefühl	Richtzeiten einhalten: Auf Rundstrecke werden mehrere Runden in z.B. 54''/50''/46''/44''/42''/38'' gelaufen. Wer zu früh ankommt, muss warten.	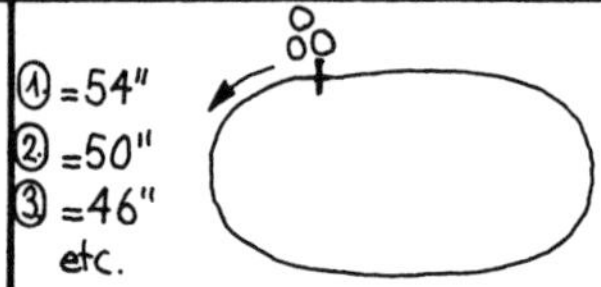	E

<table>
<tr><th>NR.</th><th>ZIEL</th><th>BESCHREIBUNG</th><th>ORGANISATION</th><th>LIT.</th></tr>
<tr><td>16</td><td>Schritt absuchen
Windschattentechnik</td><td>"Schattenlaufen":
Immer 2 ungefähr gleich starke Läufer bilden ein Paar: A versucht,hinter B herzulaufen, ohne diesen zu berühren. Geschwindigkeit langsam steigern, Rollenwechsel.</td><td>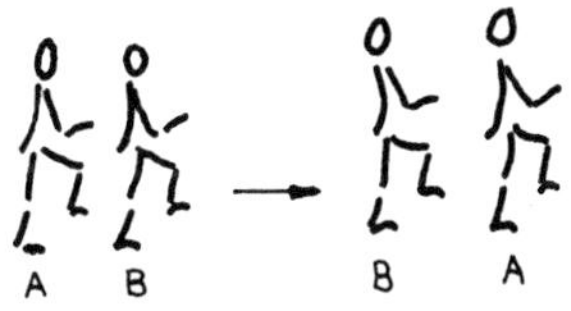
</td><td>B</td></tr>
<tr><td>17</td><td>Max. Dauer-
leistungsfähigkeit</td><td>Wer läuft in 10' am meisten Runden (Rasenstrecke, Wald)?</td><td>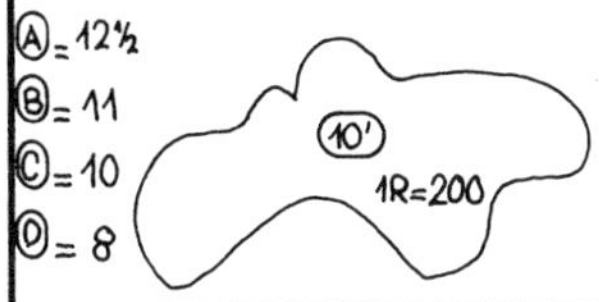
</td><td>B</td></tr>
<tr><td>18</td><td>Max. Dauer-
leistungsfähigkeit</td><td>Wer läuft während 12' die längste Distanz (Cooper Test)?
Buch führen.</td><td>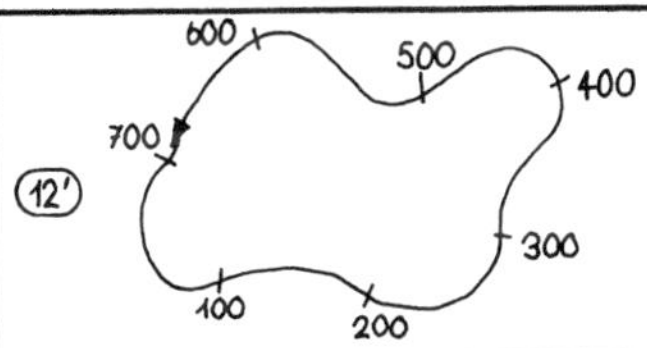
</td><td>B</td></tr>
<tr><td>19</td><td>Tempofestigkeit
im Alleingang</td><td>Verfolgungslauf auf Rundstrecke gegen Partner während 40'. A läuft gegen B, C gegen D usw. Richtungswechsel nach jedem Lauf. Jeder gegen jeden oder im Cupsystem.</td><td>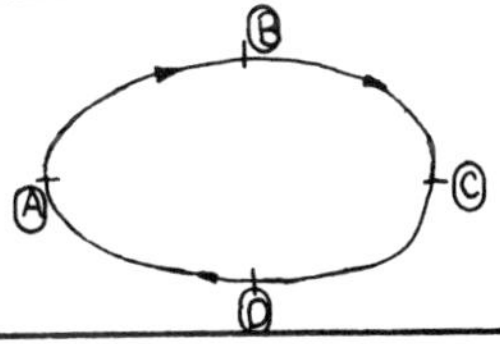
</td><td>B</td></tr>
<tr><td>20</td><td>Ausdauer unter
wettkampfnahen
Bedingungen</td><td>Handicaplauf:
Der Trainer lässt seine Gruppe auf einer bekannten Trainingsstrecke mit leistungsbezogenem Handicap starten. Wer ist als erster im Ziel?</td><td>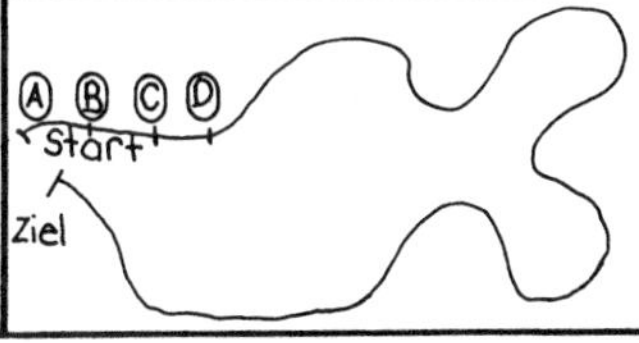
</td><td>B</td></tr>
</table>

2.5 Laufen: Mittel/Langstreckenlauf

NR.	ZIEL	BESCHREIBUNG	ORGANISATION	LIT.
21	Ausdauer bei unterschiedlicher Belastung	Schwedisches Fahrtspiel: Wechselnde Tempi in verschiedenartigem Gelände mit Abschnitten von 50 - 1000 m.	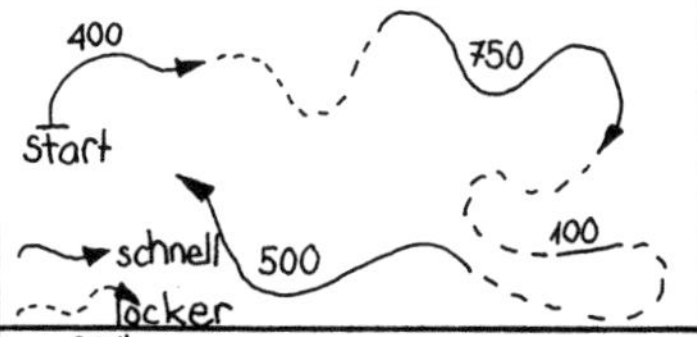	B
22	Ausdauer bei wechselndem Tempo	Polnisches Fahrtspiel: Tempowechsel werden mit der Stoppuhr festgelegt: 30''/60''/90''/2'/3'/2'/90''/60''/30'' bei gleich langen Trabpausen.	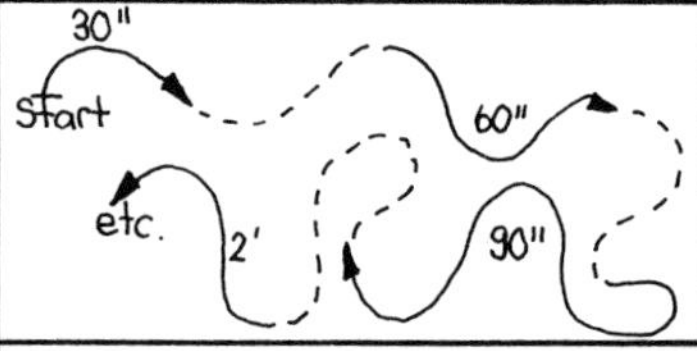	B
23	Ausdauer bei hohem Tempo Herzfrequenz	Intervalltraining mit Pulskontrolle: Läufe über Teilstrecken von 100-400 m. Sinkt der Puls unter 120 Schläge/Min., so wird erneut gestartet. Mehrere Wiederholungen.	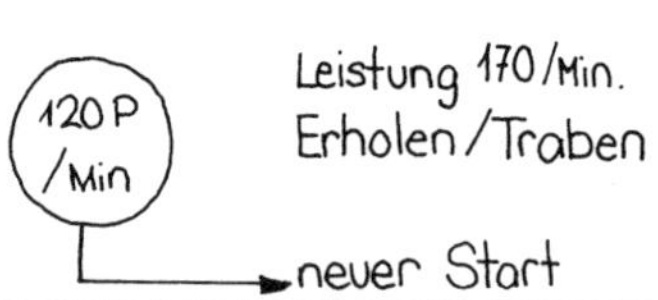	B
24	Stehvermögen Schnelligkeit	Wiederholungsläufe: Gut ausdauertrainierte Läufer absolvieren 3x1000 m in sehr hohem Tempo (90 %). Die Pause dazwischen von 10' - 12' werden mit Basketballspielen ausgefüllt. Var.: andere Spielarten	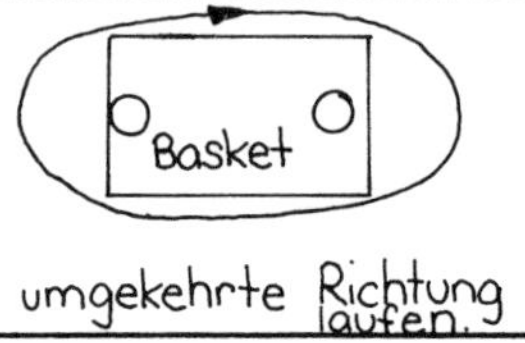	B
25	Abwechslung im Intervalltraining	Intervall-Treppe: 1 Läufergruppe absolviert auf 1 Rundbahn 1-2-3-4-5--6-5-4-3-2-1-Hunderter bei gleichlangen Trabpausen in der doppelten Zeit. Tempo auf allen Abschnitten gleichbleibend, oder noch intensiver: jeder Abschnitt 80 % Wettkampfzeit. Auch mit 2-4-6-8-10-8-6-4-2 für Langstreckler möglich.	Besonders zu empfehlen, wenn allein trainiert werden muss.	B

NR.	ZIEL	BESCHREIBUNG	ORGANISATION	LIT.
1	Ausdauer	Achterlaufen: - um 4 Malpfosten - um Volleyballfeld	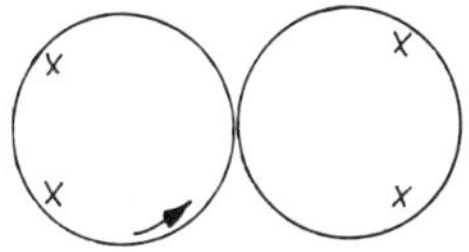	B
2	Ausdauer mit Tempowechsel Fussgelenke	Laufen in der Doppelacht: - um 8 Malpfosten - kleine 8 locker laufen, grosse 8 schnell laufen	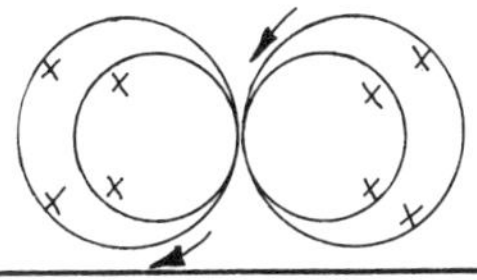	B
3	Ausdauer Antritt	Laufen im Korridor: - um 5 Malpfosten - mit Ballprellen - mit Balldribbling - nach jeder Kurve Sprint-Antritt	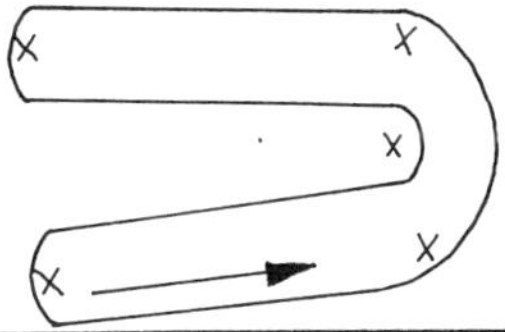	B
4	Ausdauer Fussgelenke	Zickzacklaufen: - um 10 Malpfosten	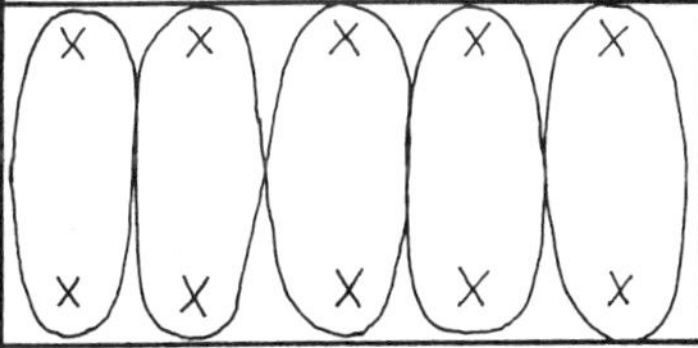	B
5	Ausdauer	Laufen im Schmetterling: - um 8 Malpfosten - alle Minuten Laufrichtung ändern	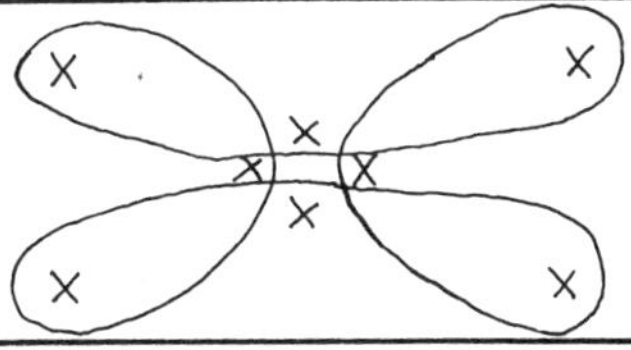	B

2.6 Laufen: Lauftraining in der Halle

NR.	ZIEL	BESCHREIBUNG	ORGANISATION	LIT.
6	Ausdauer bei wechselnder Belastung, Rhythmusschulung	Laufen mit Variationen: - verschiedene Laufarten (Rhythmuswechsel)	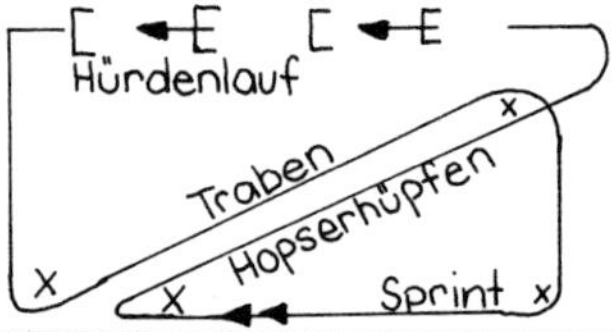	B
7	Fussabdruck, Fuss-gelenkarbeit	Laufen im Dreieck: - Laufen im Wechsel mit Skipping und Hopserhüpfen	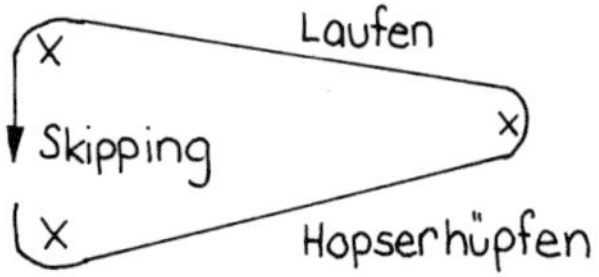	B
8	Ausdauer mit ausgeprägter Fussgelenkarbeit	Laufen im Stangenwald: - mit Malpfosten, Keulen etc. - mit Slalomtoren	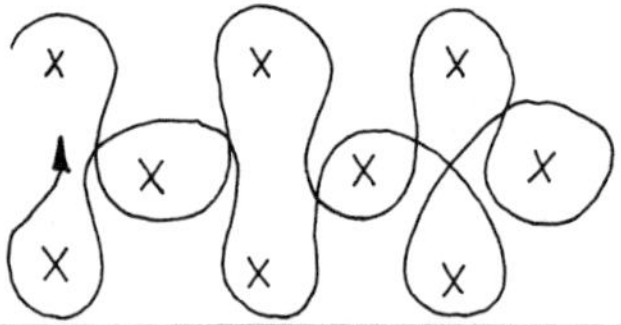	B
9	Konzentration bei erhöhter Belastung	Laufen mit Richtungsänderungen um 90°: - Bei rot (°) nach links, bei blau (°) nach rechts - Parcours laufend ändern	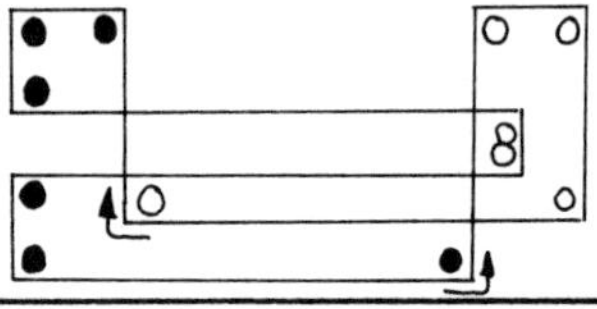	B
10	Fahrtspiel (Ausdauer) in der Halle	Achterlauf und Rundlauf im Wechsel: - um 4 Malpfosten - Kreis schnell laufen - Acht locker laufen	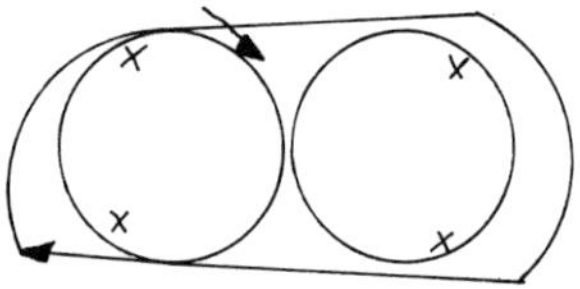	B

NR.	ZIEL	BESCHREIBUNG	ORGANISATION	LIT.
1	Frische Luft Elastischer Boden Fussgelenke	Cross - Forest (Waldlauf): Fast alle hier aufgeführten Trainingsformen lassen sich im Wald durchführen, was möglichst häufig ausgenützt werden sollte. Häufig quer durch den Wald laufen, stärkt die Fussgelenke und reduziert die spätere Verletzungsgefahr.	 siehe übrige Kapitel	B
2	Ausdauer	Schnitzeljagd: Ein Läufer (eine Gruppe) legt mit Schnitzeln eine Fährte. Die Läufergruppe geht mit dem Trainer (kontrolliertes Tempo) auf die Suche (gleichzeitig Schnitzel einsammeln).	 Wald mit dichtem Wegnetz. Bei Einholen Aufgabentausch, Wartezeit mit Gymnastik überbrücken.	B
3	Geschicklichkeit Fussgelenke Ausdauer	Waldslalom: In leicht fallendem Waldstück werden die Bäume als Tore gekennzeichnet. Verfolgungslauf A gegen B ,B gegen A oder 2 Zeitläufe: Wer ist gesamtschnellster? Auch bergaufwärts starten.	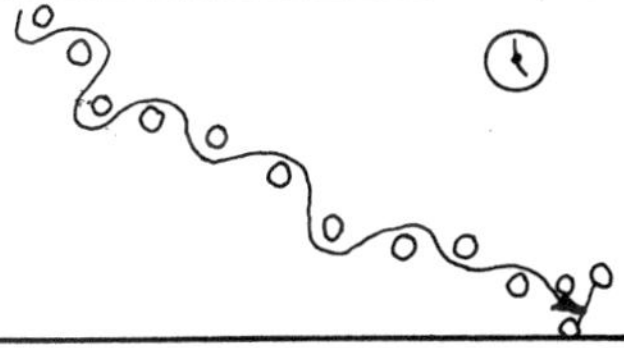	B
4	Orientierungsgefühl Routenwahl Tempolauf	Lauf zum Treffpunkt: Wettlauf zu bekanntem, nicht sichtbarem Ziel (Gruppe oder Einzel) quer durch den Wald (Routenwahlprobleme).	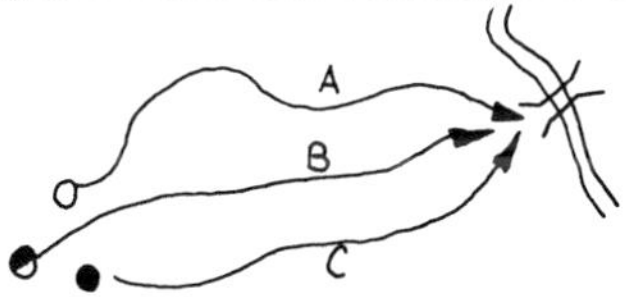	B
5	Routenwahl Orientierungsgefühl schneller Dauerlauf	Feuerstelle suchen: Ausgangspunkt: Erhöhte Stelle im Gelände. Eine Gruppe gibt in grösserer Entfernung mit Strohfeuer Rauchzeichen. Die Gruppen versuchen, möglichst schnell die Feuerstelle ausfindig zu machen. Auch mit Signalhorn auf engerem Raume möglich.	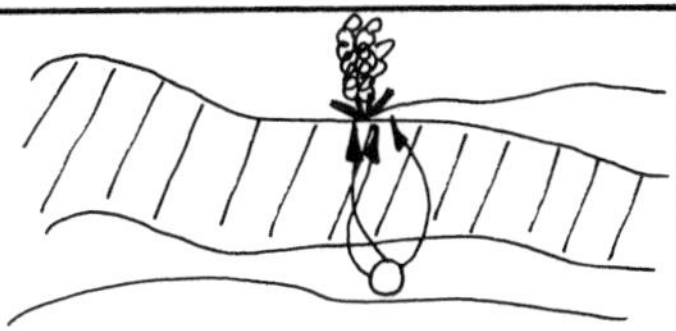	B

2.8 Laufen: Lauftraining mit Karte und Kompass

NR.	ZIEL	BESCHREIBUNG	ORGANISATION	LIT.
1	Abwechslung im Dauerlauftraining Angewöhnung an Orientierungslauf	Aufgeteilter Kartenzug: Die Teilnehmer werden bei jedem zweiten Posten aufgeteilt und treffen beim nächsten gemeinsamen Posten × wieder zusammen (Erholung = Besprechung). Der Leiter begleitet abwechselnd eine Gruppe. Beim Rückweg werden den Gruppen die andern Posten zugeteilt.	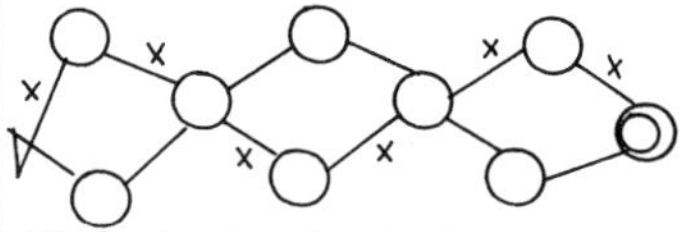 Viele Postenstandorte	B
2	Dauerlauf mit Rhythmuswechsel Angewöhnung an Orientierungslauf	Rundstreckenlauf: Die Läufer haben eine auf der OL Karte eingezeichnete Strecke abzulaufen, die ausschliesslich dem Wegnetz folgt. Unterwegs, an Gabelungen und Biegungen der Strecke, werden Posten gesetzt, die von den Läufern richtig auf die Laufkarte eingezeichnet werden müssen.	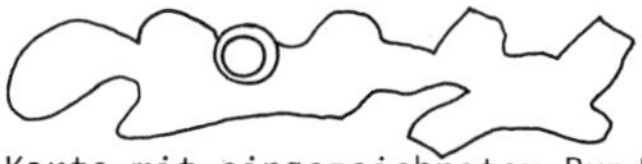 Karte mit eingezeichneter Rundstrecke. Bewertung: Laufzeit und Zuschläge für fehlende/ falsch eingetragene P.	B
3	Dauerlauf quer durch den Wald P-Standortbestimmung auf OL Karte	Vielposten-OL: In nicht zu grossem, abgegrenztem Gebiet, werden an verschiedenen Standorten Posten markiert. Der Läufer erhält dieses abgegrenzte Gebiet auf seiner Laufkarte, jedoch ohne Postenstandorte. Während einer festgelegten Zeit hat er nun die Aufgabe, möglichst alle Posten zu finden. Wettkampfform: Postenanzahl bekannt, Zeitnahme.	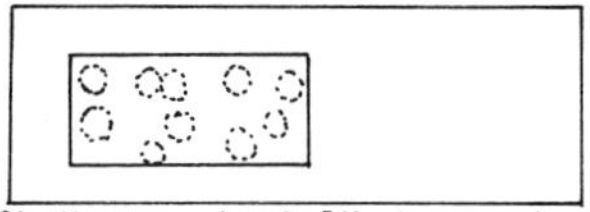 OL Karte mit Geländeausschnitt eingezeichnet.	B
4	Dauerlauftraining mit gleichzeitiger Schulung des Zeit-/ Distanzgefühls	Distanzenlauf: Unter Führung des Leiters werden Teilstrecken im Gelände gemeinsam zurückgelegt und ihre Länge geschätzt: auf Wegen, im flachen Gelände, Steigungen, Gefälle, Querfeldein (Distanzen variieren). Gruppenwettkampf: Zeit-, Schrittzähl-, Schätzmessung gegeneinander.	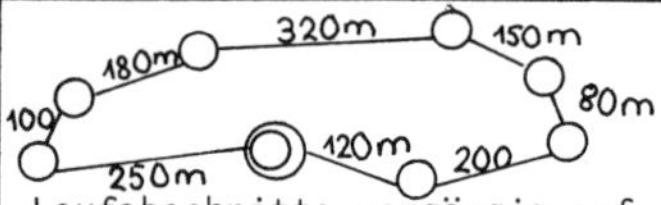 Laufabschnitte vorgängig auf Karte ausmessen.	B
5	Dauerlauf mit Tempowechseln (Fahrtspielart) Kartengedächtnis	Lauf nach Gedächtnis: Sternform: im Zentrum sind alle Aufgabenkarten mit je einem Posten aufgehängt. Der Läufer prägt sich jeweils die Route zu einem P ein und läuft dann auswendig. Der Rückweg (jetzt bekannt) wird möglichst schnell zurückgelegt.	OL Karte mit einzelnen P im Zentrum aufhängen 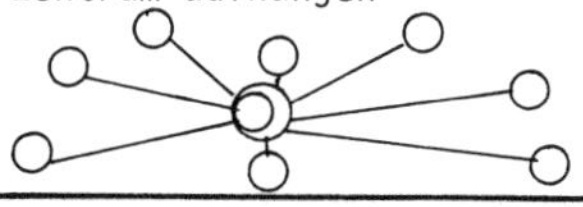	B

NR.	ZIEL	BESCHREIBUNG	ORGANISATION	LIT.
6	Tempolauftraining mit Pausenarbeit Kompassarbeit Distanzgefühl	Kompass - Sternlauf: Von einem Zentrum aus werden mit Hilfe von Kartenpause und Kompass Posten angelaufen, die sternförmig um diesen zentralen Ausgangspunkt gestellt sind. Für jeden P Postenbeschreibung abgeben. Nach jedem P kehrt der Läufer in einem Tempolauf zum Ausgangspunkt zurück. Einzelstart, jeder beginnt mit anderem P.	P-Beschreibung: 1 Grube 2 Loch 3 Rinne ... 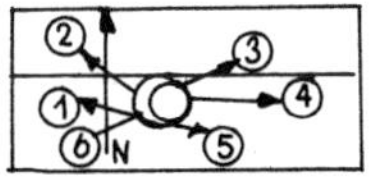	B
7	Fahrtspielartiger Dauerlauf (Erholung beim Auffangen)	Sternlauf mit reduzierter Karte: Die Läufer erhalten eine reduzierte Karte (Zentrum fehlt) mit eingezeichneten Posten. Diese Posten sind alle vom Zentrum aus anzulaufen. Es kann gleichzeitig in alle Richtungen gestartet werden. Rückkehr in schnellem Dauerlauf.	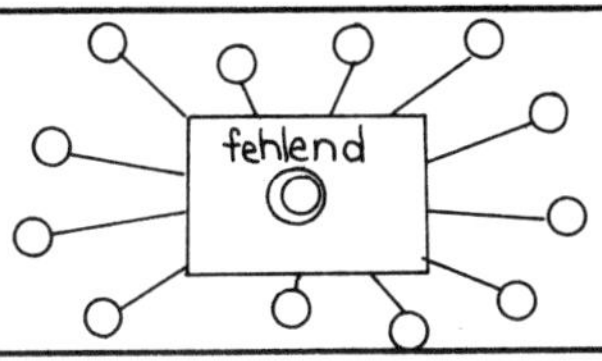	B
8	Lockerer Dauerlauf mit Rhythmuswechsel	Fensterlauf: Die Läufer erhalten eine Fensterkarte, auf der nur die P mit den Postenräumen sichtbar sind. Die Zwischenstrecken können mit dem Kompass überbrückt werden. Einzellauf oder Zweiergruppen in Sternform, Schmetterlingsform.	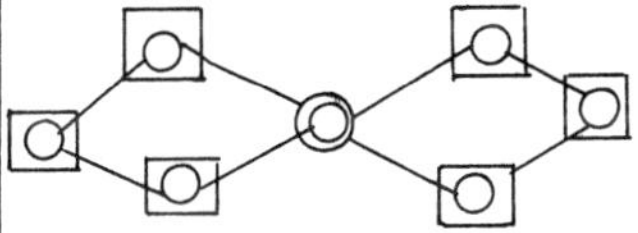 Schmetterlingsform	B
9	Dauerlauf mit Rhythmuswechsel	Kombinierter Sternlauf: Von einem zentralen Start/Ziel-Ort wird nacheinander auf jedem Strahl eine andere Aufgabe gelöst: Fenster-Posten, Auswendig-P, Kompass-P, Linienlauf, nach Karte etc. Auf jeder Teilstrecke startet gleichzeitig ein Läufer.	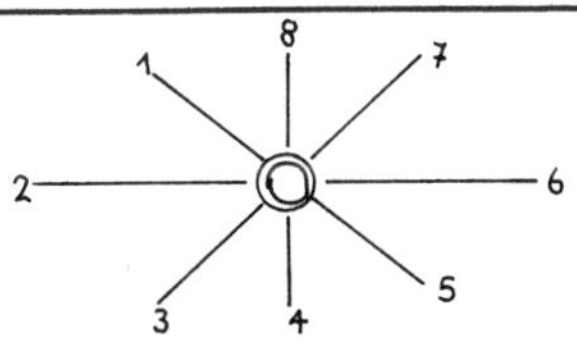	B
10	Tempolauftraining mit Intervall-pausen	Intervall-OL-Staffel: Auf einer Sternlaufanlage in Schmetterlingsform startet von jeder Mannschaft 1 Läufer, bei Rückkehr ins Zentrum wird er vom 2. Läufer abgelöst, fortgesetzt bis alle Posten angelaufen worden sind. Var.: Jeder läuft abwechselnd jeden Posten an. Jeder Startläufer startet auf einer anderen Teilstrecke.	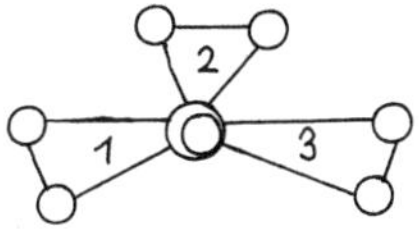	B

2.8 Laufen: Lauftraining mit Karte und Kompass

NR.	ZIEL	BESCHREIBUNG	ORGANISATION	LIT.
11	Intervallmässiges Tempolaufen mit aktiven Trabpausen	Intervall-OL: 2 Läufer arbeiten zusammen. Läufer A versucht möglichst schnell über P 1 zu P 2 zu gelangen, während Läufer B direkt zu P 2 bummelt und dort auf seinen Kameraden wartet. Anschliessend läuft B unter Zeitdruck über P 3 zu P 4, und A bummelt direkt zu P 4. Auf der 2. Runde werden die Rollen getauscht.	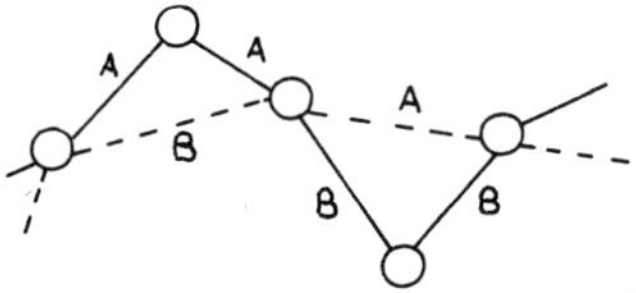	B
12	Dauerlauftraining mit wechselndem Tempo (Fahrtspiel)	Auffangübung: Auf allen Laufkarten ist der gleiche Posten eingezeichnet. Der Leiter führt die Gruppe im Trab quer durchs Gelände. Wirft er die Karten auf den Boden, nimmt jeder Läufer eine Karte und versucht, sofort den eingezeichneten Posten zu finden. Der Leiter sammelt die Karten ein, zeichnet den nächsten P ein ...	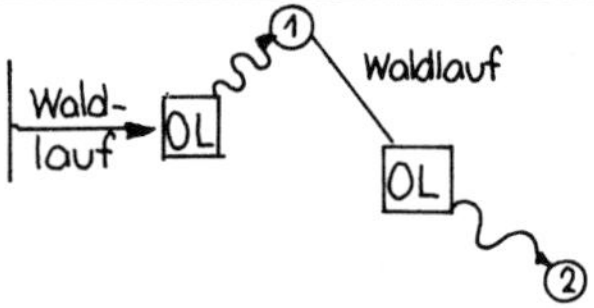	B
13	Dauerlauf mit wechselndem Tempo	Routenwahl-Training: Für jede mögliche Route wird ein Läufer bestimmt. Zeitmessung oder Kampf gegeneinander. Auf der 2. Runde werden die Routen vertauscht. Es können mehrere Gruppen zeitlich gestaffelt auf der gleichen Laufanlage starten.	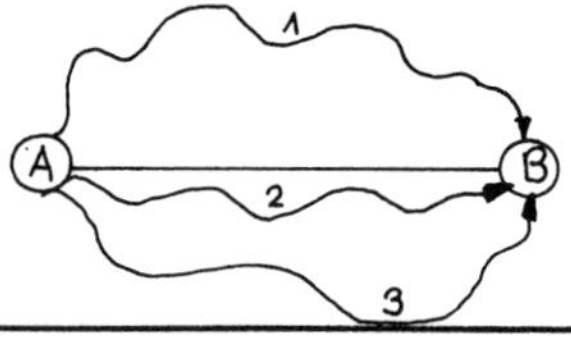	B
14	Abwechslung im Dauerlauftraining. Quer durch den Wald laufen lernen	Postennetz-OL: Der Läufer erhält eine Karte mit eingezeichnetem Postennetz. Er hat alle Posten in möglichst kurzer Zeit anzulaufen. Die Reihenfolge der Posten kann vom Läufer selber festgelegt werden (Routenwahlprobleme). Einzel- oder Massenstart mit Zeitmessung.	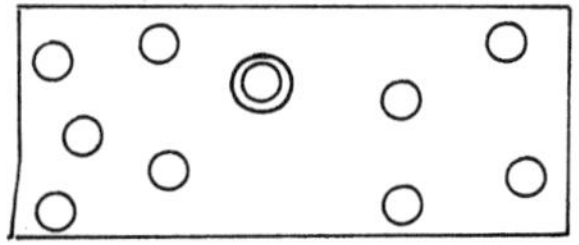	B
15	Dauerlauf quer durch den Wald Routenwahlentscheide	Skore-OL: Rund um ein Zentrum wird ein Postennetz gelegt. Jeder P wird mit Punkten bewertet. Die Läufer sammeln in einer begrenzten Zeit möglichst viele Punkte. Zeitüberschreitung wird mit Punkteabzug bestraft. Sieger, wer am meisten Punkte sammelt.	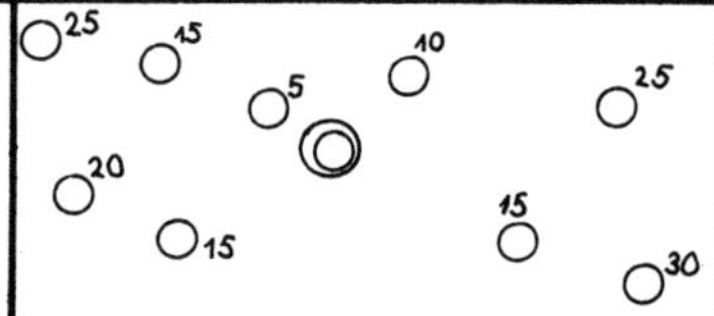	B

NR.	ZIEL	BESCHREIBUNG	ORGANISATION	LIT.
1	Reaktion Startschnelligkeit	Kugel-Startlauf: 4 Läufer starten beim Aufprall der Kugel am Boden. Der Laufsieger darf stossen. Wer stösst am häufigsten?	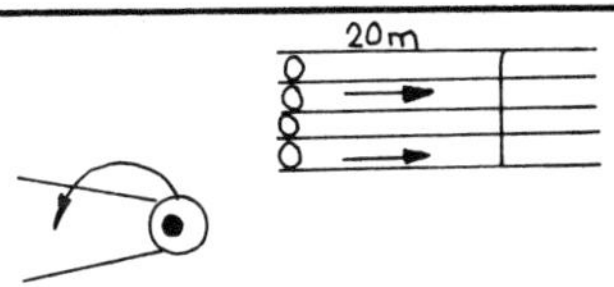	E
2	Verbesserung der Schnelligkeit Schnellkraft	Kombinierte Sprint- und Stossübung: Sprint aus Bauchlage zur 10 m entfernten Kugel, Stoss in Laufrichtung.	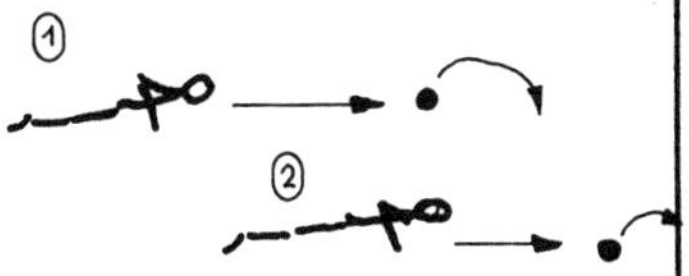	B
3	Förderung der Schnelligkeit Fussgelenkarbeit	Pendelstafette im Slalom: um Malstäbe mit Tragen der Kugel.	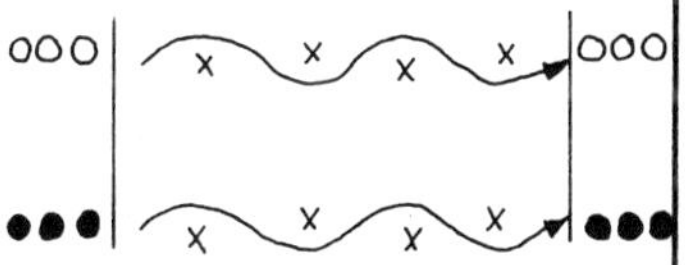	E
4	Verbesserung der Beschleu- nigungsphase	"Kurierdienst mit Kugel": Dreiermannschaften: A rennt zu B, B zu C, C rennt via Marke zu B zurück, B rennt zu A, A zur Marke und ev. beginnt der Wettlauf von vorne. Var.: Startstellung: stehend, sitzend, kniend, liegend.	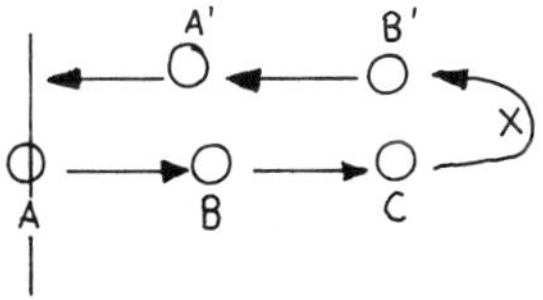	E
5	Dauerleistungs- fähigkeit Geschicklichkeit	Dauerlauf mit Medizinball zu dritt: Fortgesetztes Zuspielen zu dritt zwischen 2 Markierungen, hinter dem Ball herlaufen: A wirft zu B und läuft nach B, B wirft zu C und läuft nach C ... während 3' möglichst viele Zuspiele.	 Mit Ball dort beginnen, wo 2 Läufer (C, A) stehen.	B

2.9 Laufen: Lauftraining mit Wurfgeräten (Speer/Wurfbälle)

NR.	ZIEL	BESCHREIBUNG	ORGANISATION	LIT.
6	Schnellkraft Reaktion	Treibball zu zweit mit Wurfball: Der Wurfball darf vom Ort, wo er gestoppt werden kann, zurückgeworfen werden. Wer treibt den Partner am schnellsten über eine Linie?	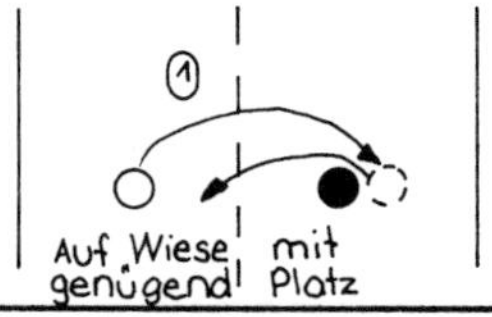	B
7	Reaktion Start, Beschleu-nigungsphase	Startball: In der Feldmitte 5-6 Tennisbälle. Auf Signal wechselt die Laufgruppe auf die andere Seite, während der Jäger zur Mitte rennt und versucht, möglichst viele Läufer mit den Bällen zu treffen.	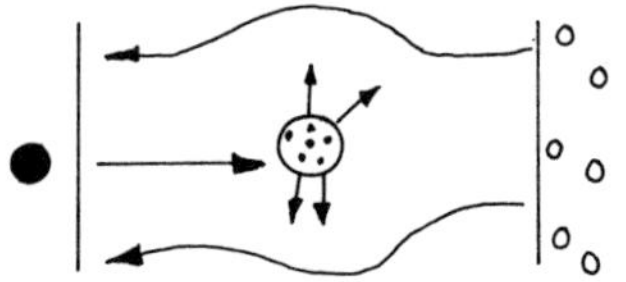	B
8	Schnelligkeit Beweglichkeit Geschicklichkeit	Flucht-Jägerball: Jäger sind im ganzen Feld verteilt. Die Hasen starten auf Pfiff 4x durch die Halle und zurück. Während des Laufes können sie beliebig mit Tennisbällen getroffen werden. Welche Mannschaft erzielt mehr Treffer?	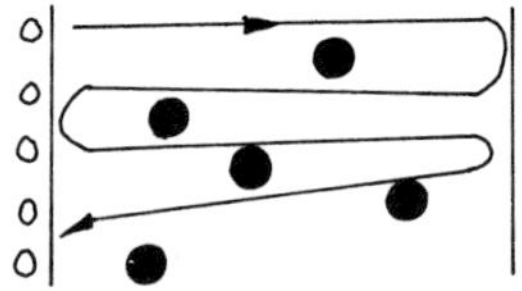	B
9	Schnelligkeit Ausdauer	Laufende Hasen: Mannschaft A läuft mit "Schutzschild" (Matte) eine Pendelstafette von A1 nach A2. Die Mannschaft B versucht, möglichst viele Treffer am Schutzschild zu erzielen. Nach 3' Wechsel. Wer erzielt mehr Treffer?	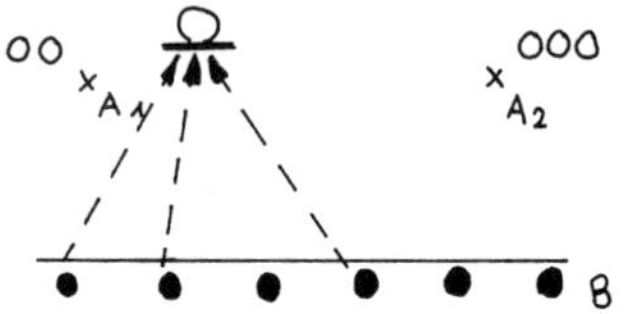	B
10	Zielwerfen werfen und fangen im Laufen	Turmball: 2 Mannschaften spielen sich auf einem grossen Feld 1 Wurfball zu und versuchen, ihn einem Mitspieler, der auf 2 Kastenteilen steht, zuzupassen. Jeder auf dem Kasten gefangene Ball ergibt einen Punkt. Wer hat zuerst 10 Punkte?	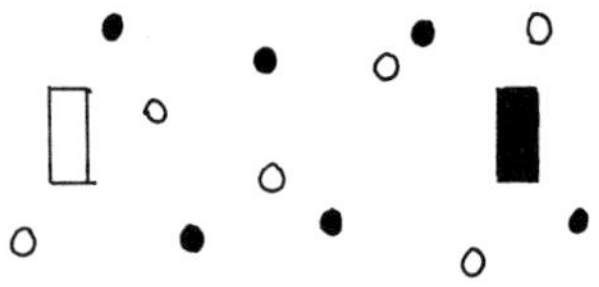	B

2.9 Laufen: Lauftraining mit Wurfgeräten (Diskus)

NR.	ZIEL	BESCHREIBUNG	ORGANISATION	LIT.
11	Antritts-schnelligkeit Wendigkeit	Drei-Disken-Lauf: Läufer 1 bringt den 1. Diskus in Reif 1, D2 in Reifen 2, D3 in Reifen 3. Läufer 2 holt alle Disken nacheinander, Läufer 3 verteilt wieder alle Disken usw. Mit mehreren Mannschaften gegeneinander.	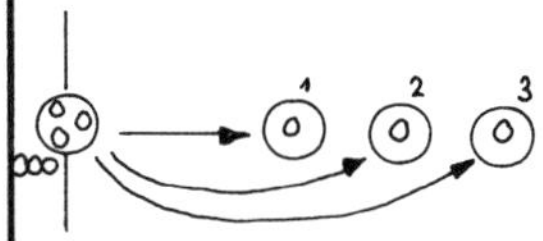	E
12	Schnelligkeit	Diskus-Verfolgungslauf: 2 Mannschaften entlang einer Linie, Rücken an Rücken; auf Kommando abrollen des Diskus. Mannschaft 1 holt die Disken von Mannschaft 2. Welche Mannschaft hat zuerst alle Disken geholt und auf die Linie gelegt?	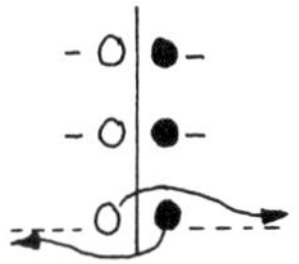	B
13	Stehvermögen im Sprint Kurvenlaufen	Diskusstaffel: Gruppen zu 3-4 Läufern stehen bei den in Abständen aufgestellten Malstäben. Die ersten Läufer starten gleichzeitig mit einem Diskus in der Hand und übergeben ihn nach einer Runde an den nächsten Läufer. Wer holt eine Gruppe ein? Wieviele Runden in 5'?	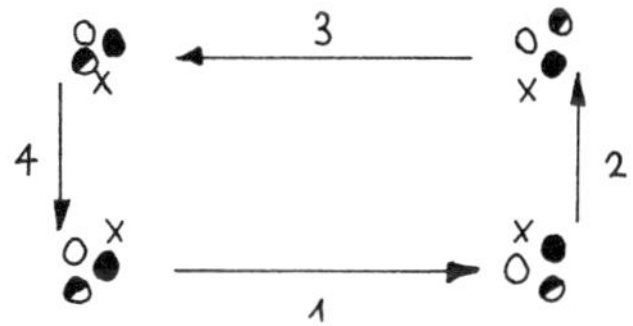	E
14	Vertrautheit mit dem Diskus	Diskus-Wettwandern: 2 Mannschaften versuchen, sich 1 Diskus, 2m schräg gegenüberstehend, möglichst schnell zuzupassen. Der letzte Spieler spurtet mit dem Diskus zum Startort zurück. Welcher Diskus hat zuerst 10 Runden zurückgelegt? Vorsicht!	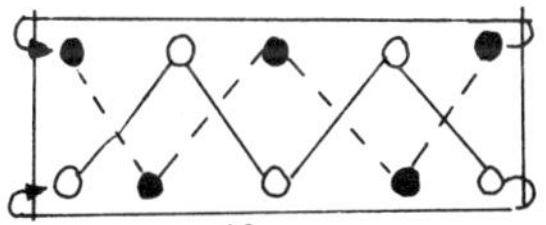 10x	B
15	Wurf aus der Drehung	Schleuderball - Brennball: 1 Läufer schleudert den Schleuderball möglichst weit in ein Feld der Fangpartei. Diese versucht den Ball zu fangen (1 Punkt) und schnell in ein Brennmal zurückzuwerfen: in dieser Zeit dürfen die Läufer, die sich auf dem Parcours befinden, laufen. Wer erzielt in 5' mehr Punkte? Rollenwechsel.	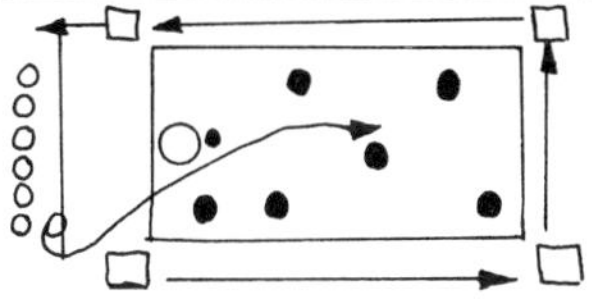	B

2.9 Laufen: Lauftraining mit Ballspielen

NR.	ZIEL	BESCHREIBUNG	ORGANISATION	LIT.
16	Ausdauer Geschicklichkeit Antrittsvermögen	Schnappball: Auf Spielfeld (ca. 10x20m) 5:5. Wie lange kann sich eine Gruppe den Ball zuspielen, ohne dass er weggeschnappt wird. Bei Ballverlust Rollenwechsel.	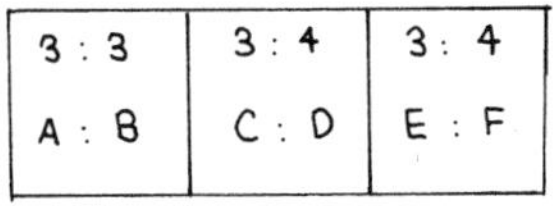	B
17	Ausdauer Schnelligkeit	Jägerball: Auf Spielfeld (ca. 10x20m) 5 Jäger gegen 5 Hasen. Wie viele Treffer gelingen den Jägern in 3'? Rollenwechsel.	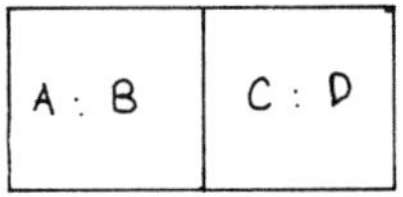	B
18	Dauerlauf als Zusatztraining	Stafetten-Fussball: 2 Mannschaften spielen auf Kleinfeld. Fällt ein Tor, muss der Verlierer auswechseln. Der Sieger spielt gegen die neu eintretende Mannschaft. Welche Mannschaft erzielt am meisten Tore?	Mit 3 - 4 Mannschaften. Fällt kein Tor, wechseln beide M. nach 3' aus. Ev. Zusatzaufgaben für spielfreie Mannschaft.	B
19	Spiel unter erhöhter Ausdauerbelastung	Intervall-Volleyball: 2 Mannschaften spielen gegeneinander Volleyball, überzählige Spieler laufen 10 Runden um das Spielfeld, jagen dann einen Spieler fliegend ab. Var.: alle übrigen Ballspiele.	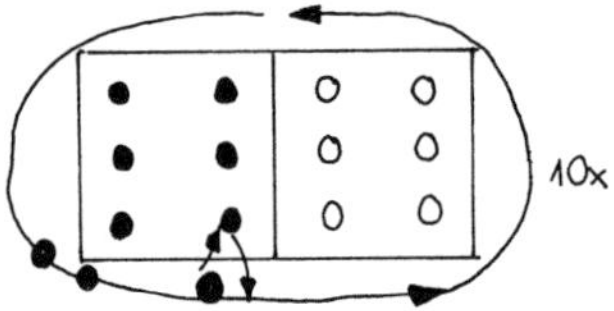	E
20	Dauerlauf als Zusatztraining	Marathon-Combi-Spiel: wie oben, aber für jede gelaufene Runde gibt es 1/2 Punkte, die zu den Spielpunkten gezählt werden. Spiel während 30 Min. Wer hat am meisten Punkte? Alle Ballspiele möglich, Punkte entsprechend anpassen.	vgl. oben Die Mannschaften organisieren sich selber. Jeder muss laufen, max. 10 Runden hintereinander, fliegende Wechsel.	E

NR.	ZIEL	BESCHREIBUNG	ORGANISATION	LIT.
1	Intensität der Belastung, Taktik Kräfte einteilen	Entgegengesetztes Verfolger-Duell: 2 Läufer starten auf einer Rundstrecke in entgegengesetzter Richtung. A versucht, seinen Treffpunkt mit B zu seinen Gunsten zu verschieben. Wettkampf während bestimmter Rundenzahl oder Zeit.	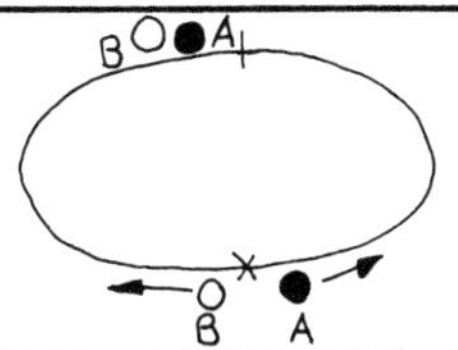	E
2	Mannschafts-taktik Kampfgeist	Ausscheidungsrennen: Kleine Rundstrecke. Auf Pfiff starten 4 Mannschaften an je einer Startstelle. Wer von einem Läufer der folgenden Gruppe eingeholt wird, scheidet aus. Welche Gruppe überlebt am längsten?	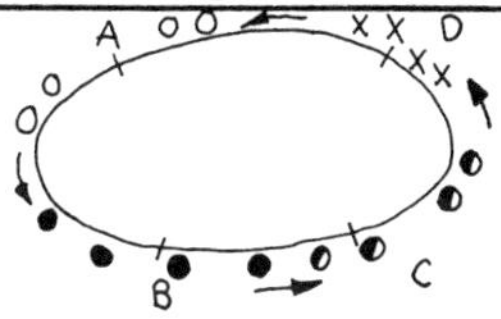	E
3	Taktik Zwischenspurts	Ausscheidungsrennen: Auf kleiner Rundstrecke starten auf ein Signal alle am gleichen Ort. Immer der letzte pro Runde scheidet aus. Wer scheidet als Letzter aus?	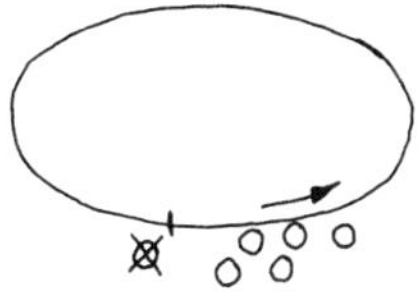	E
4	Ehrlichkeit Trainingsfleiss Motivation für Dauerlaufen	Ausdauer - Wettbewerb: Wer legt im kleinsten Zeitabschnitt eine bestimmte Grossdistanz zurück (z.B. Kantonsgrenze). Auf Landkarte den aktuellen Zwischenstand täglich optisch festhalten. Der Sieger darf überraschend als Zuschauer an internationalem Meeting oder Spiel teilnehmen.	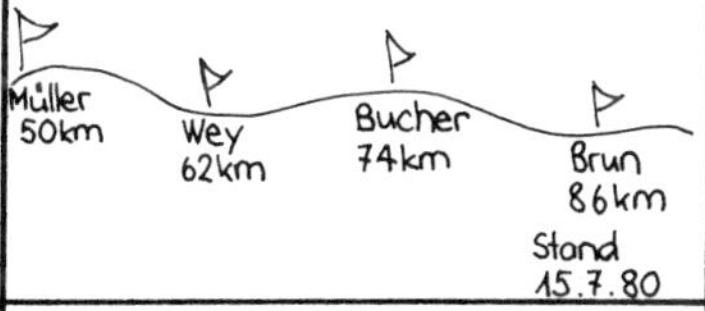	E
5	Motivation Selbständigkeit Ausdauer Ehrlichkeit	Ausdauer-Ferien-Grand-Prix: Wer trainiert in der Ferienzeit seine Ausdauer am fleissigsten durch Laufen, Schwimmen und Velofahren? Auf 1 Kontrollblatt mit Häuschen Buch führen.	1 km oder 6' laufen = 1 H. 200 m oder 6' schwimmen =1 H. 20 km oder 60' velofahren = 1 Häuschen auf Kontrollblatt 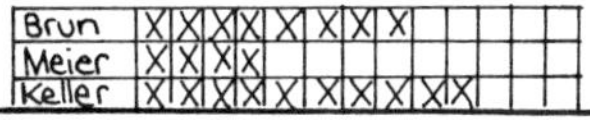	E

2.10 Laufen: Laufwettkämpfe

NR.	ZIEL	BESCHREIBUNG	ORGANISATION	LIT.
6	Stehvermögen Ausdauer Taktik	Americaine: 3 Läufer laufen auf einer Rundstrecke während einer bestimmten Zeit eine Staffel mit Stabübergabe. Ablöseplan und Streckenlängen bestimmen die Läufer selber (Tips geben). Welche Dreiergruppe läuft in 5' (Stehvermögen) oder 30' (Tempodauerlauf) die längste Distanz?	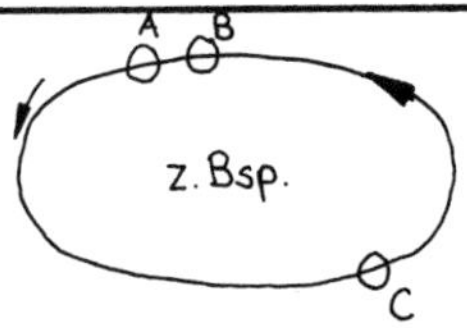	B
7	Stehvermögen volle Auslastung bei ungleichem Trainingsstand	Americaine gegen Ueberzahl: wie oben, aber 2 stärkere Läufer laufen während einer bestimmten Zeit gegen 3, 4... , schwächere Läufer, die sich beliebig ablösen können.	Anzahl Läufer hängt auch von Rundenlänge und Wechseltechnik ab.	B
8	Vorbildwirkung Stehvermögen	Ueberrundungs-Americaine: wie oben, mehrere Gruppen à 2, 3 oder mehr Läufer laufen gegen den Trainer. Wie lange geht es, bis eine Gruppe den Trainer überrundet hat (auch mit kleinerem Handicap möglich).	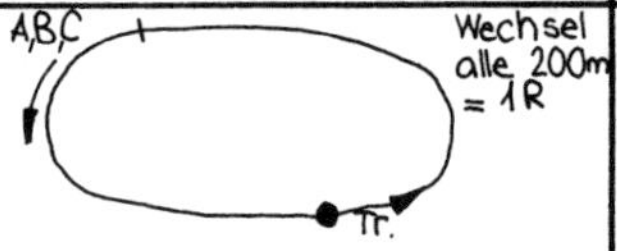 Max. Zeitdauer festlegen	B
9	Ausdauer Teamgeist	"Sprinter" gegen "Dauerläufer": 5 "Sprinter" laufen eine Pendelstafette von 50x50 m. In der gleichen Zeit versuchen 5 "Langstreckler" möglichst viele m auf einer Rundstrecke zurückzulegen (addieren). Anschliessend Rollenwechsel. Welche "Langstreckler" legen während der Pendelstafette ihrer Gegner mehr Dauerlauf-Meter zurück?	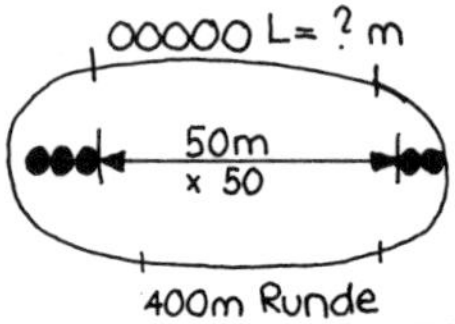	E
10	Stehvermögen Ausdauer mit Intervallpausen	Weltrekordversuch: 5 Läufer laufen auf einer Rundstrecke mit dem Staffelstab z.B. 5000 m, mit beliebigen Ablösungen und Streckenaufteilung. Vergleich der Endzeit mit dem bestehenden Weltrekord (Schweizerrekord). Leistungsfähigkeit der Spitzenathleten aufzeigen.	Mannschaft legt Ablösungen und Streckenlänge selbständig fest. Erfahrungen sammeln, Versuche wiederholen.	E

2.11 Laufen: Laufen mit Zeitungen

NR.	ZIEL	BESCHREIBUNG	ORGANISATION	LIT.
1	Schnelligkeit Geschicklichkeit	Vorwärts und rückwärts laufen mit einem Zeitungspapier auf dem Körper (nicht festhalten und nicht einklemmen), so dass die Zeitung nicht hinunterfällt. Die Zeitung wird immer mehr gefaltet! Wer läuft mit dem kleinsten Papierstück?		E
2	Schnelligkeit Temposteigerung	Mehrere Gruppenmitglieder halten mit gestreckten Armen ein gefaltetes Zeitungspapier. Ein Läufer versucht "fliegend" alle Papiere zu erlaufen. Wer legt die grösste Strecke zurück mit allen Zeitungen auf der Brust?	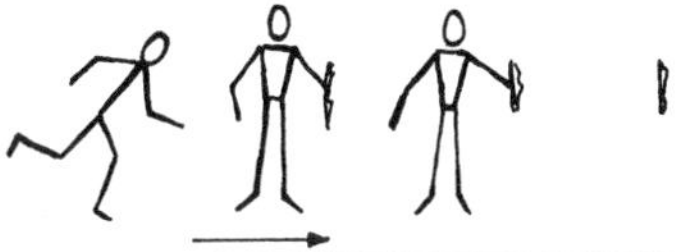	E
3	Reaktion (optischer Reiz)	A und B werfen gleichzeitig einen Zeitungsknäuel in die Höhe. Platzwechsel. Wer fängt das Papier des Partners? Varianten: aus verschiedenen Startpositionen Distanzen variieren.	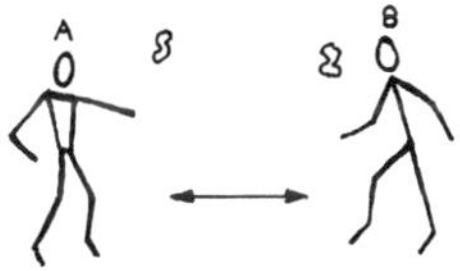	E
4	Reaktion (akustischer Reiz) Tiefstart	A sitzt am Boden. (Blick von B weg!). B ruft den Namen von A und wirft im gleichen Augenblick den Zeitungsknäuel in die Höhe. A versucht, die Zeitung zu fangen, bevor sie am Boden ist.	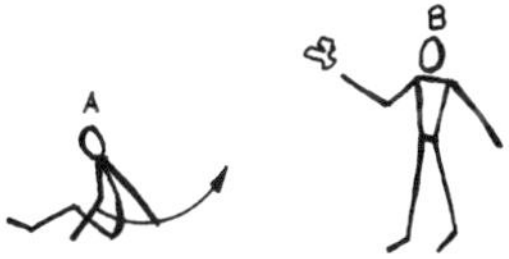	E
5	Reaktion (taktiler Reiz) Starten	A wirft B einen Zeitungsknäuel an den Rücken. Bei Berührung startet B sofort aus der Hochstartstellung. A berührt den Boden mit beiden Händen und verfolgt B. Variante: Mehrere Läufer hintereinander.		E

Kapitel 3

Springen

3.1 Springen: Allgemeine Sprunggewandtheit (Reifen, Langbänke)

NR.	ZIEL	BESCHREIBUNG	ORGANISATION	LIT.
1	Reaktion Gewandtheit	Freies Umlaufen der Reifen. Auf Kommando (Pfiff, Tambourinschlag) Sprung in einen freien Reifen (einbeiniger Absprung, beidbeinige Landung).	Gleiche Anzahl Reifen wie Schüler auf Spielfeld ausgelegt. Reifen mit Zwischenräumen. 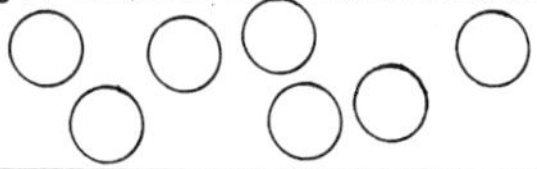	B
2	Sprungkraft Stehvermögen	Je zwei Schüler geben sich die Hand und durchhüpfen die freien Reifen (beidbeinig, einbeinig). Alle gleichzeitig. Welches Paar erreichte am meisten Reifen? (auf Zeit)	Gleiche Anzahl Reifen wie Schüler. Reifen ohne Zwischenräume. 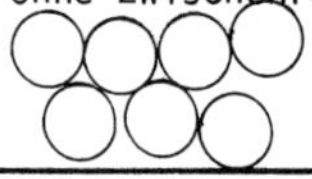	E
3	Sprungkraft	Die Schüler umlaufen das Spielfeld. Auf Kommando hüpfen sie mit Schluss-Sprüngen in einen freien Reifen. Wer kein "Haus" erreicht, bekommt einen Minuspunkt.	Zwei bis drei Reifen weniger als Anzahl Schüler.	B
4	Sprungkraft Gewandtheit	Je ein Schüler startet auf Nummernaufruf. Sprint, alle Reifen einbeinig durchhüpfen. Sprint zurück zum Ausgangsort. Mannschaftspunkte zählen. Reifen in der Mitte des Spielfeldes (ohne Zwischenräume).	Mannschaft A (numeriert) 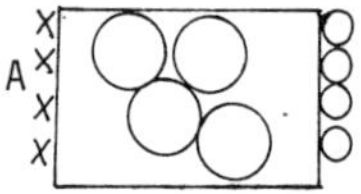 Mannschaft B (numeriert)	E
5	Sprungkraft Gewandtheit	Beide Mannschaften starten gleichzeitig. Fortbewegung nur mit Schluss-Sprüngen, durchhüpfen von 3 Reifen. Welche Mannschaft steht zuerst auf der anderen Bank? Variante: Bank durchkriechen und auf eigene Bank zurückhüpfen.	Mannschaft 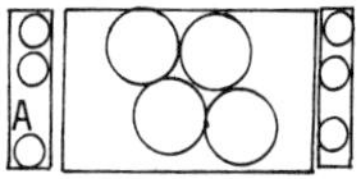 Mannschaft B Zu Beginn stehen beide Mannschaften auf ihrer Bank.	E

NR.	ZIEL	BESCHREIBUNG	ORGANISATION	LIT.
1	Sprungkraft kurzer Bodenkontakt	Fortgesetzte Sprungschritte. Eine bestimmte Distanz mit möglichst wenig Sprüngen in kurzer Zeit zurücklegen.	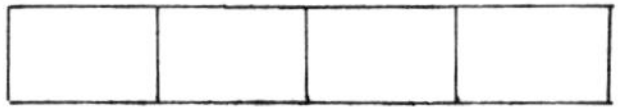 Mattenbahn oder Rasen. Sprunglauf: Auf der Fussballe mit Körpervorlage.	B
2	Sprungkraft Gleichgewicht	Zick-Zack-Zielsprünge. Nach jedem Durchgang wird der seitliche Abstand vergrössert. Punkte zählen. Auf jeder Matte ist ein Mittelkreis markiert.	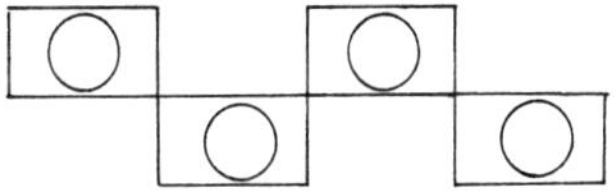 Auf dem Rasen Reifen auslegen.	B
3	Bewegungskoordination, Rhythmusschulung	Fortgesetzte flache Hopsersprünge mit Rhythmusvorgabe. Tempo steigern und variieren.	Mattenbahn, Rasen	B
4	Rhythmusschulung	Flache Hopsersprünge vw. und rw. Zwei Schüler geben sich die Hand, einer variiert das Tempo. Synchronspringen.	Mattenbahn, Rasen	B
5	Bewegungskoordination, Gleichgewicht	Hopserspringen vw. und rw. mit verschränkten Händen: über dem Kopf, hinter dem Rücken usw.	Mattenbahn, Rasen	B

3.2 Springen: Springen in die Weite (Matten/Rasen)

NR.	ZIEL	BESCHREIBUNG	ORGANISATION	LIT.
6	Sprungkraft	Fortgesetzte Laufsprünge. Wer braucht für eine bestimmte Distanz am wenigsten Sprünge? Mannschaftswettkampf. Laufsprünge: Absprung über den ganzen Fuss wie beim Weitsprung.	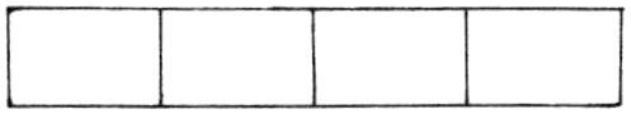 Mattenbahn oder Rasen.	B
7	Sprungkraft Rhythmusschulung Gleichgewicht	Laufsprünge. Auf jeden Absprung über dem Kopf in die Hände klatschen.	Mattenbahn, Rasen	B
8	Sprungkraft Bewegungskoordination	Wer braucht über eine bestimmte Distanz am wenigsten Sprünge mit Armkreisen vorwärts? Mit Armkreisen rückwärts?	Mattenbahn, Rasen	B
9	Sprungkraft Gewandtheit	Ein Schüler demonstriert eine unregelmässige Sprungfolge (z.B. re-re-li-re-li-li-re). Vorzeigen - beobachten - nachmachen.	Mattenbahn, Rasen	E
10	Sprungkraft Gewandtheit	Laufsprünge mit Beinwechsel (re-re-li-li-re-re usw). Test: Grundstellung -re-re-li-li- beidbeinige Landung. Wer springt am weitesten?	Mattenbahn, Rasen	B

NR.	ZIEL	BESCHREIBUNG	ORGANISATION	LIT.
1	Sprungkraft Stehvermögen	"Hinkfangis". Hüpfen auf einem Bein, der freie Fuss wird mit der Hand zum Gesäss hochgezogen. 2 Mannschaften. Wer gefangen wird (Handschlag), sitzt ab. Variante: Erlösung von Gefangenen durch Mitspieler (Handschlag).		E
2	Sprungkraft Gewandtheit	Eine Mannschaft um einen Mattenberg als "hinkende Wächter". Wer von der anderen Mannschaft (Laufschritt) auf den Mattenberg springen kann, ist gerettet.	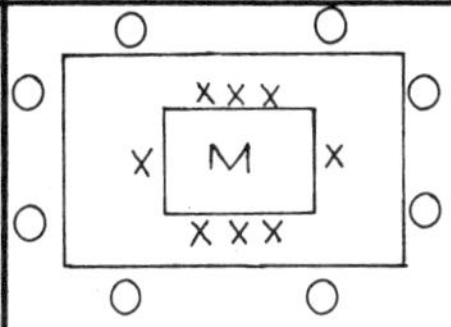 Mattenberg brusthoch. x=Wächter	E
3	Sprungkraft Anlauf/Absprung-Koordination	Hängende Gegenstände auf verschiedenen Höhen mit einer Hand berühren. Freier Anlauf, einbeiniger Absprung.	Höhe: 20-40 cm über Reichhöhe. Gegenstände: Ringe, Ballpendel, Torlatte, Korb, Aeste usw. 	B
4	Sprungkraft Anlauf/Absprung-Koordination	Wer berührt in einer bestimmten Zeit am meisten hängende Gegenstände? Einzel- oder Mannschaftswettkampf.	Gegenstände durch Berührung nicht in Schwingung bringen. 	B
5	Sprungkraft	Aus Seitstand an der Wand senkrecht hochspringen und möglichst hoch mit einer Hand anschlagen. Test: Höhenunterschied zwischen Ausgangsstellung und Anschlagstelle messen. Wer springt am höchsten?	Messband oder -stab an der Wand befestigen. 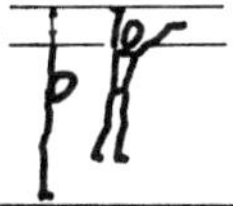	B

3.3 Springen: Springen in die Höhe (Ballone)

NR.	ZIEL	BESCHREIBUNG	ORGANISATION	LIT.
6	Sprungkraft Bewegungskoordi- nation	Pro Schüler ein Ballon. Hochpritschen mit Streck- sprung (=Volleyball), d.h. Ballonberührung im höchstmöglichen Punkt. Variante: Kopfstoss	Freie Aufstellung. Geht auch mit Volleyball. 	B
7	Sprungkraft	Ballon im Bogenwurf zuwerfen (beidhändig). Abwurf: Strecksprung aus Kauerstellung, Fangen (hoch) mit Strecksprung.	Mit Partner. Geht auch mit Volleyball. 	B
8	Sprungkraft Reaktion Raumaufteilung	Ein Schüler steht auf dem Kasten und wirft Ballone (einzeln) in alle Richtungen. Eine Mannschaft hält durch Pritschen die Ballone in die Luft. Mannschaftswettkampf auf Zeit.	Sobald ein Ballon den Boden berührt: Zeitnahme, Mannschafts- wechsel. 	E
9	Sprungkraft	Den Ballon einem Partner "fliegend" über eine Schnur übergeben. Wer schafft in einer bestimmten Zeit am meisten korrekte Uebergaben? (ohne Schnur- berührung)	Schnurhöhe 20-40 cm über Reich- höhe. Bei unterschiedlichen Körpergrössen Schnur schräg spannen. Geht auch mit Volleyball.	E
10	Sprungkraft	Ballone an einer Schnur in der Spielfeldmitte aufge- hängt (eine Hälfte rot, eine Hälfte blau). Zwei Mann- schaften ausserhalb des Spielfeldes. Startkommando: "Rot" zerstört blaue Ballone und umgekehrt. Wer ist zuerst fertig?	Schnurhöhe etc. wie beim Ueber- gabespiel (20-40 cm über Reich- höhe). Kennzeichnung der Ballone auch mit Klebband möglich. 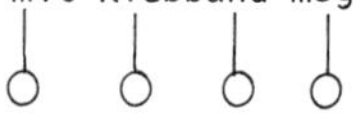	E

3.4 Springen: Hoch- und Weitspringen (Kastenoberteile oder Langbänke)

NR.	ZIEL	BESCHREIBUNG	ORGANISATION	LIT.
1	Sprungkraft Anlauf/Absprung-Koordination	In der Mitte jeder Matte liegt ein Medizinball. Freies Springen über Matten und Medizinbälle	Matten frei auf Spielfeld ausgelegt. 	B
2	Sprungkraft Rhythmusschulung	Je zwei Schüler springen gleichzeitig (synchron) im Kreis über Matten und Medizinbälle.	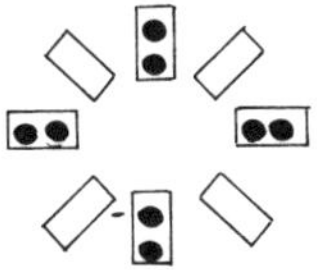 Auf jeder zweiten Matte 2 Medizinbälle, dazwischen leere Matten.	B
3	Sprungkraft Schnelligkeit	Verfolgungslauf: Zwei Schüler gleichzeitig, Start gegenüberliegend. Wer wird eingeholt oder macht einen Hindernisfehler?	Matten im Stern ausgelegt (wie oben), Medizinbälle auf Kastenoberteile (Langbänke) gelegt.	B
4	Sprungkraft Anlauf/Absprung-Koordination	Hohe und weite Sprünge über Matten mit Hindernissen. Zwischenräume im Drei-Schritt-Rhythmus (=Hürdenlauf) durchlaufen. Wer kann beim Hindernissprung über dem Kopf in die Hände klatschen?	 Auf den Matten Kastenoberteile (Langbänke) mit einem Medizinball.	B
5	Sprungkraft Schnelligkeit	Wendestafette: Ueberspringen der Hindernisse auf dem Hin- und Rückweg.	Matten und Hindernisse wie oben, Wendemarke (Malstab) aufstellen. 	B

3.4 Springen: Hoch- und Weitspringen (Übungshürden, Springseile)

NR.	ZIEL	BESCHREIBUNG	ORGANISATION	LIT.
6	Rhythmusschulung	Jede Gruppe stellt die Uebungshürden so auf, dass sie im Einer-, Dreier- oder Fünferrhythmus übersprungen werden können. Der gleiche Rhythmus darf sich nicht unmittelbar wiederholen.	Uebungshürden tief. Beispiel: 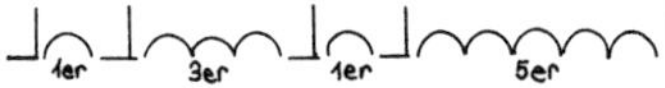	B
7	Sprungkraft Rhythmusschulung	Zwei gleiche Hürdenbahnen aufstellen. Vor die Hürden wird als Absprungmarke ein Springseil gelegt. Zwei Schüler springen synchron.	Abstand der Absprungmarke = doppelte Hürdenhöhe. 	B
8	Sprungkraft Bewegungskoordination Rhythmusschulung	Die Hürden werden progressiv erhöht (z.B. jede Hürde 5 cm höher als die vorhergehende). Wer schafft es im gleichen Schrittrhythmus wie vorher?	Absprungmarken an die gesteigerte Höhe anpassen. (Abstand = doppelte Hürdenhöhe) 	B
9	Sprungkraft Rhythmusschulung	Wer kann den Schrittrhythmus mit über dem Kopf verschränkten Händen beibehalten?	Zwei Hürdenbahnen mit Absprungmarken. 	E
10	Sprungkraft Rhythmusschulung Gewandtheit	Wer kann beim Hürdensprung unter der Kniekehle des Schwungbeines in die Hände klatschen?	Zwei Hürdenbahnen mit Absprungmarken. 	E

NR.	ZIEL	BESCHREIBUNG	ORGANISATION	LIT.
11	Sprungkraft Anlauf/Absprung-Koordination	Zauberschnüre kreuz und quer durch das Spielfeld gespannt. Fangis im "Sprunggarten".	Zauberschnüre unterschiedlich hoch, auch schräg. 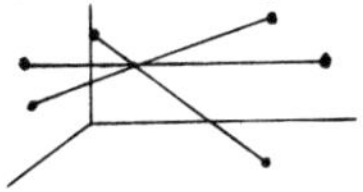	B
12	Sprungkraft Stehvermögen	"Hinkfangis" im "Sprunggarten". Der freie Fuss wird mit der Hand zum Gesäss hochgezogen.	Zauberschnüre wie oben.	B
13	Sprungkraft Gewandtheit	Zwei stehende Schüler bilden mit zwei Zauberschnüren ein "Fenster". Sprung durch das "Fenster" von beiden Seiten (Landung auf dem Schwungbein).	Eine Zauberschnur in Reichhöhe, eine in Hüfthöhe. Fortgesetzte Fenstersprünge in Sternformation oder geradlinig.	E
14	Sprungkraft Anlauf/Absprung-Koordination	Zwei sitzende Schüler halten zwei Zauberschnüre als Hindernis und variieren Höhe und Weite.	Die erste Zauberschnur (gegen den Springer) muss immer tiefer sein als die zweite.	B
15	Schnelligkeit Gewandtheit	Einer oder mehrere "Jäger" fangen die frei im Spielfeld laufenden "Hasen". Diese können sich mit einem Sprung hinter die Zauberschnur retten.	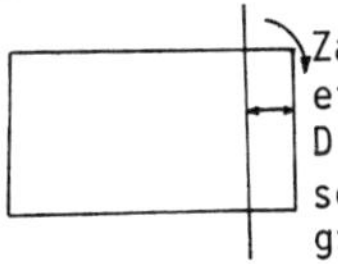 Zauberschnur, etwa hüfthoch Distanz Zauberschnur-Spielfeldgrenze 1,50 m.	E

3.5 Springen: Anlauf beim Weitsprung

KAP.: **(auf der Weitsprunganlage vgl. auch Reaktions- und Schnelligkeitsspiele im Kapitel „Laufen")**

NR.	ZIEL	BESCHREIBUNG	ORGANISATION	LIT.
1	Distanzgefühl	Zwei Schüler legen gemeinsam einen 5-Schritt-Anlauf fest. Wer trifft die Absprungzone auch mit geschlossenen Augen?	Absprung zone 80 cm in der Nähe der Sprunggrube (ohne Balken, mit Klebband markiert). 	E
2	Regelmässige Schrittlänge bei Höchstgeschwindig-keit	In 5 Durchläufen soll die persönliche Ablaufmarke gefunden werden. Absprung in der Zonenmitte.	Von der Zonenmitte aus zurückmessen. Zwischen 20 und 30 m Distanzmarkierungen anbringen oder Messband auslegen. Korrektur durch den Lehrer.	B
3	Distanzgefühl Flexibilität	Alle Schüler verkürzen (verlängern) den Anlauf um 5 Gehschritte. Nach einem Durchlauf mit Korrektur sollte der Absprung erneut stimmen.	Zu zweit, Korrektur durch den Partner.	B
4	Distanzgefühl Sicherheit	Nach Zuruf des Lehrers darf der Schüler nicht mehr auf die Zone schauen (Blickorientierung auf einen erhöhten Gegenstand).	Zuruf etwa bei halbem Anlauf. Gegenstand in Reichhöhe am Ende der Sprunggrube (z.B. Mütze auf einem Speer). 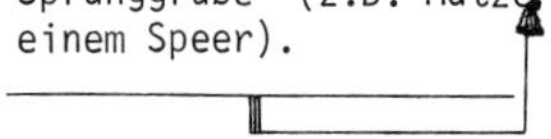	B
5	Distanzgefühl regelmässiger Lauf	Die Absprungzone wird entfernt. Wer im Bereich der Zone abspringt, erhält einen Punkt. Mannschaftswettkampf.	Unsichtbare Zonenmarkierung und Kontrolle durch den Lehrer.	B

NR.	ZIEL	BESCHREIBUNG	ORGANISATION	LIT.
1	Hüftgelenk Schrittweite	Eine bestimmte Strecke mit möglichst langen Schritten durchqueren (keine Sprungschritte). Wer braucht am wenigsten Schritte?		B
2	Gewandtheit	Aus dem Langsitz mit leicht abgehobenen Beinen zur Bauchlage und wieder zum Langsitz, ohne dass Hände oder Füsse den Boden berühren. Wer kann's am schnellsten?		B
3	Dehnung Gleichgewicht	Sitz, Beine angezogen, Hände fassen die Füsse. Beine strecken, ohne mit den Händen die Füsse loszulassen. Wer hält das Gleichgewicht am längsten?		B
4	Hüftgelenk Dehnung	Hürdensitzwechsel mit Armunterstützung. Wer beherrscht die Uebung mit verschränkten Armen?		B
5	Bogenspannung Gleichgewicht	Grätschstand, Hüfte vordrücken, beide Hände zu den Fersen. Wer kann in dieser Stellung am längsten ruhig stehen?		B

3.6 Springen: Beweglichkeit und Gewandtheit für den Weitsprung (Sprossenwand)

NR.	ZIEL	BESCHREIBUNG	ORGANISATION	LIT.
6	Dehnung	Grätschstand auf der untersten Sprosse. Wer erreicht mit den Händen (eine Sprosse nach der andern) die unterste Sprosse? Variante: Beide Hände von Sprosse zu Sprosse, mit nachfedern.		B
7	Bogenspannung	Sitz mit dem Rücken zur Sprossenwand. Griff über Kopfhöhe, Hüfte hochdrücken. In der Brücke bleiben, bis die nächste Ablösung den Tunnel im Kauergang durchquert hat.		B
8	Gewandtheit	Stand vor der Sprossenwand, Griff bleibt auf Schulterhöhe. Beidbeinig von Sprosse zu Sprosse höher springen (Absprung immer vom Boden). Wer kommt am höchsten?		B
9	Gewandtheit	"Affensprünge": Mit möglichst wenig Sprüngen die ganze Sprossenwand von links unten nach rechts oben durchqueren (und umgekehrt).	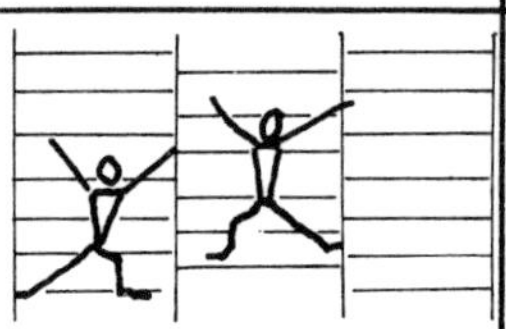	B
10	Laufbewegung in der Luft, Stehvermögen (Beinheber)	Hang rücklings an der obersten Sprosse. Laufbewegung mit den Beinen (Oberschenkel waagrecht). Wer kann am längsten "laufen"?		B

NR.	ZIEL	BESCHREIBUNG	ORGANISATION	LIT.
1	Laufbewegung in der Luft	Im Streckhang (Sprossenwand, Ringe, Reck): Laufbewegung und anschliessend beidbeinige Landung auf der Matte.		B
2	Absprungkoordination, Schwerpunktverlagerung	Hopserhüpfen mit betontem Schwungbeineinsatz. Richtungswechsel ohne Bewegungsunterbruch. Zwei Schüler springen synchron.		B
3	Arm/Bein-Koordination	Hopserhüpfen mit jeweils kurzem Klaps auf das gegenüberliegende Knie bzw. die Schulter. (re Hand - li Knie bzw. li Schulter usw.)		B
4	Arm/Bein-Koordination	Hopserhüpfen mit asymmetrischem Armkreisen (Mühlkreisen). Wer kann eine bestimmte Anzahl Sprünge (z.B. 20) ohne Koordinationsstörung ausführen?		B
5	Arm/Bein-Koordination	Je zwei Schüler erfinden gemeinsam eine Bewegungskombination mit den Elementen Hüpfen und Armkreisen (an Ort oder mit Fortbewegung). Vorzeigen - beobachten - nachmachen.		E

3.8 Springen: Absprungschulung und Flugphase beim Weitsprung (Schwedenkästen, Zauberschnur vgl. auch „Springen in die Weite")

NR.	ZIEL	BESCHREIBUNG	ORGANISATION	LIT.
1	Absprungstreckung	Anlauf, Sprung vom Kastenoberteil über Zauberschnur. Landung auf dem Sprungbein. Wer kann das Schwungbein bis zur Landung hoch halten? (Knie gegen Brust)	Zauberschnur hüfthoch. Schaumgummimatte. 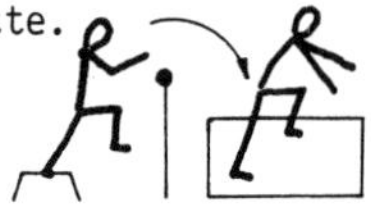	B
2	Absprungkoordination, Schwungbeineinsatz	Anlauf, Absprung vom Kastenoberteil. Mit dem Schwungbeinknie einen Gegenstand berühren. Landung in der Schrittstellung (Schwungbein vorne).	Gegenstand (Richtungsregler): Ballpendel, Spielband, Gummiring, Zweig. Ungefähr auf Hüfthöhe (plus Höhe des Sprungkastens). Schaumgummimatte.	B
3	Absprungkoordination Fluggefühl	Anlauf, Absprung vom Kastenoberteil. Mit dem Kopf im höchsten Punkt einen Gegenstand berühren, der pro Durchgang immer weiter entfernt wird. Jede Berührung gibt einen Punkt. Mannschaftswettkampf.	Gegenstand (Richtungsregler) wie oben. Ungefähr in Reichhöhe (plus Höhe des Sprungkastens). Schaumgummimatte.	B
4	Fluggefühl Orientierungsfähigkeit in der Flugphase	Anlauf-Kastentreppe (3 Stufen) - Niedersprung. Wer zeigt die originellsten (schönsten, schwierigsten) Flugphasen? (anhocken, anhechten, grätschen, mit Armkreisen, mit Laufbewegung usw.)	Schaumgummimatte (auf allen Seiten absichern). 	B
5	Fluggefühl Gleichgewicht in der Flugphase	Kastentreppe (wie oben). Wer kann in der Flugphase mit gestrecktem Körper (Hüfte vorgedrückt, Unterschenkel angewinkelt) am ruhigsten "schweben"?- die Beine am spätesten vorziehen?	Schaumgummimatte. 	B

3.9 Springen: Flugphase und Landung beim Weitsprung (Kasten, Schaumgummimatten)

NR.	ZIEL	BESCHREIBUNG	ORGANISATION	LIT.
1	Fluggefühl Gleichgewicht in der Flugphase	Anlauf, Absprung von Kastenoberteil. Aufrechter Oberkörper, Landung in der Schrittstellung (Schwungbein vorne). Wer kann im Flug über dem Kopf in die Hände klatschen?	Landung in der Sprunggrube oder auf der Schaumgummimatte.	B
2	Schwungbeineinsatz	Absprung vom Kasten. Im Flug (Schrittstellung) unter der Kniekehle des Schwungbeines in die Hände klatschen.	Landung in der Sprunggrube oder auf der Schaumgummimatte. 	B
3	Raumgewinn bei der Landung	Absprung vom Kasten. Landung im Sitz. Punkte-Zonen markieren (Weite = Auftreffen des Gesässes). Mannschaftswettkampf.	Landefläche höher als Absprungstelle (z.B. zwei Schaumgummimatten übereinander). Bei normaler Landung auf den Füssen auch in die Sprunggrube.	B
4	Raumgewinn bei der Landung	Absprung vom Kasten. Ueber der Landefläche hängt ein Ball. Wer kann ihn im "Landeanflug" mit gestreckten Beinen wegstossen?	Landefläche wie oben. Ballpendel ca. 30 cm über Landefläche. 	B
5	Fluggefühl Bewegungsvorstellung	Absprung vom Kasten. Wem gelingt es, in der Flugphase (Schrittstellung) unter dem Schwungbeinknie und anschliessend unter den zur Landung vorgestreckten Beinen in die Hände zu klatschen?	Landung in der Sprunggrube oder auf der Schaumgummimatte. 	B

3.10 Springen: Anlauf beim Hochsprung (Flop)

NR.	ZIEL	BESCHREIBUNG	ORGANISATION	LIT.
1	Schwerpunktverlagerung	In Einerkolonne verschiedene Kurven laufen: Schlängellauf, Slalom, Achterlauf, Kreis. Auf Kommando (Zuruf, Pfiff) sprintet der hinterste an die Spitze. Tempo variieren.	Markierungen und Geräte bzw. Gelände (Bäume usw.) ausnützen	B
2	Zentrifugalkraft Kurveninnenneigung	Aus einem grossen Kreis heraus beschleunigen (Spitze der Kolonne muss "ziehen") und eine immer enger werdende Spirallinie laufen.		B
3	Schwerpunktverlagerung	Der Schüler an der Spitze der Kolonne "schreibt" mit seiner Lauflinie einzelne Buchstaben oder einfache Wörter (zusammenhängend schreiben). Wer errät Buchstaben oder Wort?	Beispiele: C B S OMO 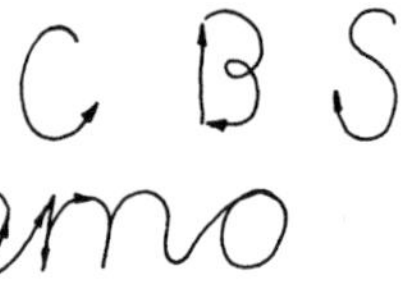	B
4	Zentrifugalkraft Kurveninnenneigung	Vom flachen Gelände aus beschleunigen und einen Halbkreis gegen den Hang (oder eine schiefe Ebene) laufen. In die Kurve "hineinliegen".	Zuerst einzeln, dann zu zweit oder zu dritt nahe nebeneinander laufen ("Sechs-Tage-Rennen")	B
5	Kurveninnenneigung Absprungkoordination	Einen Viertelkreis laufen (beschleunigen), dann Uebergang zum geradlinigen Hopserlauf (auf der Tangente). Auf welchem Bein beginnt man am besten mit dem Hopser?	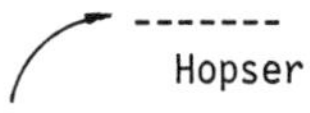 Hopser (re beginnend) Lauf (Rechtsspringer)	B

3.11 Springen: Beweglichkeit und Gewandtheit für den Hochsprung (Schwedenkästen)

NR.	ZIEL	BESCHREIBUNG	ORGANISATION	LIT.
1	Anlauf/Absprung-Koordination	Gerader Anlauf, Aufspringen auf den Kasten (zum flüchtigen Stand auf dem Schwungbein). Auf Kasten 1 aufspringen, längs überlaufen, Niedersprung. Welche Mannschaft steht zuerst auf Kasten 2 ?	Pro Gruppe 2 Kästen XXXX| → ① → ② Kästen hüfthoch	E
2	Schwungbeineinsatz (gestreckt) Gewandtheit	Schersprung zum Langsitz auf dem Kasten (mit Abstützen der Hände): Wer bringt das Schwungbein über Kopfhöhe? Wer kann den Kasten überspringen?	Linksspringer 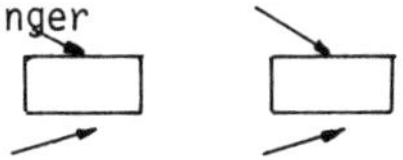 Rechtsspringer Absprung mit dem kastenferneren Bein.	B
3	Wälzbewegung	Wendesprung über den Kasten (= Wälzsprung). Abstützen mit den Händen, Landung auf dem Schwungbein. Wer bringt die Hüften am höchsten?	Rechtsspringer 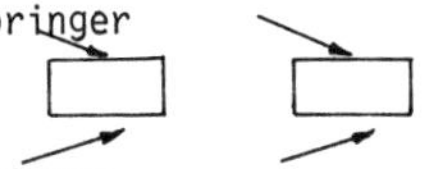 Linksspringer Absprung mit dem kastennäheren Bein.	B
4	Schwungbeineinsatz (diagonal) Drehung um die Längsachse	Laufen auf einem markierten Kreis. Einbeiniger Absprung, halbe Drehung, Landung im Sitz auf dem Kasten.	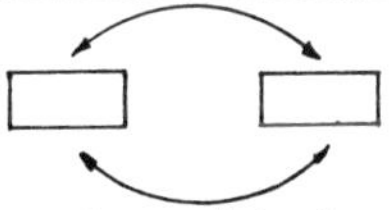 Im Uhrzeigersinn und im Gegenuhrzeigersinn laufen.	B
5	Gewandtheit Mut	Sitz (oder Hockstand) auf dem Kasten, mit dem Rücken zur Kastenfläche. Wer wagt eine Rolle rückwärts auf dem Kasten?	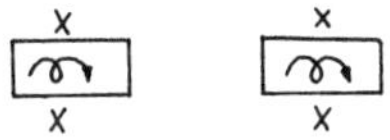 Zwei Schüler helfen und sichern auf beiden Seiten.	B

3.11 Springen: Beweglichkeit und Gewandtheit für den Hochsprung (Schaumgummimatten, Kästen)

NR.	ZIEL	BESCHREIBUNG	ORGANISATION	LIT.
6	Hüftbeweglichkeit (Wälzer)	Beidbeiniges Hüpfen an Ort. Auf jeden zweiten Sprung Landung in der "Froschhaltung" (Knie und Füsse nach aussen gedreht, Hände auf den Knien). Wer kann die "Froschhaltung" in der Luft einnehmen und weiterhüpfen?		B
7	Wälzbewegung	Knieliegestütz auf der Schaumgummimatte. Seitwärts überrollen (Beine im Knie gebeugt und weit geöffnet). Wer kann so über die ganze Matte rollen?	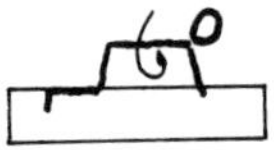	B
8	Brückenhaltung (Flop) Mut	Stand am Boden mit dem Rücken zur Schaumgummimatte. Senken rückwärts zur Brücke, Hände erreichen die Matte (mit Partnerhilfe). Wer schafft es hin und zurück ohne Partnerhilfe?	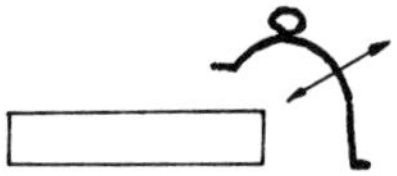	B
9	Fluggefühl Orientierungsfähigkeit in der Flugphase	Sprung vom Kasten auf die Matte (beidbeinig und einbeinig, vorwärts und rückwärts). In der Flugphase eine halbe oder eine ganze Drehung um die Längsachse ausführen.		B
10	Fluggefühl Orientierungsfähigkeit in der Flugphase	Sprung vom Kasten mit einer halben Drehung um die Längsachse (beidbeinig und einbeinig). Ballzuwurf vom Kasten aus. Wer kann im Flug den Ball fangen?	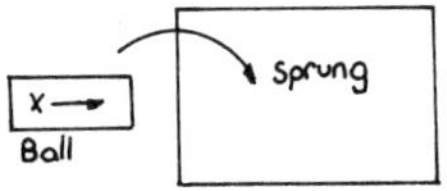 Zu zweit.	B

3.12 Springen: Koordinationsübungen für den Hochsprung (Kästen, hängende Gegenstände vgl. auch „Springen in die Höhe")

NR.	ZIEL	BESCHREIBUNG	ORGANISATION	LIT.
1	Sprunggewandtheit Gleichgewicht	Schwungbeinfuss auf dem Kasten - hüpfen - 1/2 Drehung hin und zurück (Schwungbein bleibt auf Kasten). Wer kann eine ganze Drehung ausführen? (Schwungbein nach 1/2 Drehung abheben und wieder auf Kasten schwingen.)	Vier Schüler pro Kasten. Kasten hüfthoch.	B
2	Absprung-Koordination (Wälzer)	Sprünge gegen Gegenstände in Reichhöhe. Wer erreicht diese mit dem Fuss des Schwungbeins? (Landung auf dem Sprungbein)	Gegenstände: Ballpendel, Korb, Aeste usw. 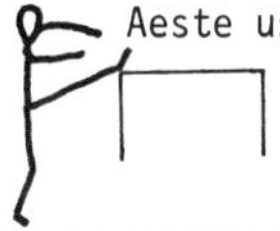	B
3	Absprung-Koordination (Flop)	Hopsersprünge mit betontem Kniehub (Schwungbeinknie diagonal zur Gegenschulter). Pirouettensprünge aus dem Hopser (halbe und ganze Drehung, auf beide Seiten).		B
4	Anlauf/Absprung-Koordination (Flop)	Bogenlauf - Absprung - halbe Drehung. Wer erreicht einen hängenden Gegenstand mit der Hand auf der Schwungbeinseite?	Höhe: 20 - 30 cm über Reichhöhe. Gegenstände: Ringe, Ballpendel, Torlatte, Korb, Aeste usw.	B
5	Brückenhaltung (Flop) Mut	Standflop vom Kastenoberteil auf die Schaumgummimatte (beidbeiniger Absprung, Hüften hochdrücken). Wer überspringt die Gummischnur in Hüfthöhe?	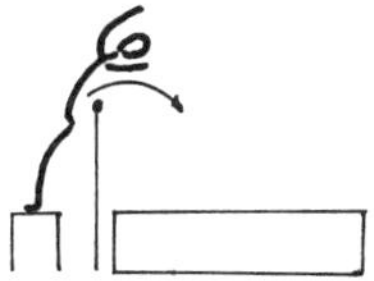	B

3.13 Springen: Hochsprungvariationen (Minitrampolin, Hochsprungständer)

NR.	ZIEL	BESCHREIBUNG	ORGANISATION	LIT.
1	Sprunggewandtheit	Zwei Gruppen, zwei Hochsprunganlangen. Ueberspringen der Latte (Gummischnur), Sprungtechnik frei. Unter der Latte zurückkriechen und zurücklaufen. Mannschaftwettkampf auf Zeit.	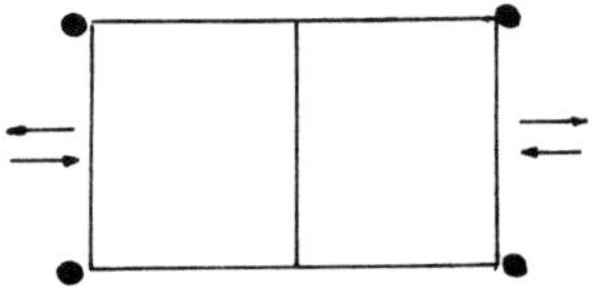	E
2	Anlauf/Absprung-Koordination (Flop und Wälzer)	Sprünge zur Rückenlandung (Flop) oder zum seitlichen Abrollen (Wälzer) auf die Schaumgummimatte. Was geht besser?	Anlauf von allen vier Seiten.	B
3	Angewöhnung Mini-Trampolin Sprunggewandtheit	Sprünge vw gehockt vom Mini-Trampolin auf den Mattenberg. Ohne Anlauf, beidbeinig, vorerst mit Partnerhilfe (Hände fassen). Wer kann auf den Füssen landen?-eine Rolle vw anschliessen?-im Langsitz landen?		B
4	Angewöhnung Mini-Trampolin Sprunggewandtheit	Sprünge vw und rw vom Mini-Trampolin (ohne Anlauf, beidbeinig) auf den Mattenberg. Verschiedene Arten der Landung (auf Bauch, Gesäss, Rücken, Seite, mit anschliessender Rolle etc.). Wie bringt man die Hüfte am höchsten?	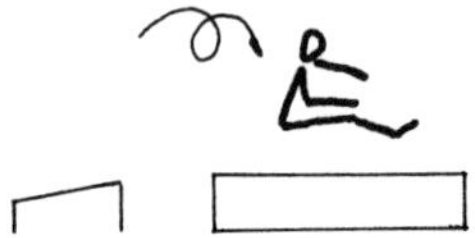	B
5	Sprunggewandtheit Brückenhaltung Flop Mut	Hechtrolle und Flop (Absprung rw) über die Gummischnur (ohne Anlauf, beidbeinig). Wer erreicht die grösste Höhe? Einzel- und Mannschaftswettkampf.	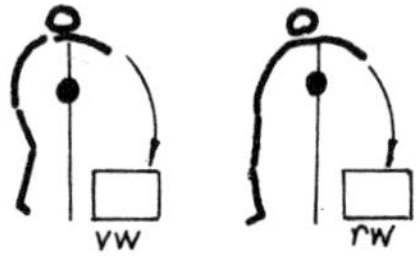	B

3.14 Springen: Beweglichkeit und Gewandtheit für den Stabhochsprung (Taue, Ringe, Kästen, Matten)

NR.	ZIEL	BESCHREIBUNG	ORGANISATION	LIT.
1	Gewandtheit Stützkraft	"Handstandfangis". Wer mit beiden Beinen in der Luft ist, kann nicht gefangen werden.		B
2	Gewandtheit Stosskraft	Rolle rw zum Stand. Wer kann dies durch den flüchtigen Handstand? (vorerst mit Partnerhilfe)		B
3	Gewandtheit Zugkraft Schulterbeweglich- keit	Rückenlage unter dem Tau. Wer kann sich mit beiden Armen hochziehen und gleichzeitig eine halbe Körperdrehung ausführen? (Füsse drehen an Ort)	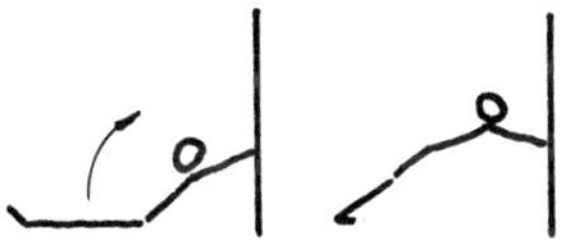	B
4	Gewandtheit Zugkraft Mut	Am Tau (an einem Schaukelring) von Kasten zu Kasten schwingen. Mannschaftswettkampf.	Kästen längsgestellt, auf allen Kastenseiten Matten ausgelegt.	B
5	Gewandtheit Zugkraft Schulterbeweglich- keit	"Tarzanübung". Von Tau zu Tau (von Ring zu Ring) schwingen. Wer kommt am weitesten?-am höchsten?. Wer braucht am wenigsten Zeit?	Start vom Boden oder ab Kasten. Matten auslegen.	B

3.15 Springen: Spielformen mit dem Stab (Stäbe, mind. 1 Stab für 3 Schüler)

NR.	ZIEL	BESCHREIBUNG	ORGANISATION	LIT.
1	Reaktions- und Antrittsschnelligkeit	Kreis, ein Schüler in der Kreismitte hält einen Stab senkrecht. Namensaufruf und Stab loslassen. Erreicht der Aufgerufene den Stab nicht vor dem Aufschlagen, erhält er einen Minuspunkt. Aufruferwechsel.	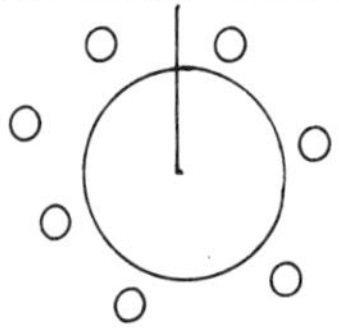	E
2	Gewandtheit Gleichgewicht	Zwei Schüler halten den Stab, ein dritter klettert hoch. Wer kommt am höchsten? Wer kann am längsten in der Luft bleiben? Variante: Einzeln hochklettern, Stab wird nicht gehalten.		E
3	Gewandtheit Kraft	Wettlauf zu dritt: Zwei Schüler tragen den Stab und einen Kameraden, der sich daran festhält.		E
4	Gewandtheit Kraft	"Tauziehen" mit dem Stab anstelle des Taus.	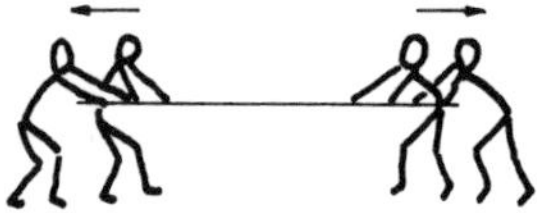	E
5	Gewandtheit Kraft	Zug- und Stosswettkampf am Stab. An beiden Stabenden ein oder mehrere Schüler. Wer aus dem Spielfeld gestossen oder gezogen wird, hat verloren.	Spielfeld markieren. 	E

3.16 Springen: Springen in die Weite mit dem Stab (Kästen, Stäbe, Matten, Schaumgummimatten)

NR.	ZIEL	BESCHREIBUNG	ORGANISATION	LIT.
1	Sprunggefühl Mut	"Hexenritt" (Abschwingen) vom längsgestellten Kasten. Stab in Reichhöhe gefasst. Niedersprung (beidbeinig) mit dem Stab zwischen den Beinen. Wer kann dabei kurz die Füsse auf Kopfhöhe bringen?	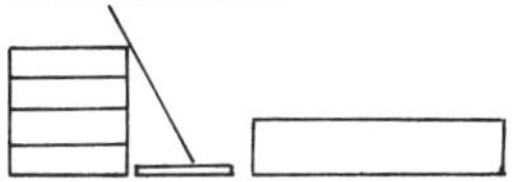 Stab darf auf dem Boden nicht rutschen (Matte, Sand, Loch).	B
2	Sprunggefühl Gleichgewicht Mut	"Hexenritt" mit einbeinigem Absprung. Der aufgesetzte Stab wird gehalten. Zwei Schritte Anlauf ohne Stab. Wer kann nach der Landung sofort mit gegrätschten Beinen weghüpfen? (Stab zwischen den Beinen nachschleppen.)	Anlage wie oben.	B
3	Sprunggefühl Pendel	Stabweitsprung vom Kasten. Der aufgesetzte Stab wird gehalten. Absprung einbeinig und am Stab vorbeipendeln. Wer erreicht mit 3 Schritten Anlauf (ohne Stab) die grösste Weite?	Anlage wie oben. Der Helfer darf den Stab seitwärts stabilisieren, aber nicht ziehen.	B
4	Sprunggefühl Pendel Gleichgewicht	Stabzielsprung vom Kasten (ohne Hilfe). Ziellandung in Weiten- und Längszonen (auf den Füssen, auf dem Gesäss). Der Stab darf nicht losgelassen werden. Punktewertung, Mannschaftswettkampf.	Anlage wie oben. Zonen auf der Schaumgummimatte: 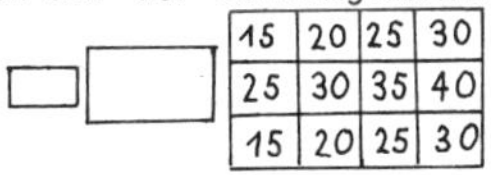	E
5	Sprunggefühl Pendel und Körperdrehung Gleichgewicht	Stabzielsprung mit 1/2 Körperdrehung. Ziellandung in Weiten- und Längszonen (Landung auf den Füssen, Blick zum Kasten). Punktewertung, Mannschaftswettkampf.	Anlage und Zonenmarkierung wie oben.	E

3.17 Springen: Laufen mit dem Stab (Stäbe)

NR.	ZIEL	BESCHREIBUNG	ORGANISATION	LIT.
1	Gewandtheit	Paarlauf mit dem Stab. Ein Schüler mit Stabgriff am vorderen, einer am hinteren Ende. Gewandtheitslauf um Wendemarken, im Slalom usw.	Linksspringer (rechte Hand hinten) tragen den Stab auf der rechten Seite. Griff schulterbreit, hintere (obere) Hand im Kammgriff, vordere (untere) Hand im Ristgriff.	E
2	Gewandtheit Schnelligkeit	Laufen mit dem Stab als Stafette. Variante: Im Lauf kleine Hindernisse (Langbänke, Uebungshürden usw.) überspringen.		E
3	Lauftechnik Gleichgewicht	Gehen und Laufen mit dem Stab. Wer kann mit dem Stab in einer schmalen Gasse (auf einer Linie, über eine Schwebekante) laufen?		B
4	Lauftechnik Gleichgewicht	Laufen mit dem Stab auf den Schultern (Blick, Schulterachse, Stab und Füsse in Laufrichtung, Hüftachse rechtwinklig dazu). Wer kann ohne Abweichung und ohne Rhythmusstörung auf einer Linie laufen?		B
5	Lauftechnik Stabführung	"Turnier". Aus kurzem Anlauf mit der Stabspitze aufgehängte Gegenstände (Bälle, Büchsen, Gummiringe) treffen. Mannschaftswettkampf.	Gegenstände in Hüfthöhe aufgehängt. 	B

3.18 Springen: Einstich- und Absprungübungen für den Stabhochsprung (Stäbe, Tau)

NR.	ZIEL	BESCHREIBUNG	ORGANISATION	LIT.
1	Anlauf/Absprung-Koordination Pendel Gleichgewicht	Tau mit der oberen Hand in Reichhöhe gefasst, untere Hand auf Augenhöhe (= Stabgriff). Kurzer Anlauf und Beine hochschwingen. Wer kommt mit den Füssen am höchsten?	Matten auslegen. 	B
2	Anlauf/Absprung-Koordination Pendel und Körperdrehung Gleichgewicht	Wer kann sich am Tau vom Boden auf einen Kasten schwingen? Variante: Aufschwingen mit einer halben Körperdrehung und Tau im sicheren Stand loslassen.	Matten auslegen. 	B
3	Einstich aus dem Lauf Zielgenauigkeit	Im Lauf den Stab über den Kopf führen und gleichzeitig Spitze senken (= Einstich). Bodenmarkierung oder Gegenstände auf dem Boden treffen. Punktewertung, Mannschaftswettkampf	Gegenstände: Büchsen, Tennisbälle, Gummiringe. Markierungen: Ziellinien, Zielkreise.	B
4	Koordination von Absprung und Einrollen. Kraft. (Schultergürtel, Bauchmuskulatur)	Mit dem Stab: Kurzer Anlauf, Einstich, Pendel und Landung auf dem Gesäss. Wer kommt am weitesten? Wer kann mit den Füssen im höchsten Punkt den Stab über dem Kopf berühren?	Stabhochsprunganlage, auf beiden Seiten des Einstichkastens mit Schaumgummi abgedeckt	B
5	Koordination von Absprung, Einrollen und Beinhochstossen Kraft (Schultergürtel, Bauchmuskulatur)	Mit dem Stab: Anlauf, Einstich, Pendel und Aufschwung am Stab. Wer kann mit den Füssen eine Gummischnur berühren oder eine Latte wegstossen?	Gummischnur (Latte) höher als der obere Griff.	B

Kapitel 4

Werfen

4.1 Werfen: Mit Bällen

NR.	ZIEL	BESCHREIBUNG	ORGANISATION	LIT.
1	Zielwürfe	Jahrmarkt: Verschiedene Stationen: durch Reif, zwischen Stange, auf Gitter, auf Bälle, auf Matte etc. Variante: Gruppenwettkampf.	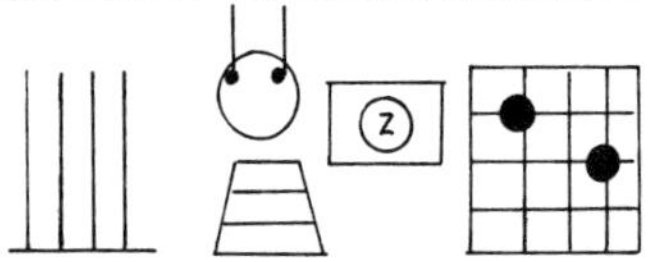	B
2	Zielwürfe	2 Mannschaften stehen sich gegenüber. 2 Hohlbälle werden durch gezielte Würfe ins gegnerische Feld befördert. Passieren der Linie 1 : 1 Pkt. Passieren der Linie 2 : 2 Pkte.	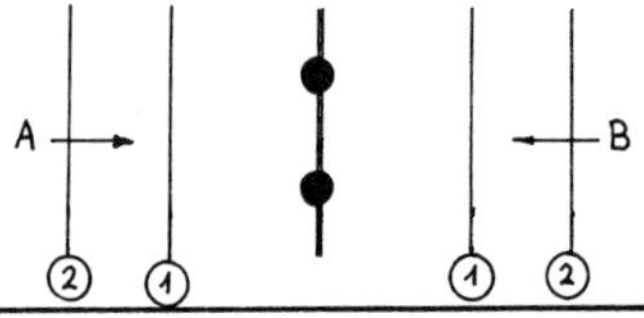	B
3	Zielwürfe	Welche Mannschaft hat innerhalb einer bestimmten Zeit mehr Bälle ins Feld des Gegners spediert? Die Bälle liegen auf Langbänken in der Mitte des Feldes Wurfart: Schlagwurf mit kleinen Bällen.		B
4	Zielwürfe Reaktion	Rollende Bälle. Mannschaft A versucht, die rollenden Bälle von B mit kleinen Bällen zu treffen. - Wechsel. Welche Mannschaft hat mehr Treffer?	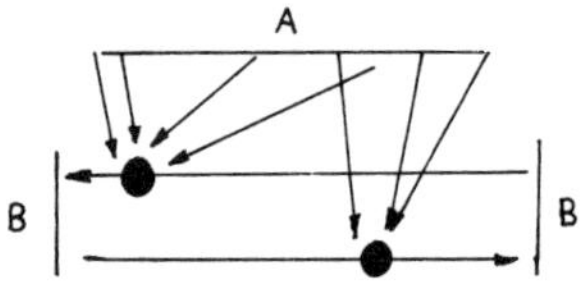	E
5	Zielwurf Schnelligkeit	Auf Kommando versuchen die Werfer, die flüchtenden Läufer zu treffen. Für alle Treffer vor der Ziellinie gibt es Pluspunkte. Nach 10 Durchgängen wird gewechselt. Wer hat mehr Treffer?	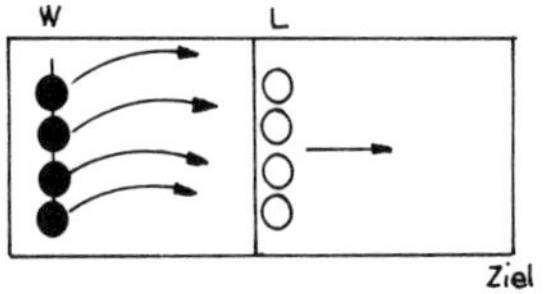	B

NR.	ZIEL	BESCHREIBUNG	ORGANISATION	LIT.
6	Kräftiger Abwurf Gewandtheit	Der Ball wird aus verschiedenen Positionen (sitzend, liegend, kniend) auf den Boden geprellt. Wer kann den Ball stehend fangen, bevor er wieder am Boden ist?		B
7	Abwurf Schnelligkeit	Der Ball wird über eine gespannte Leine geprellt. Der Ball muss vom Werfer gefangen werden, bevor er wieder zu Boden kommt.		B
8	Abwurf Reaktion	Spiel 1 - 1. A versucht,B ein Tor zu schiessen und umgekehrt. Variante: In Turnierform: jeder gegen jeden. Zeit: 2'.	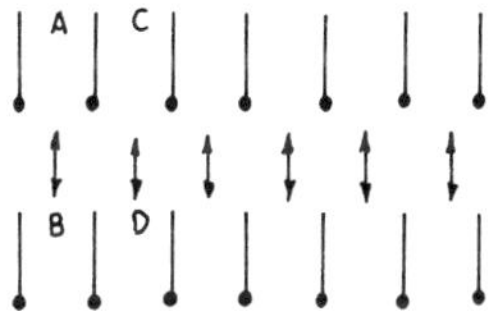	E
9	Abwurf Reaktion	Spielidee wie oben, jedoch Gruppenwettkampf. Das Tor ist die ganze Hallenbreite. (Höhe 1-2 m). 1 oder mehrere Bälle.	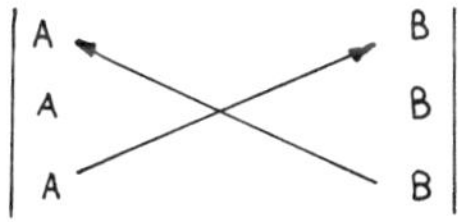	E
10	Abwurf Reaktion	A wirft den Ball an die Wand. B fängt,bevor der Ball am Boden ist. Wechsel. Pro missglücktem Fang gibt es einen Pluspunkt für den Werfer. Wer hat zuerst 20 Punkte?		B

4.1 Werfen: Mit Bällen

NR.	ZIEL	BESCHREIBUNG	ORGANISATION	LIT.
11	Zielen Reaktion	A wirft den Ball in die Höhe. B versucht, diesen Ball zu treffen. Wechsel nach 10 Versuchen.	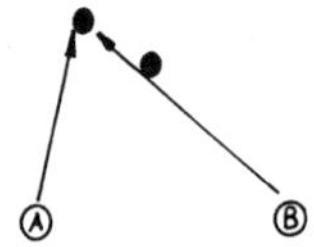	B
12	Bogenspannung	Der Ball wird mit voller Wucht auf den Boden geprellt. Wer kommt am höchsten? Wer erreicht die Decke?	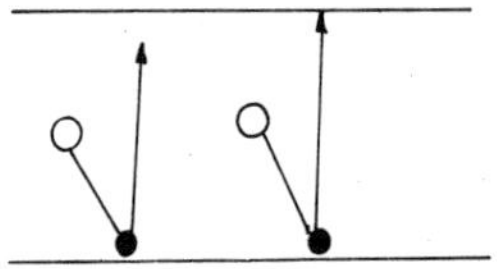	B
13	Bogenspannung	Der Ball wird auf den Boden geworfen. Bei wem hüpft der Ball 2,3,4,5 ... mal?	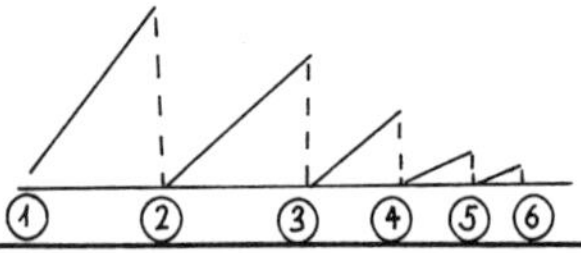	E
14	Kräftiger Abwurf Gewandtheit	Der Ball wird an eine Wand geworfen und wieder aufgefangen. Wem gelingt es mit der grössten Distanz zur Wand?	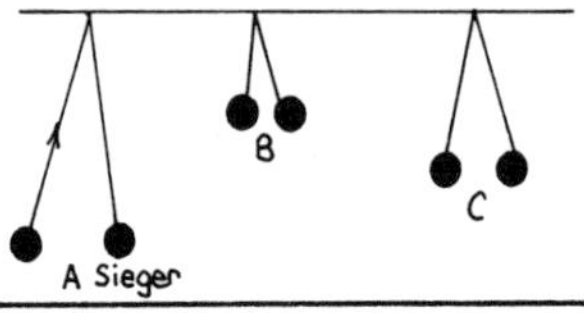	B
15	Kräftiger Abwurf Gewandtheit	Bandenspiel in einer Turnhallenecke. Wer fängt den Ball nach zweimaliger Wandberührung wieder ab?	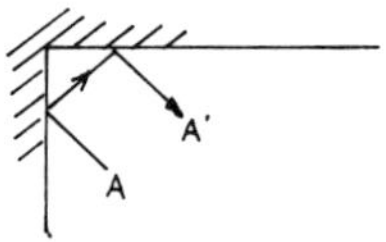	E

NR.	ZIEL	BESCHREIBUNG	ORGANISATION	LIT.
16	Reaktion Gewandtheit	Der Ball wird an die Wand geworfen. Der Werfer dreht sich um die eigene Achse und fängt den Ball ab. Variante: absitzen, Liegestütz. Distanz variieren.	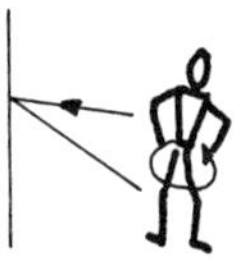	B
17	Reaktion Gewandtheit	Der Ball wird an die Wand geworfen.Ueberspringen des Abprallers, Drehen um die eigene Achse und Abfangen des Balles. Der Ball darf den Boden nur einmal berühren.		E
18	kräftiger Wurf Gewandtheit	Der Ball wird von der Mittellinie der Halle abwechslungsweise an die linke und rechte Seitenwand geworfen. Wer hat zuerst 20 Fänge?	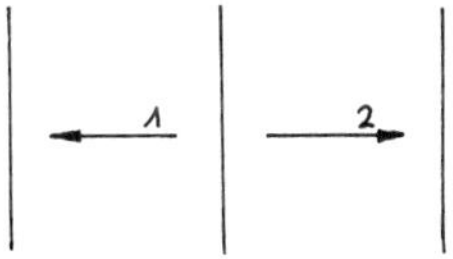	E
19	Weitwurf	Wer hat die kleinste Differenz zwischen dem Wurf mit dem rechten und dem linken Arm?	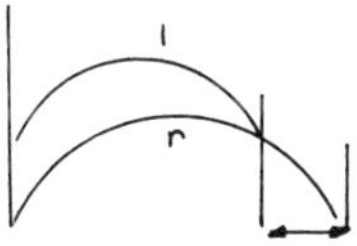	B
20	Weitwurf	Wer kann Bälle so schnell nacheinander werfen, dass 2,3,4 ... gleichzeitig in der Luft sind?		B

4.1 Werfen: Mit Bällen

NR.	ZIEL	BESCHREIBUNG	ORGANISATION	LIT.
21	Werfen Schnelligkeit	Wer kann den Ball am weitesten werfen und ihn selber wieder auffangen, bevor er zu Boden fällt?		E
22	Werfen Schnelligkeit	Weitwurf. Lauf zum Ball - Sprint mit dem Ball über die Ziellinie. Wer ist zuerst am Ziel?	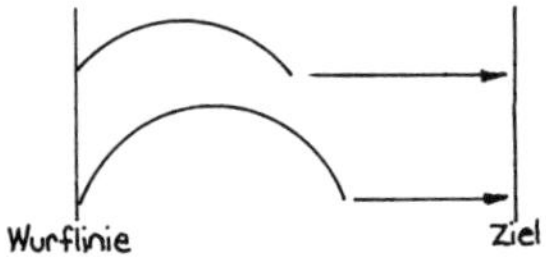	B
23	Weitwurf	Idee wie oben. Die Reststrecke jedoch muss hüpfend, auf allen Vieren, im Froschhüpfen zurückgelegt werden.	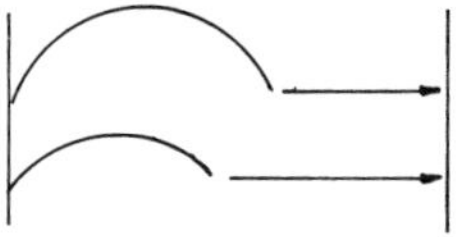	B
24	Weitwurf Laufen	A wirft, B fängt. B wirft, A fängt. Welche 2er Gruppe hat zuerst den Platz 5x überworfen? Bei Ballverlust: 20 m zurück!	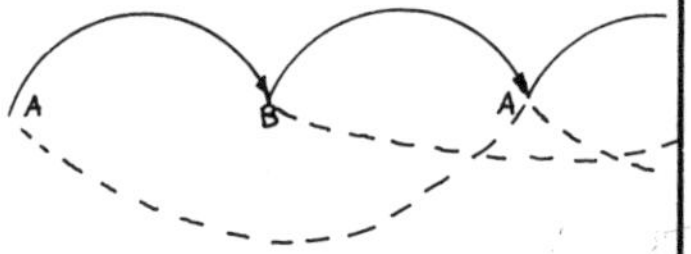	B
25	Weitwurf Gewandtheit	Jedes Mitglied der Mannschaft 1 wirft einen Ball ins Feld. Mannschaft 2 versucht, die Bälle zu fangen. Pro Fang: 1 Punkt. - Wechsel - Wer hat mehr Punkte?	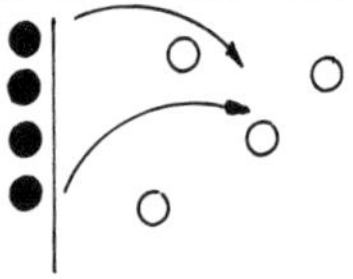	B

NR.	ZIEL	BESCHREIBUNG	ORGANISATION	LIT.
26	Werfen Zusammenarbeit	Welche 5er Gruppe hat zuerst den Ball um die Rundbahn (bestimmte Strecke) geworfen, ohne dass der Ball je den Boden berühren darf?	Die Organisation ist Sache der Gruppe.	E
27	Gewandtheit	2er Gruppen. Zuspiel - Rolle vw - Zuspiel - Rolle rw - Zuspiel ...		B
28	Gewandtheit	Der Ball wird im Kreis rasch zugespielt. Ein oder mehrere Spieler versuchen, die Bälle zu fangen. Wer einen Fehlwurf macht, löst die Spieler in der Mitte ab.		B
29	Werfen Laufen	2 Kolonnen stehen sich gegenüber (Distanz 5 - 10 m). Nach dem Zuspiel: Platzwechsel. (Lauf hinter dem Ball nach.) Variante: Lauf in der Diagonale bei 4 Kolonnen.	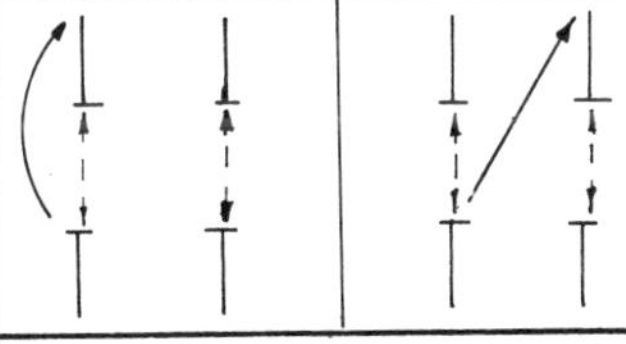	B
30	Werfen Laufen	Tschechenviereck: 2 Bälle (Start diagonal) werden im Uhrzeigersinn geworfen. Nach dem Zuspiel Platzwechsel. Distanzen variieren. – – → Weg des Balles ——→ Laufweg	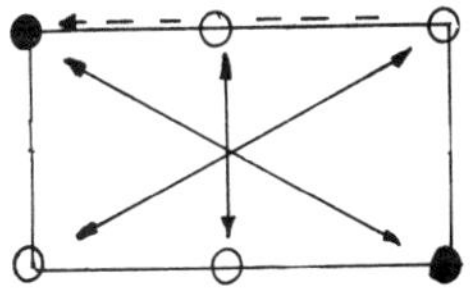	B

4.2 Werfen: Ballspiele

NR.	ZIEL	BESCHREIBUNG	ORGANISATION	LIT.
1	Spielerisches Werfen	Jeder gegen jeden. Jeder versucht, seinen Mitspieler zu treffen. Pro Treffer ein Punkt. Wer hat nach 5 Min. am meisten Treffer?	- Mehrere Bälle - Mehrere Felder	B
2	Spielerisches Werfen	Sitzball: Idee wie oben. Wer getroffen ist, läuft zur "Strafe" 2 Runden in der Halle und spielt nachher weiter. Variante: Spiel mit 5 "Leben".	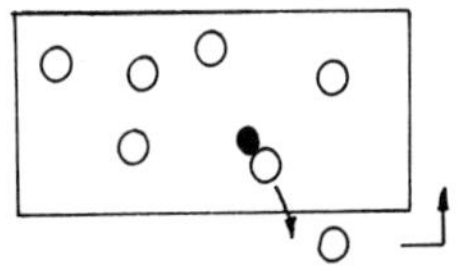	B
3	Spielerisches Werfen	Völkerball: Spielgedanke ist bekannt. Variante: Rundumspiel	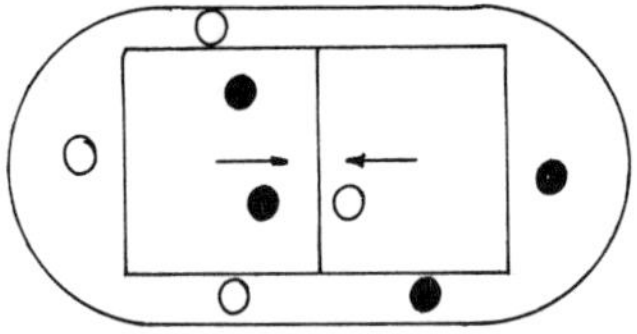	B
4	Spielerisches Werfen	Jägerball: Ein Jäger beginnt. Getroffene holen ein Spielband und jagen mit. Wer bleibt zuletzt übrig? Variante: Gruppe 1 gegen Gruppe 2. Wer braucht weniger Zeit, um alle gegnerischen Hasen zu treffen?	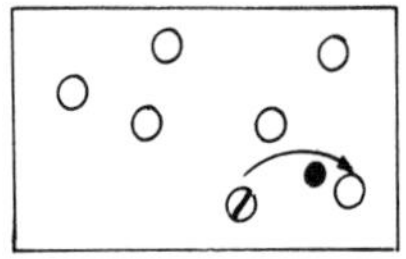	B
5	Spielerisches Werfen	Linien - (Wand) Ball: Mannschaft 1 versucht, durch rasches Zuspiel den Ball auf die gegnerische Linie (Wand) zu spielen. Der Ball muss abgelegt werden. Welche Mannschaft hat mehr Linienberührungen?	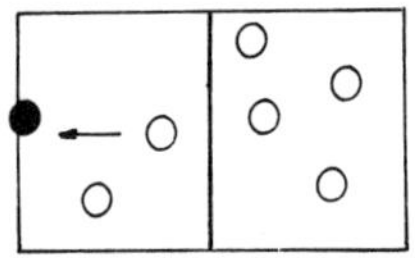	B

NR.	ZIEL	BESCHREIBUNG	ORGANISATION	LIT.
6	Spielerisches Werfen	Kasten ausräumen: Viele Bälle liegen in einem offenen Kasten. Ein Schüler leert den Kasten, indem er die Bälle wegwirft. Die andern Schüler sammeln die Bälle. Wie lange geht es, bis der Kasten für einen Moment leer ist?		B
7	Spielerisches Werfen	Ballkrieg: Das Spielfeld ist durch eine Mittellinie getrennt. In jeder Hälfte eine Mannschaft. Jeder Spieler besitzt einen Ball. Während einer gewissen Zeit werden alle erhaschten Bälle ins gegnerische Feld geworfen. Pfiff: Die Partei mit den meisten Bällen hat verloren.	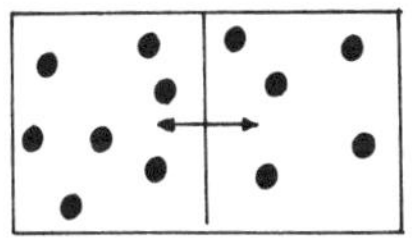	B
8	Spielerisches Werfen	Keulenball: Mannschaftsspiel. Mitten in einem Sektor steht eine Keule. Die Keule muss durch einen Zielwurf umgeworfen werden. Der Sektor darf nicht betreten werden.		B
9	Spielerisches Werfen	Kastenball: Mannschaftsspiel. Im Sektor liegt ein umgekehrter Sprungkastendeckel, in den der Ball geworfen werden muss.		B
10	Spielerisches Werfen	Schnurball: Das Spielfeld ist durch eine Leine (2 m über Boden) getrennt. Man versucht, einen Ball so ins gegnerische Feld zu werfen, dass die andere Partei den Ball nicht fangen kann. Im eigenen Feld sind 3 Zuspiele erlaubt. Wer hat zuerst 17 Punkte?	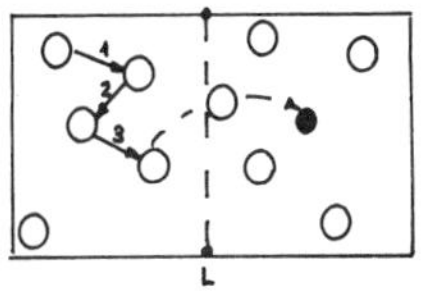	B

4.2 Werfen: Ballspiele

NR.	ZIEL	BESCHREIBUNG	ORGANISATION	LIT.
11	Spielerisches Werfen	Ball unter der Schnur: Das Spielfeld ist durch eine Leine (1 m über dem Boden) unterteilt. Ein Ball ist durch Schlagwurf so unter der Schnur durchzuwerfen, dass er die Grundlinie des gegnerischen Feldes überquert.	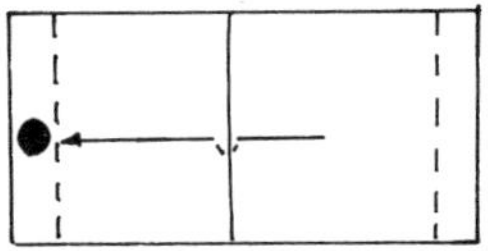	B
12	Spielerisches Werfen	Balle brûlée (Brennball). Spielgedanke ist bekannt. Varianten mit Abtreffen: - Der Ball wird ins Feld durch einen Schlagwurf gebracht. - Die Läufer können zwischen den Laufmalen abgetroffen werden. (Pluspunkte!)	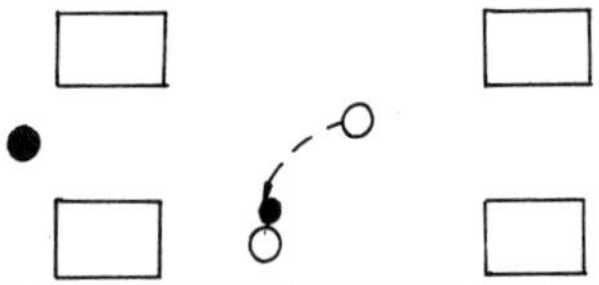	B
13	Spielerisches Werfen	Burgball: Die Gruppe befindet sich ausserhalb eines grossen Kreises. In der Mitte die Burg (aus 3 Keulen). Die Spieler am Kreis werfen sich den Ball zu und versuchen, die Keulen, die von einem Wächter geschützt sind, umzuwerfen.	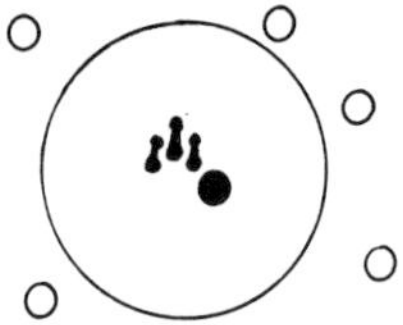	B
14	Spielerisches Werfen	Ball wegschnappen. Vier Gruppen sind auf vier Feldstreifen aufgeteilt. Gruppe I spielt Gruppe III zu, während Gruppe II und IV den Ball wegzuschnappen versuchen. Gelingt es, so werden die Rollen getauscht.	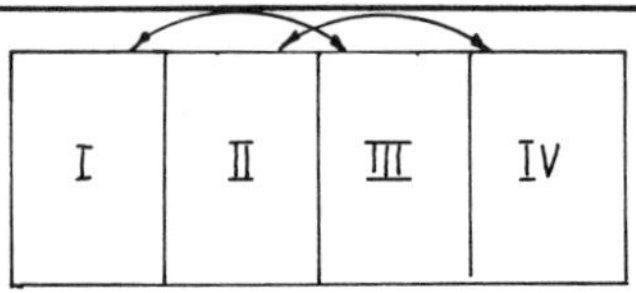	B
15	Spielerisches Werfen	Kreistreffball als Parteispiel: Eine Mannschaft als Werfer ausserhalb, die andere Mannschaft innerhalb eines grossen Kreises. Die Werfer versuchen, innerhalb von 3 Min. möglichst viele Spieler im Kreis zu treffen. Wechsel.	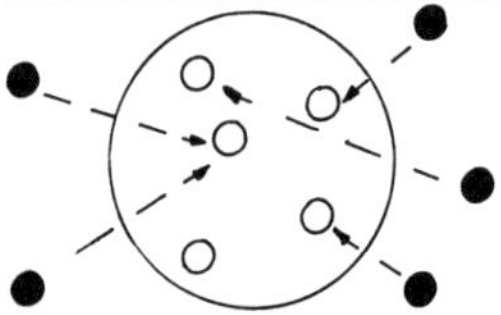	B

NR.	ZIEL	BESCHREIBUNG	ORGANISATION	LIT.
16	Spielerisches Werfen	Prellball: 2 Mannschaften stehen sich gegenüber. Der Ball wird als Prellball (Bodenkontakt im eigenen Feld) ins gegnerische Feld geprellt. Kann der Ball nicht gefangen werden, gibt es einen Pluspunkt für die Angreifer.	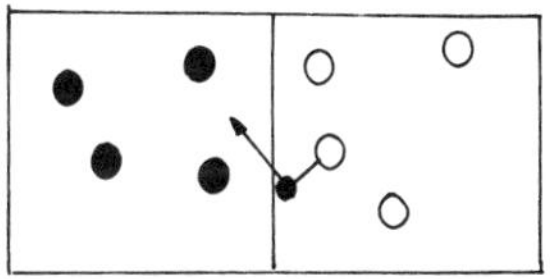	B
17	Spielerisches Werfen	Treibball. Zu zweit. Am Endpunkt des Wurfes von A wirft B und umgekehrt. Wer treibt den Partner zuerst über die Ziellinie des Gegners?	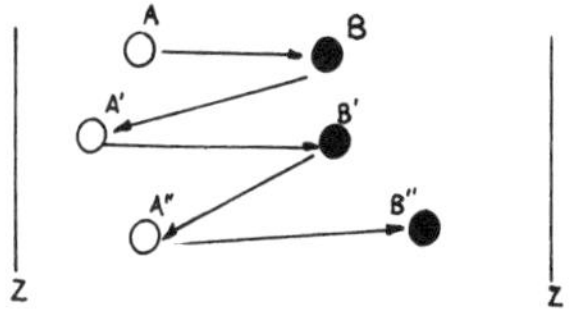	B
18	Spielerisches Werfen	Rollmops: 2 gleichstarke Teams stehen sich mit gleichvielen Bällen gegenüber. In der Feldmitte liegt ein (zwei, drei) Hohlball. Jede Partei versucht, den Ball über die gegnerische Schmalseite zu treiben. Die Bälle darf man in der eigenen Hälfte holen.	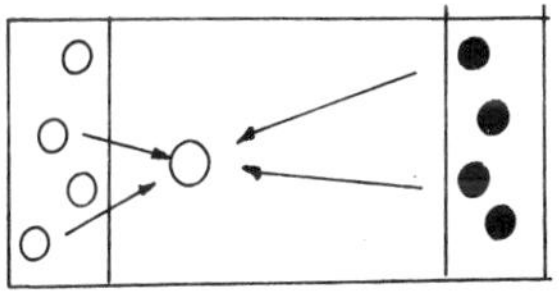	B
19	Spielerisches Werfen	Rugby: Mannschaft 1 versucht, den Ball auf der Matte der Mannschaft 2 zu plazieren. Rasches Zuspiel! Verboten: Hakenstellen.	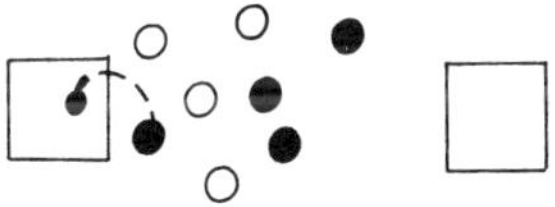	B
20	Spielerisches Werfen	- Korbball - Basketball - Handball		B

4.3 Werfen: Speer

NR.	ZIEL	BESCHREIBUNG	ORGANISATION	LIT.
1	Abwurf Zielwurf	Werfen auf Velopneus, die in verschiedenen Distanzen ausgelegt sind. Jeder Treffer 1 Punkt. Wer hat in 10 Durchgängen am meisten Punkte?	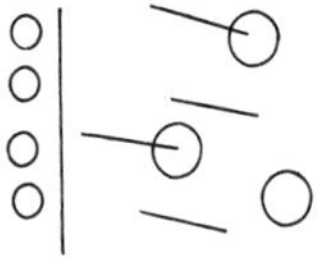	B
2	Abwurf Zielwurf	Der Leiter wirft seinen Speer. Wer näher als eine Speerlänge (Fusslänge usw.) herankommt, erhält einen Punkt. Mehrere Durchgänge. Wer sammelt am meisten Punkte?	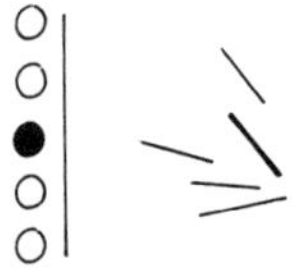	B
3	Abwurf Zielwurf	Gleiche Uebung wie oben als Partnerübung. Punktestand nach 5 Durchgängen oder nach einer Trainingsfeld-Länge.	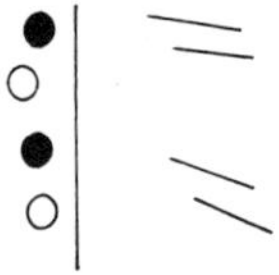	B
4	Abwurf Zielwurf	Zwischen zwei Speeren einen Velopneu befestigen. Wer trifft aus einer gewissen Distanz durch dieses Ziel?	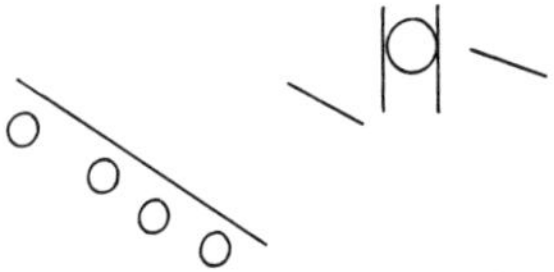	B
5	Abwurf Zielwurf	2 Gruppen. Gruppe 1 versucht, 10 Speere in ein Ziel (Velopneu) zu werfen. Gruppe 2 versucht, abwechslungsweise einen Speer möglichst weit zu werfen (Wanderwerfen). Wechsel. Welche Gruppe erreicht die grössere Distanz?	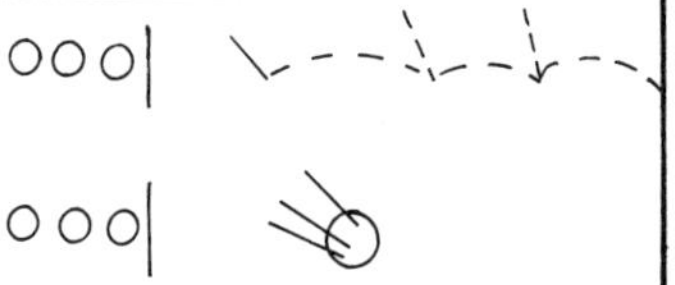	B

NR.	ZIEL	BESCHREIBUNG	ORGANISATION	LIT.
6	Abwurf Zielwurf	Wer hat das Ziel als erster von 5 verschiedenen Positionen aus getroffen? Treffer aus Pos. 1 ⟶ Wechsel zu 2 usw.	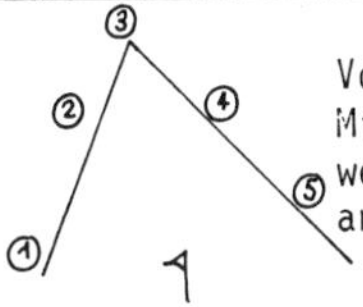 Vorsicht: Miteinander werfen. Miteinander holen!	E
7	Abwurf Zielwurf	Wer kommt einer vorher abgemachten Weite am nächsten Sieger ist derjenige mit der geringsten Längendifferenz.		B
8	Abwurf Zielwurf	Ballonschiessen: - Wer trifft den roten Ballon? - Wer trifft den blauen usw.? Variante: Gruppenwettkampf	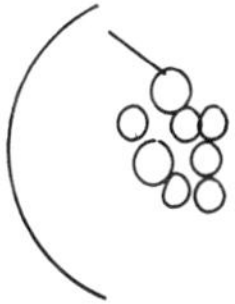 Vorsicht: Miteinander werfen. Miteinander holen!	E
9	Weitwurf	Wer hat zuerst 20 Punkte? Variante: Gruppenwettkampf (100 Punkte!).	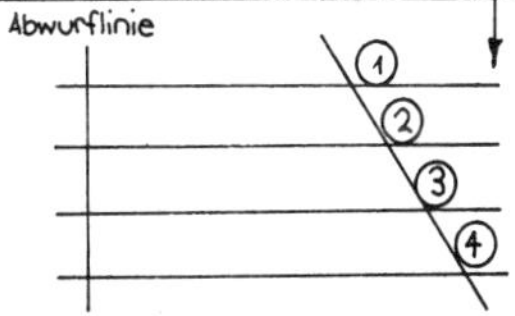	B
10	Weitwurf	Wer wirft nacheinander 1 3 4 2 ?	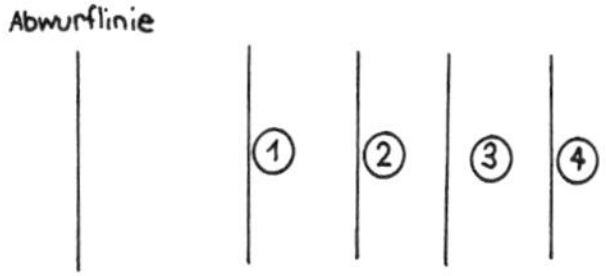	E

4.3 Werfen: Speer

NR.	ZIEL	BESCHREIBUNG	ORGANISATION	LIT.
11	Gerader Wurf	Korridor werfen: Der Speer darf im Flug den Korridor seitwärts nicht verlassen. Bei Fehlversuch: Spurt beim Holen des Speers.	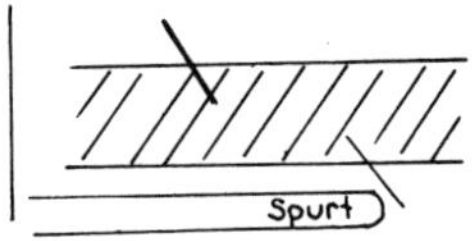	E
12	Abwurfwinkel	Wer wirft den Speer zwischen 2 gespannten Leinen durch? Höhe der Leinen und Distanz variieren.	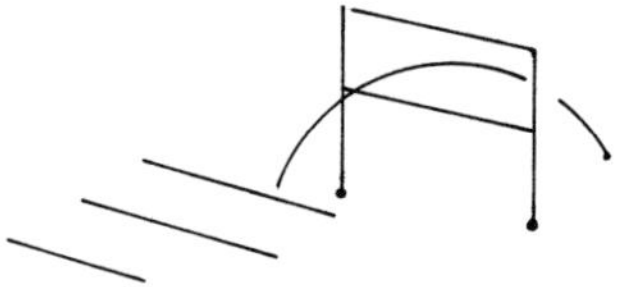	B
13	Abwurfwinkel	Wer überwirft die Leine an höchster Stelle? Distanz anpassen!	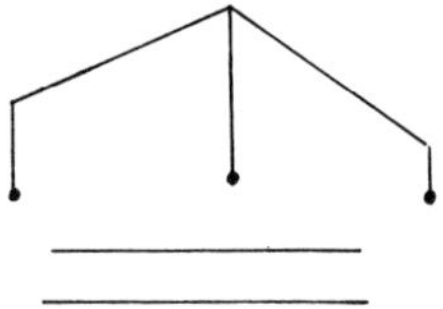	B
14	Weitwurf	Wanderwerfen: Am Ende eines Wurfes wird von Stand weitergeworfen. Wer ist nach 3 Versuchen am weitesten? Variante: - links und rechts werfen. - mit Anlauf.		B
15	Weitwurf	Wer hat die kleinste Längendifferenz zwischen: Wurf aus Stand und mit Anlauf?	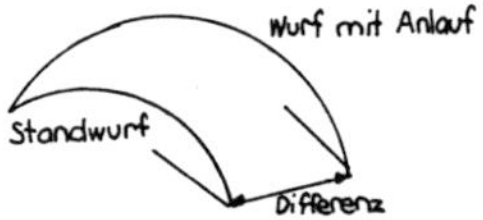	B

NR.	ZIEL	BESCHREIBUNG	ORGANISATION	LIT.
1	Geschicklichkeit	Diskus hochwerfen und fangen mit der andern Hand. Der Diskus soll sich dabei drehen. Variante: Ausführung im leichten Laufschritt.	 Vorsicht!	B
2	Geschicklichkeit	Partner rollen sich den Diskus gegenseitig zu. (Ueber den Zeigefinger rollen.) Zuerst nur über kurze Distanz, dann allmählich Distanz und Tempo steigern.	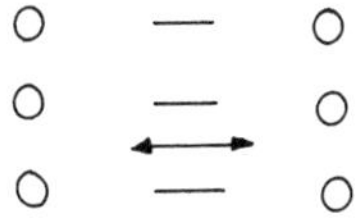	B
3	Geschicklichkeit	Diskusrollen. Wer erreicht die grösste Distanz? Wer kann einen Bogen rollen? Wer rollt am nächsten zu einem bestimmten Ziel? (Stecknagel, Diskus des Leiters usw.)		B
4	Geschicklichkeit	Zielwerfen. Als Ziel Stecknagel oder Diskus. Als Gruppen- oder Partnerwettbewerb. Wer kommt dem Ziel am nächsten? Mehrere Durchgänge, Punkte verteilen.		B
5	Geschicklichkeit Technik (ruhiger Flug)	Standwürfe zwischen zwei gespannten Schnüren (Gummiseile) hindurch. Auch als Partnerübung mit Zuwerfen. Wer schafft am meisten Durchwürfe?	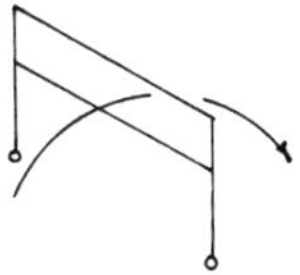	B

4.4 Werfen: Diskus

NR.	ZIEL	BESCHREIBUNG	ORGANISATION	LIT.
6	Abwurf Zielwurf	Wer wirft den Diskus in einen Eimer, Korb, aus verschiedenen Distanzen?	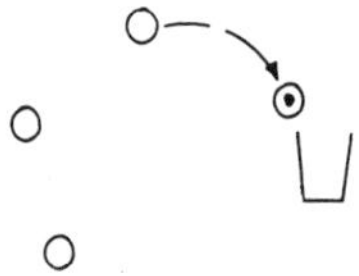 Vorsicht!	B
7	Abwurf Weitwurf	x Würfe (Stand oder Anlauf). Wer erreicht in 10 Min. am meisten Punkte? (Distanzen anpassen!)	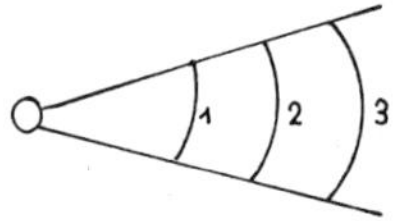	B
8	Abwurf Weitwurf	Idee wie oben. Als Gruppenwettkampf.	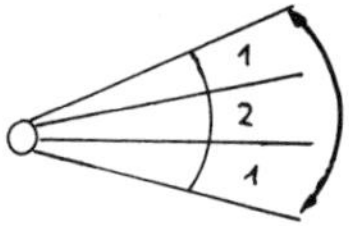 Normalsektor	B
9	Abwurfwinkel	Wer wirft den Diskus über die Latte des Fussballtors? Distanz variieren.	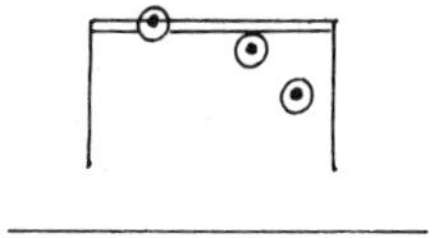	B
10	Weitwurf	Wurf hin und her: Aus Stand wird der Diskus von der Marke 1 geworfen. Vom Landeort des Diskus wirft der gleiche Werfer zurück. Wer ist am nächsten bei Marke 1?	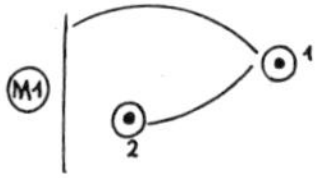	B

NR.	ZIEL	BESCHREIBUNG	ORGANISATION	LIT.
1	Werfen-Laufen	Wer hat den Schleuderball (mit und ohne Anlauf) zuerst 5x über die Marke 1 geworfen? (Distanz anpassen!)	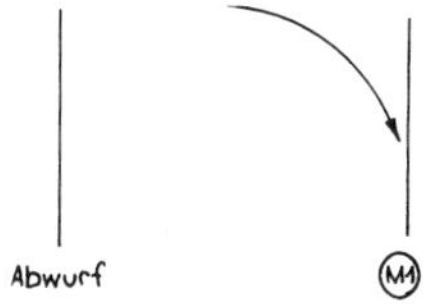	B
2	Abwurf	Der Schleuderball wird möglichst senkrecht nach oben geworfen. Bei wem ist der Landeplatz möglichst nahe bei der Abwurfstelle?		E
3	Kräftigung Rücken	Hammerschlag: Der Schleuderball wird mit voller Wucht auf den Boden geworfen. Welcher Schleuderball rollt am weitesten?	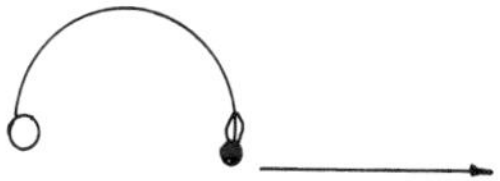	E
4	Weitwurf	Wurf auf ein Fussballtor. Wer erzielt zuerst 10 Treffer? (Abwurflinie anpassen!)	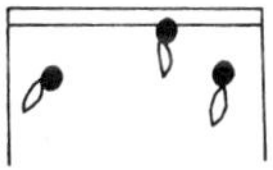	E
5	Weitwurf	Verbrannter Ball: Die Läufer werfen den Schleuderball mit Drehung, die Spieler im Feld aus Stand.		E

4.6 Werfen: Im Wald

NR.	ZIEL	BESCHREIBUNG	ORGANISATION	LIT.
1	Zielübungen Abwurf	Zielübungen mit Tannzapfen auf Baumstämme, Aeste, Steine usw.	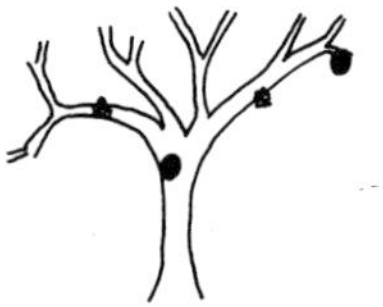	B
2	Zielübung	Jemand wirft ein Blatt, Holzstück in die Höhe. Wer trifft den Gegenstand mit einem Tannzapfen?	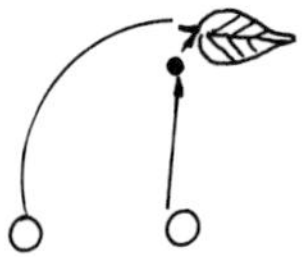	B
3	Gerader Wurf	Wer kann am weitesten einen Tannzapfen in den Wald hinein werfen?	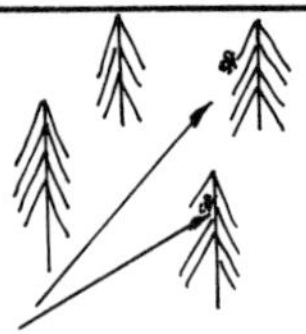	B
4	Weitwurf	Wer trifft 2, 3 ... Bäume in einem Wurf? Variante: Wer kann den Tannzapfen auffangen?	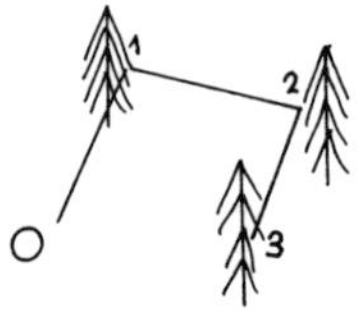	B
5	Werfen - Laufen	Auf einem Waldweg einen Tannzapfen so in Richtung einer Ziellinie werfen und dann losrennen, dass der Werfer vor dem Zapfen die Ziellinie überquert. Wer erreicht die grösste Distanz?	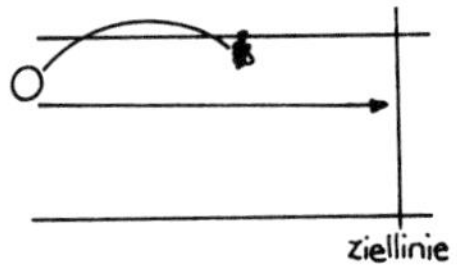	B

NR.	ZIEL	BESCHREIBUNG	ORGANISATION	LIT.
6	Weitwurf	Ueberwerfen von Bäumen, Sträuchern, Hütten usw.		B
7	Weitwurf Geschicklichkeit	Werfen von 30 cm langen Aststücken, dass sie sich in der Vertikalebene drehen. Wer kommt so am weitesten?		B
8	Schnellwerfen	Wie oft kann mit 3 Tannzapfen in 3 Sekunden ein Ziel getroffen werden? Distanz variieren.	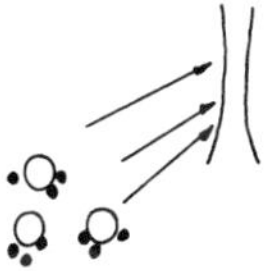	B
9	Werfen - Laufen	A versucht Ziel 5 mal zu treffen. B läuft in derselben Zeit eine bestimmte Strecke. Wechsel. Wer macht mehr Läufe während der Schiesszeit?	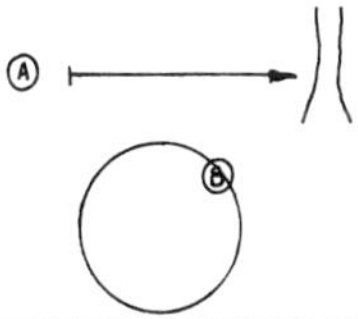	E
10	Geschicklichkeit	Blatt - Werfen: Welches Blatt bleibt am längsten in der Luft?		E

4.7 Werfen: Am Bach / in der Kiesgrube

NR.	ZIEL	BESCHREIBUNG	ORGANISATION	LIT.
1	Zielwurf	Wer trifft ein treibendes Holzstück, Papier im Bach?	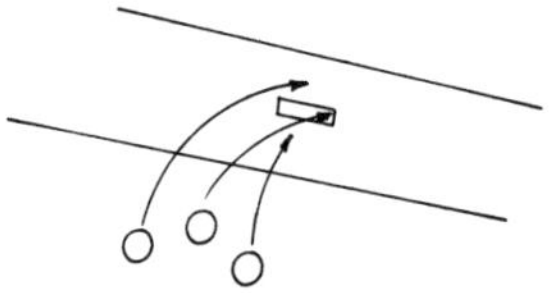	B
2	Bewegungserfahrung	Steine suchen für das Kugelstossen und Diskuswerfen. Wem gelingt es, über den Bach zu stossen oder zu werfen?	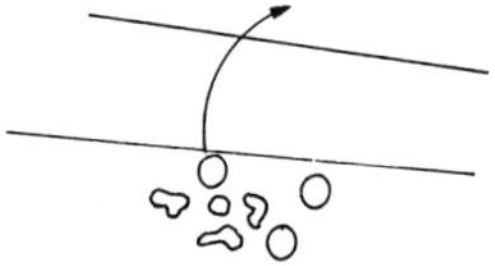	B
3	Geschicklichkeit	Schiefern: Wem gelingt es, dass der Stein einige Sprünge auf dem Wasser ausführt?	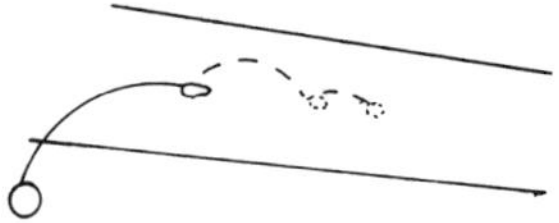	B
4	Schnelles Werfen	Aus Steinen wird ein Turm gebaut. Wieviele Steinwürfe braucht es, um das Werk zu zerstören?		B
5	Zielwurf	Wurfparcours in der Kiesgrube: Mehrere Ziele sind zu treffen. Wer Ziel 1 getroffen hat, geht zu Ziel 2 ... usw. Wer hat den Parcours als erster absolviert?	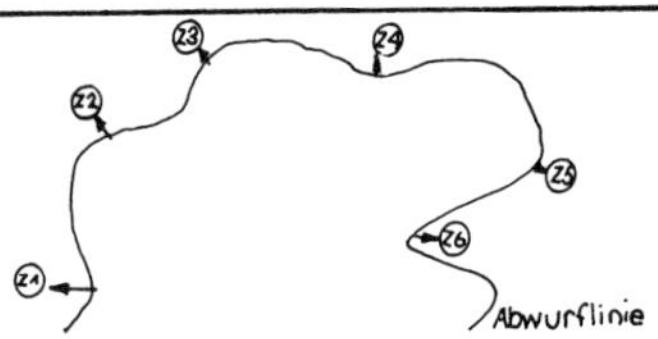	E

NR.	ZIEL	BESCHREIBUNG	ORGANISATION	LIT.
1	Weitwurf	Wurf vom Hang: Eine Abwurfposition soll so gesucht werden, dass mit dem Wurfgerät (Ball, Stein, Haselrute) die Ebene erreicht werden kann. Variante: Wurf aus der Ebene auf die Anhöhe.	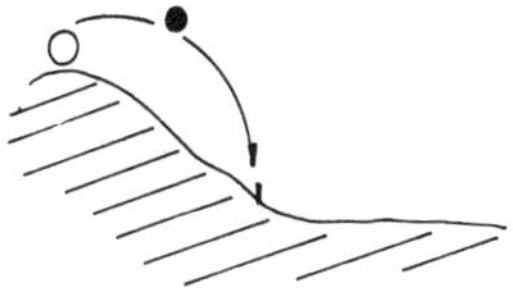	E
2	Weitwurf - Laufen	Ballstafette: Mit dem Ball in den Händen aufwärts laufen, dann den Ball von oben dem nächsten Läufer unten zuwerfen.	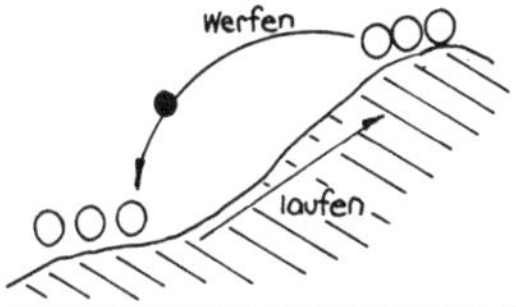	E
3	Weitwurf	Rollball: A wirft den Ball die Böschung hinunter. B versucht, den rollenden Ball innerhalb einer bestimmten Zone aufzunehmen. 10 Durchgänge.- Wechsel.	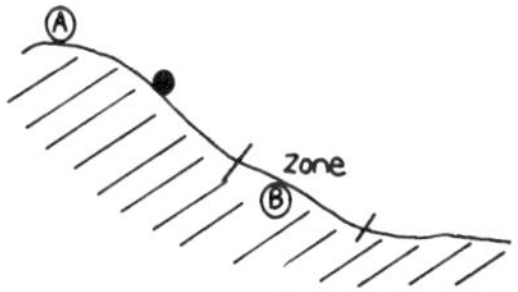	B
4	Weitwurf	Der Ball wird die Böschung hinauf geworfen. Welcher Ball rollt am weitesten in die Ebene zurück? Variante: Der Ball muss beim Zurückrollen vom Werfer vor einer Ziellinie gestoppt werden.	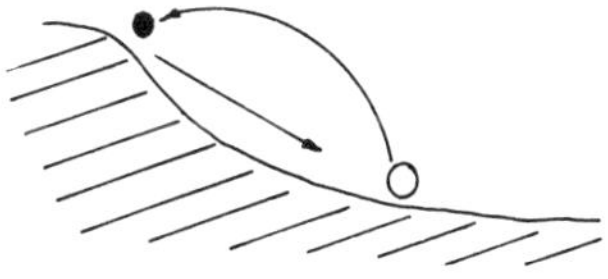	E
5	Kombinierte Uebung	Der Ball wird aus der Ebene die Böschung hinauf geworfen. Auftreffpunkt des Balles am Hang merken. Die Strecke von dieser Stelle bis zum Kulminationspunkt des Hügels hüpfend zurücklegen. Abwärts sind 2 Rollen rückwärts zu machen. Wer ist zuerst am Ausgangspunkt?	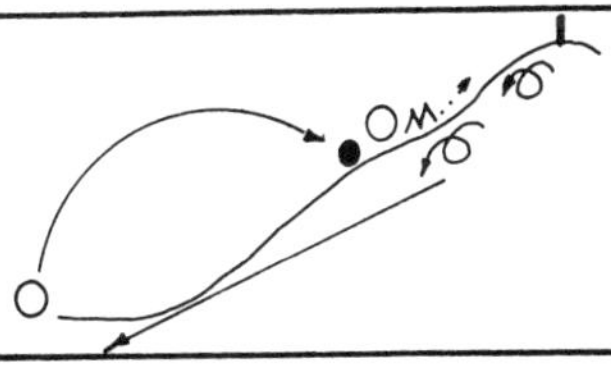	E

Kapitel 5

Stoßen

5.1 Stoßen: Mit dem Medizinball

NR.	ZIEL	BESCHREIBUNG	ORGANISATION	LIT.
1	Geradliniges Stossen	Welche 2-er Gruppe hat in 2,3 .. Min. am meisten Zuspiele durch die Ringseile? Der Versuch ist ungültig, wenn die Seile berührt werden. Distanz variieren.	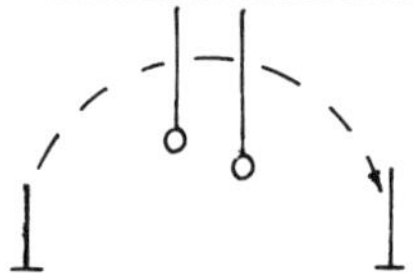	B
2	Geradliniges Stossen	Der Medizinball wird zwischen die einzelnen Kletterstangen gestossen. Wer hat zuerst in alle Zwischenräume getroffen? (links und rechts).	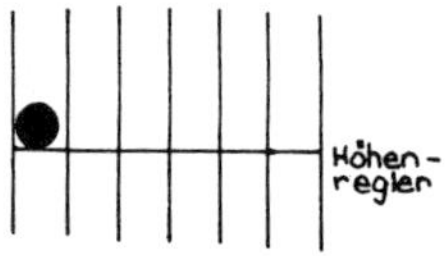	B
3	Geradliniges Stossen	Zielstossen auf das Klettergerüst. Je nach getroffenem Feld ergibt sich eine bestimmte Punktzahl. Wer hat zuerst 20 Punkte? Einzel/Gruppenwettkampf.	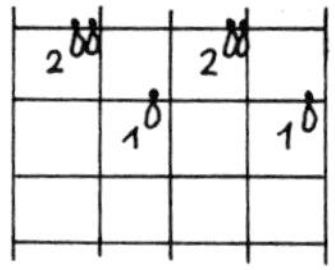	B
4	Zielstossen	Wer hat zuerst einen Medizinball in einen offenen Schwedenkasten gestossen? Ausführung: links, rechts. Distanzen variieren.		B
5	Abwurfwinkel	Mehrfachreck: Je nach Zwischenräum erhält man verschiedene Punktzahlen. Wem gelingt es 1 2 3 2 1 zu stossen, ohne Fehlversuch?	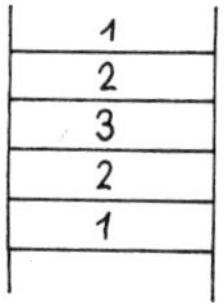	B

NR.	ZIEL	BESCHREIBUNG	ORGANISATION	LIT.
6	Intensität	Wagen stossen: Rollende Kastenunterteile werden mit Medizinbällen über eine Ziellinie befördert.	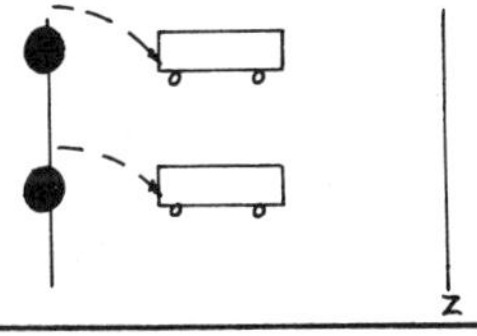	E
7	Intensität Reaktion	Schnurball: Einer gegen einen. Fehler: - Der Ball kann nicht gefangen werden. - Der Ball geht unter der Leine durch. Varianten: links, rechts, beidhändig.		B
8	Stossen auf Weite	Vom Aufprallort des Medizinballs muss die restliche Distanz bis zur Wand im Froschhüpfen zurückgelegt werden.	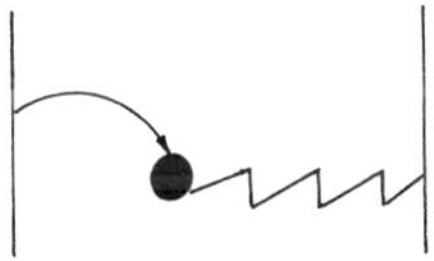	E
9	Stossen auf Weite	Wer kann am weitesten den Medizinball an die Wand stossen und den Abpraller wieder auffangen?		E
10	Intensität Stehvermögen	Wer macht in einer gewissen Zeit am meisten Medizinballstösse gegen eine Wand? Der Ball wird immer wieder aufgefangen!	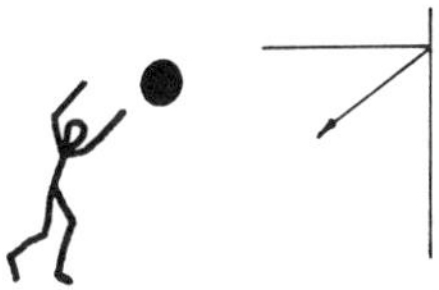	E

5.1 Stoßen: Mit dem Medizinball

NR.	ZIEL	BESCHREIBUNG	ORGANISATION	LIT.
11	Stosskraft	Bei wem prallt der Medizinball am weitesten von der Wand zurück?	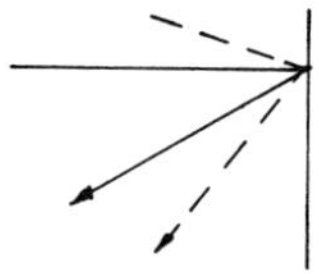	E
12	Geschicklichkeit	Der Medizinball wird an die Wand gestossen. Absitzen - Aufstehen - Fangen. Variante: Abliegen, knien.		B
13	Stossen - Laufen	Sprint aus der Bauchlage zum 10 m entfernten Medizinball. Stoss an die Wand - auffangen, zurück zur Ausgangsposition. Variante: als Stafette.	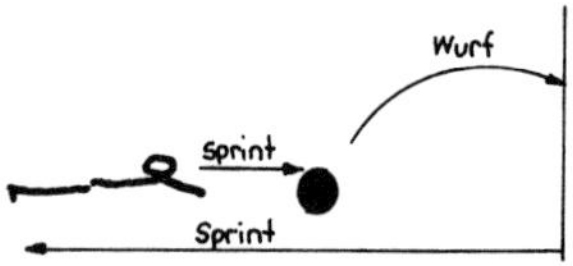	B
14	Stossen in die Weite	Wanderstossen: - sitzend links und rechts - kniend links und rechts - stehend links und rechts Wer kommt am weitesten?		B
15	Stossen in die Weite	Differenzstossen: Wer hat die geringste Differenz zwischen: - Stoss mit Anlauf und Stoss aus Stand - Stoss links und rechts - Stoss sitzend und kniend usw.	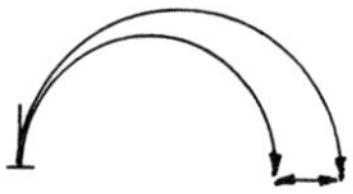	B

NR.	ZIEL	BESCHREIBUNG	ORGANISATION	LIT.
16	Gewandtheit Abwurf	Wer stösst den Medizinball stehend, kniend , sitzend an die Hallendecke?		B
17	Gewandtheit	Stosse den Ball aus verschiedenen Positionen (liegend, kniend, sitzend) in die Höhe. Versuche, den Medizinball zu fangen, bevor er zu Boden fällt.		B
18	Stossen in die Weite	2 Athleten stossen sich den Ball gegenseitig zu. Welche Gruppe erreicht die grösste Distanz? Der Ball muss aufgefangen werden!		B
19	Stossen Laufen	A stösst B den Medizinball zu. B deponiert den Ball auf einer Marke. A und B wechseln den Platz. Nach 10 Versuchen von A ist Funktionswechsel. Welche Gruppe hat zuerst 20 Durchgänge?	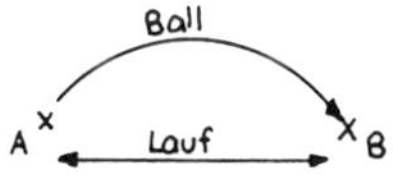	E
20	Stossen Geschicklichkeit	A und B stossen sich einen Medizinball zu. C und D versuchen, den Ball von A und B zu treffen. Nach 10 Versuchen: Wechsel.	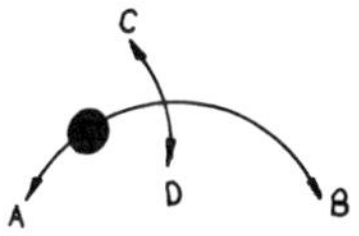	E

5.1 Stoßen: Mit dem Medizinball

NR.	ZIEL	BESCHREIBUNG	ORGANISATION	LIT.
21	Abwurf Reaktion	A und B haben je einen Medizinball. Sie stossen sich gegenseitig den Ball zu. Welche Gruppe hat zuerst 10 Touchen?		E
22	Geschicklichkeit	A und B stossen einander den Medizinball zu. A: aus dem Kniestand - Stoss - Rolle vorwärts - Stoss - Rolle rückwärts - Stoss. Wechsel.		B
23	Intensität	Schnellstossen: Wer stösst in einer gewissen Zeit am meisten Medizinbälle über eine Gummischnur?	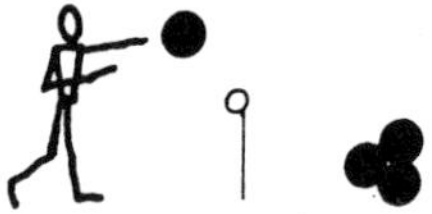	B
24	Stossen - Laufen	Der Medizinball wird über eine Leine gestossen. Der Stossende holt den Ball zurück. Wer hat zuerst 30 gültige Versuche? (ungültig: Ball unter der Leine durch!)		E
25	Stossen - Laufen	Der Medizinball wird über die Leine gestossen. Nachlaufen und auffangen. Wer kann so die längste Distanz überbrücken?	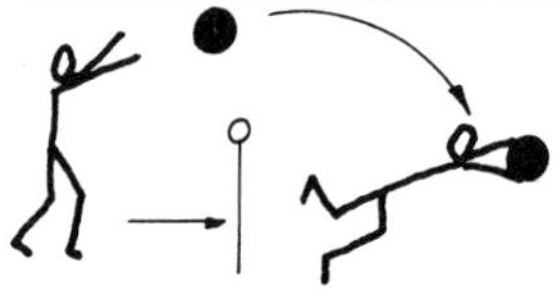	E

NR.	ZIEL	BESCHREIBUNG	ORGANISATION	LIT.
26	Stoss-Intensität	Gruppenwettkampf: A stösst B,C,D,E .. den Ball zu. Rückpass und absitzen. Der letzte der Reihe nimmt die Position von A ein. A geht in die Gruppe usw. Welche Gruppe ist zuerst fertig?	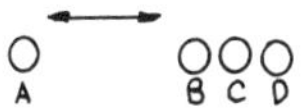	B
27	Stoss-Intensität	Rollmops mit Medizinbällen. Ein Hohlball wird hinter die gegnerische Linie "gestossen".	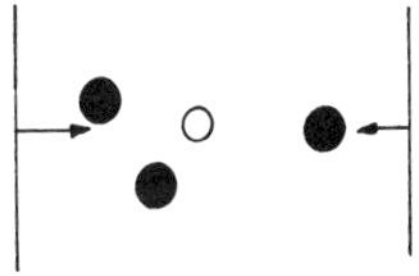	B
28	Stoss-Intensität	Treibball: Verschiedene Gruppen "stossen" einen Ball mit Medizinbällen über eine Grenzlinie. Variante: mit Nachrücken auf eine nähere Marke.	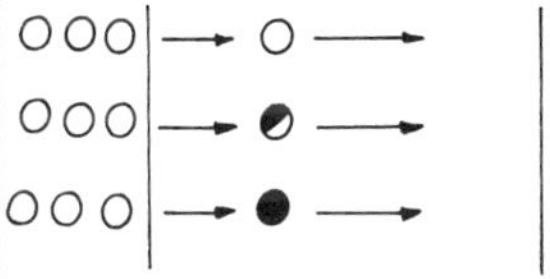	B
29	Stoss-Intensität	Fliessbandstossen: Die Gruppe 1 stellt sich in einer Linie auf. Jeder der Gruppe hat einen Medizinball. Jeder der Gruppe 2 passiert die Gruppe 1 in der Längsrichtung und erhält von jedem den Medizinball zugespielt. - Rückpass - seitwärts verschieben - Rückpass usw. - Wechsel.		B
30	Reaktion	Namenaufrufen: Die Gruppe bildet einen Kreis. Ein Mitglied stösst den Medizinball in die Höhe und ruft gleichzeitig einen Namen. Der Aufgerufene muss den Ball fangen, bevor er am Boden ist. Wer den Ball nicht fängt, erhält einen Minuspunkt.	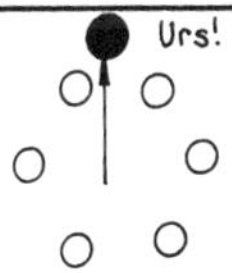	B

5.2 Stoßen: Mit Kugeln

NR.	ZIEL	BESCHREIBUNG	ORGANISATION	LIT.
1	Zielstossen	Wer trifft, oder wer kommt am nächsten zum Stecknagel? Variante: aus Stand, mit dem schwächeren Arm, beidarmig.	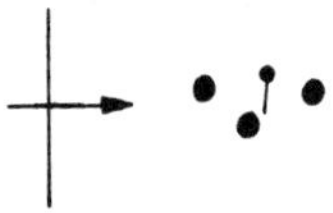	B
2	Stossrichtung	Wer hat nach 10 Durchgängen am meisten Punkte? Verschiedene Stossarten.	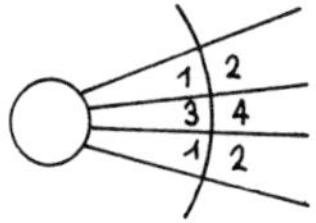	B
3	Abstosswinkel	Wurf über eine gespannte Leine (etwas über Kopfhöhe). Wieviele Versuche gelingen dir, ohne dass die Kugel unter der Leine durchgeht? Verschiedene Stossarten.	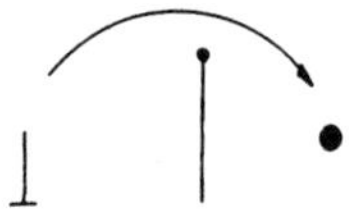	B
4	Taktik - Zusammenarbeit	Boccia - Spiel: 2 Parteien. Welche Gruppe plaziert mehr Kugeln (Kugeln nicht rollen, sondern stossen) um eine kleine, markierte Kugel?	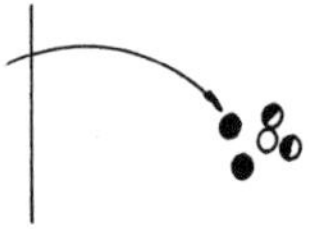	B
5	Stossen in die Weite	Wer stösst am weitesten: - links - rechts - sitzend - kniend - stehend - mit Anlauf: Schritt-Technik, O'Brien, Drehtechnik.	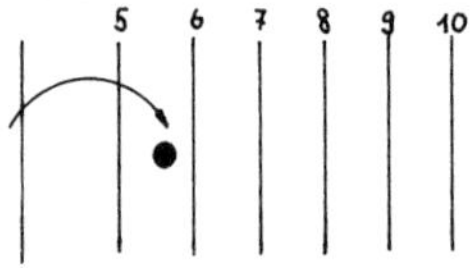	B

NR.	ZIEL	BESCHREIBUNG	ORGANISATION	LIT.
6	Einschätzen der persönlichen Leistung	Wer schätzt die gestossene Weite am genauesten? Der Verlierer läuft eine "Strafrunde".	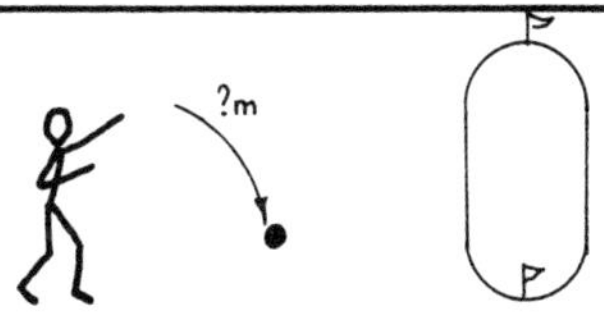	E
7	Stossen in die Weite	Wer übertrifft den Schweizer Rekord (Weltrekord) mit 2 Stössen? - links und rechts - rechts und rechts - links und links.		E
8	Stossen in die Weite Laufen	5 Versuche: Die Distanzen zur persönlichen Bestleistung werden zusammengezählt. Pro fehlende 10 cm müssen 100 m gelaufen werden.	Total 50 cm Differenz 500 m 100 cm Differenz 1 km (zum Auslaufen!)	E
9	Stossen - Laufen	Gruppenwettkampf: Gruppe 1 stösst miteinander die Kugel - Lauf um die Anlage auf die andere Seite der Anlage. Holen der Kugeln. Zurückstossen miteinander - Lauf usw. Wieviele Längen pro Gruppe in 5 Minuten? - Wechsel.	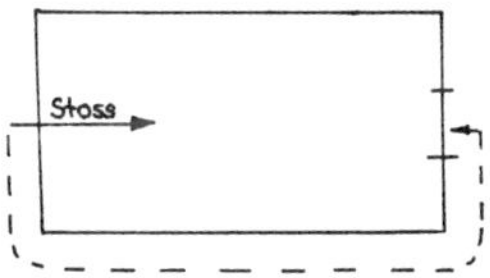	E
10	Kraftvolles Stossen	Auf Kommando wird die Kugel in die Höhe gestossen (Vorsicht!). Welche Kugel kommt als Letzte auf den Boden?		E

5.2 Stoßen: Mit Kugeln

NR.	ZIEL	BESCHREIBUNG	ORGANISATION	LIT.
11	Stossen in die Weite	Kugelstossen einen Abhang hinauf. - Wer hat den höchsten Landeort? - Welche Kugel rollt am weitesten in die Ebene zurück?	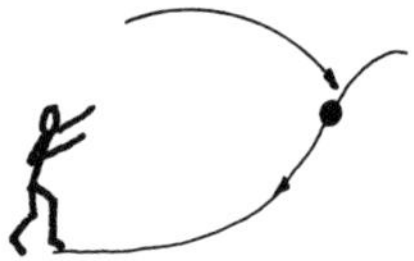	E
12	Stossen in die Weite	Kugelstossen einen Abhang hinunter. Welche Kugel rollt am weitesten?	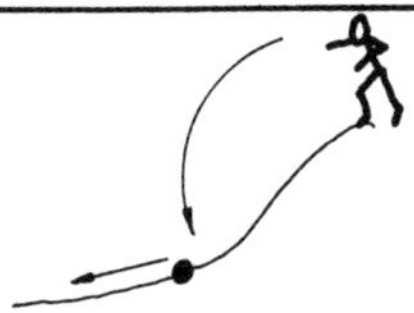	E
13	Stossen in die Weite	Wer hat den kleinsten Längenunterschied zwischen: 4 und 5 kg - Kugel 5 und 6 kg - Kugel	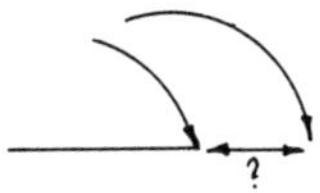	B
14	Geradliniges Stossen	A und B stossen einander die Kugeln zu (weite Distanz). Wer erreicht, dass sich die rollenden Kugeln treffen?		B
15	Schnellstossen	Persönliche Bestleistung minus 10 %. Wie manchmal gelingt es dir, diese Minimalleistung in 3 Minuten zu erreichen (eine oder mehrere Kugeln.)?	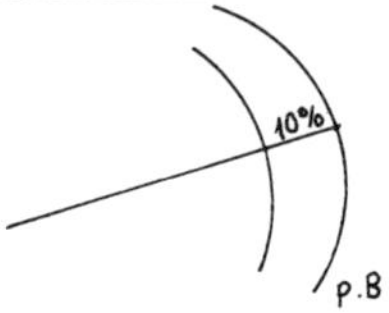	E

5.3 Stoßen: Mit verschiedenen Geräten

NR.	ZIEL	BESCHREIBUNG	ORGANISATION	LIT.
1	Geschicklichkeit Kräftigung	Wagenrennen: Der Barren wird von einem oder mehreren Teilnehmern gestossen. Der Barren ist mit Kollegen (1,2 ..) besetzt. Bei der Wendemarke: Aufgaben-Wechsel.		E
2	Kräftigung Zusammenarbeit	Barrenstossen: 2 Gruppen. Jede Gruppe versucht, den Barren über eine gegnerische Linie zu stossen. Vorsicht: Füsse!		E
3	Kräftigung Zusammenarbeit	Matten abladen. Der beladene Mattenwagen wird von einem (mehreren) Athleten gestossen. Bei der Wendemarke wir immer eine Matte abgeladen. Wie lange dauert es, bis der Mattenwagen leer ist? Variante: Aufladen.		E
4	Schnellkraft	Start: Wer gibt dem Mattenwagen (Barren)aus Stand den grössten Schub? Vorsicht!		E
5	Stehvermögen Arme	Ein zweiteiliger, fahrbarer Kasten (Mattenwagen) wird rückwärts gestossen. Position der Stossenden: Liegestütz: Füsse auf dem Kasten - Arme am Boden!		E

5.3 Stoßen: Mit verschiedenen Geräten

NR.	ZIEL	BESCHREIBUNG	ORGANISATION	LIT.
6	Beweglichkeit Allgemeine Kräftigung	Eine Gruppe hebt eine Langbank über die Hochhalte auf die andere Seite. Variante: Hüpfen mit der Bank in Hochhalte.	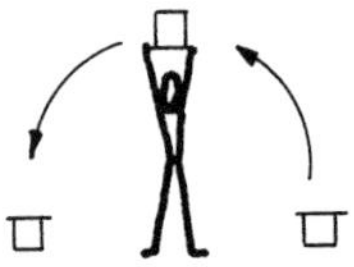	B
7	Kräftigung: Arme / Beine	Zu zweit. Die Langbank wird vom Boden abgehoben und zur Hochstrecke gebracht. Varianten: - langsame Bewegungsausführung - Zusatzgewichte	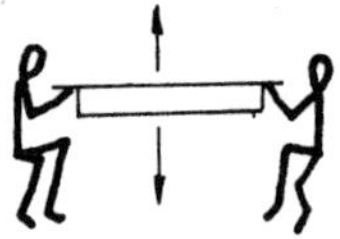	B
8	Kräftigung: Arme / Beine	Die Langbank wird an der Sprossenwand arretiert. Hochstemmen. Varianten: siehe oben.	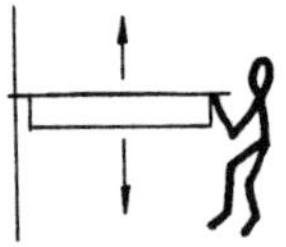	B
9	Stehvermögen: Arme	Bankschieben: Die Langbank wird von der einen zur andern Seite geschoben. Eine Gruppe hat so immer die Arme gebeugt, resp. gestreckt.		B
10	Kräftigung: Arme	Heben der Bank über die Köpfe von der linken auf die rechte Schulter.		B

NR.	ZIEL	BESCHREIBUNG	ORGANISATION	LIT.
11	Allg. Kräftigung Zusammenarbeit	Die Bank vom Rücken über den Kopf in Hochhalte bringen. Rumpfsenken und Nachgeben in den Beinen.	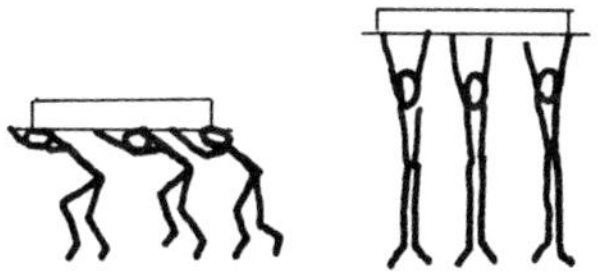	B
12	Kräftigung : Arme	Wegstossen der Kletterstangen: Die Kletterstangen (ev. mit Belastung) werden durch eine Gruppe nach oben weggestossen!		B
13	Kräftigung: Arme	An der Sprossenwand. A lässt sich zurückfallen. B bremst A ab und befördert A mit einem kräftigen Stoss zurück!		B
14	Stehvermögen Arme / Rumpf	Nackenstemme an der Sprossenwand. B hält A am Nacken. A hält sich mit beiden Händen an einer Sprosse. Die Beine hangen frei. Variante: B versucht, A in die Höhe zu heben.		B
15	Allg. Kräftigung	Uebungen mit der Reckstange: - die Reckstange ist über dem Kopf in der Hochhalte. Wer legt hüpfend die längste Strecke zurück?		B

5.3 Stoßen: Mit verschiedenen Geräten

NR.	ZIEL	BESCHREIBUNG	ORGANISATION	LIT.
16	Stehvermögen: Arme	Schattenboxen mit kleinen Hanteln. Der Boxer ist immer in Bewegung. Variante: zu zweit, ohne Berührung.		B
17	Schnellkraft Geschicklichkeit	Hantelstossen in die Höhe und auffangen. Variante: mit 2 kleinen Hanteln gleichzeitig.	 - im Freien - oder Mattenboden Vorsicht!	B
18	Stehvermögen: Arme	Hantelheben abwechslungsweise links und rechts in die Höhe. Wer hat in 10, 20, 30 ... Sekunden am meisten gültige Versuche?		B
19	Stehvermögen: Arme	Hantelhalten: Wer hält die Hanteln am längsten mit: - gestreckten Armen - links, rechts - verschiedene Winkelstellungen		B
20	Schnellkraft	Hantelstossen in die Weite: Gegen eine gepolsterte Wand. (weiche Matte)	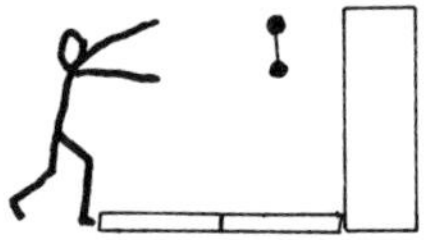	E

NR.	ZIEL	BESCHREIBUNG	ORGANISATION	LIT.
11	Stehvermögen: Arme Gewandtheit	Liegestützkampf: Man versucht, sich gegenseitig die Hände wegzuziehen. Wer hat zuerst 7 Pluspunkte?		B
12	Stehvermögen	Liegestützspringen: A liegt am Boden. B überspringt A und bleibt liegen usw. Welche Gruppe hat zuerst 10 m zurückgelegt?		B
13	Kräftigung: Arme	B ist im Handstand. A erfasst die Unterschenkel von B. B geht langsam in den Kopfstand, dann wieder in den Handstand. Der Partner unterstützt nach Bedarf!		B
14	Allg. Kräftigung	A klemmt die Beine von B ein. B stösst sich mit beiden Armen in die Höhe und fängt sich wieder auf. Varianten: - Hände klatschen - vorwärts laufen.		B
15	Allg. Kräftigung Gewandtheit	C steht zwischen A und B. Er lässt sich - der Körper ist ganz gestreckt - fallen. A und B stossen sich C gegenseitig zu.	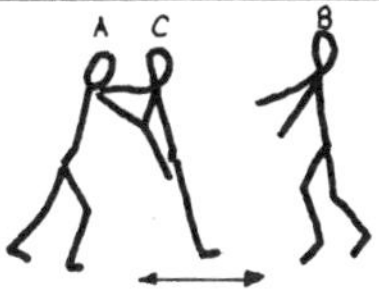	B

5.4 Stoßen: Ohne Geräte

NR.	ZIEL	BESCHREIBUNG	ORGANISATION	LIT.
1	Abdruck Schnellkraft	Liegestütz in verschiedenen Varianten: - Abstossen und Händeklatschen - ganzer Körper abstossen - auf Fingerspitzen - einarmig.		B
2	Schnellkraft Gewandtheit	Sprung in den Handstand - Abdruck mit beiden Händen - Landung auf beiden Füssen. Wer hat diese Uebung zuerst 10 x gemacht?		B
3	Schnellkraft Gewandtheit	Streuli - Rolle rückwärts in den Handstand. Variante: mit Partnerhilfe.	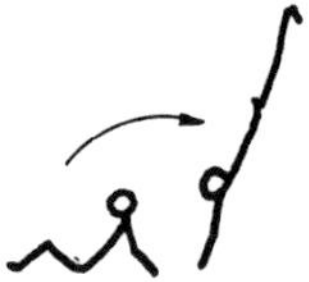	B
4	Stehvermögen	Liegestützhüpfen in der weichen Matte. Wer hält am längsten durch?	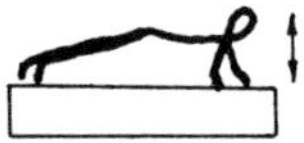	E
5	Abdruck Stehvermögen	Liegestütz, die Beine sind auf erhöhter Unterlage. Abstossen mit beiden Armen und "umhüpfen"des Podiums.	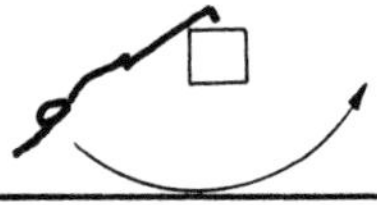	B

NR.	ZIEL	BESCHREIBUNG	ORGANISATION	LIT.
6	Allg. Kräftigung	A und B fassen sich gegenseitig mit beiden Händen an den Schultern. Sie versuchen, den Partner über eine Grenzlinie zu stossen.		B
7	Gewandtheit	Liegestütz-Drehen. B liegt am Boden und hält die Beine von A. A seinerseits stützt sich auf den Unterschenkeln von B ab. A und B drehen sich seitwärts ab, so dass die Positionen gewechselt werden usw.		B
8	Gewandtheit	A und B fassen sich gegenseitig mit beiden Händen. Wer kann den Partner aus dem Gleichgewicht bringen?		B
9	Allg. Kräftigung	A versucht, B zur Hochstemme zu bringen. Fassen des Partners an den Ellenbogen. Variante: Unterstützung durch Absprung von B.	 Vorsicht: Rücken gerade	B
10	Allg. Kräftigung	A stösst B über eine Linie. B versucht, dabei Widerstand zu leisten. - Wechsel. Wer braucht weniger Zeit?		B

5.5 Stoßen: Im Freien

NR.	ZIEL	BESCHREIBUNG	ORGANISATION	LIT.
1	Stossbewegung	Steinstossen: - Wer überstösst den Bach? - Wer trifft ein treibendes Holzstück, einen Fels usw.?		B
2	Stossintensität	Uferball: Welche Gruppe hat zuerst ein Holzstück ans Ufer des Gegners befördert?	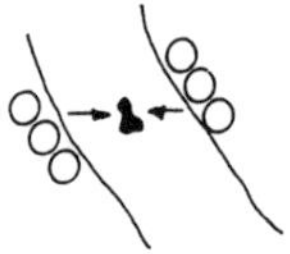	B
3	Stossintensität	Holztreiben. Wer hat zuerst sein Holzstück auf die andere Seite des Baches befördert? Variante: gegen die Strömung.	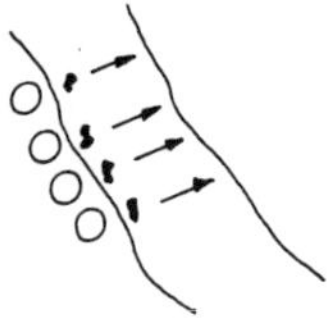	B
4	Stossintensität	Jede Gruppe hat 20 Steine. Welche Gruppe hat zuerst alle Steine in den Bach gestossen?	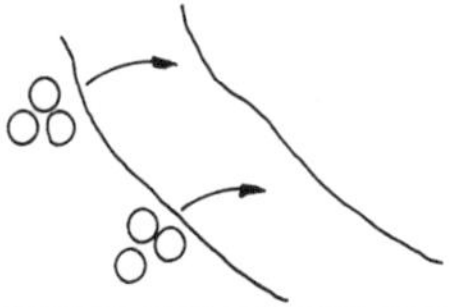	B
5	Stossen - Laufen	Gruppe 1: 20 Stösse in ein Ziel. Gruppe 2: Lauf um 2 Bäume in derselben Zeit. Wechsel . Welche Gruppe hat mehr Läufe?	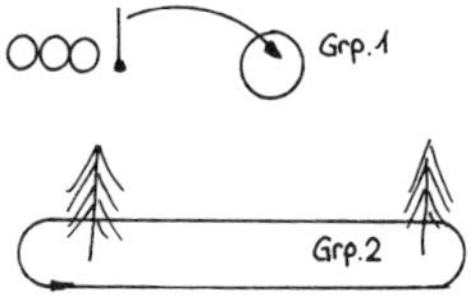	B

NR.	ZIEL	BESCHREIBUNG	ORGANISATION	LIT.
6	Abstoss	Das Rundholz in die Weite stossen. Varianten: - links, rechts - beidhändig - welches Rundholz rollt am weitesten?		B
7	Allg. Kräftigung	Stosskampf mit festem Griff am Rundholz.		B
8	Geschicklichkeit	Das Rundholz wird auf verschiedene Arten hochgeworfen. Wer kann das Holz wieder fangen? Variante: Zustossen zu zweit!		B
9	Abstoss Geschicklichkeit	Gib dem Holzstück beim Wegstossen einen Drall. Wer erreicht auf diese Weise am meisten Drehungen mit dem Holzstück?		B
10	Kräftigung: Arme	Zwei halten das Rundholz in Schulterhöhe. Der dritte stützt sich ab auf dem Holz. Die beiden Stehenden versuchen, den dritten in die Höhe zu stemmen.		B

5.5 Stoßen: Im Freien

NR.	ZIEL	BESCHREIBUNG	ORGANISATION	LIT.
11	Kräftigung: Beine	Senken in die Hocke mit dem Partner auf den Schultern.	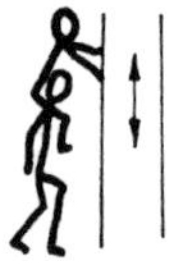	B
12	Kräftigung: Arme Geschicklichkeit	Hochziehen an einem Ast. Wer kommt 5 x in den Stütz auf dem Ast? Variante: Felgaufzug.		B
13	Kräftigung: Arme	Liegestütz links vom liegenden Baumstamm, auf dem Stamm, rechts vom Stamm. Die Füsse sind immer auf dem Stamm. Wer macht am meisten Serien?	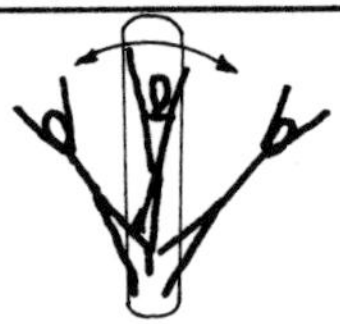	B
14	Allg. Kräftigung	Wir rollen einen liegenden Baumstamm weg.	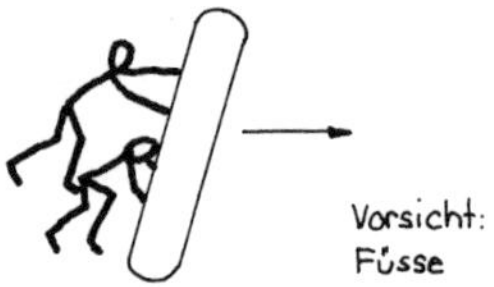	B
15	Gewandtheit	Zu zweit auf einem Stamm. Rechter Fuss gegen rechten Fuss, die rechten Hände sind gefasst. Versuche, den Partner vom Stamm zu drängen!		B

NR.	ZIEL	BESCHREIBUNG	ORGANISATION	LIT.
16	Schnellkraft	Seitwärts abstützen am Baum. Abstossen und auffangen auf der andern Seite des Stammes. Variante: zu zweit, gegengleich.	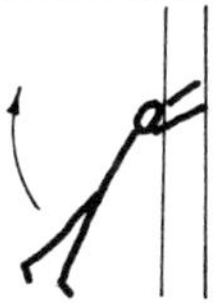	B
17	Allg. Kräftigung	Liegestütz: Füsse am Baum, Hände am Boden. Mit den Füssen so hoch wie möglich den Baum hinauf bis zum Handstand und zurück.	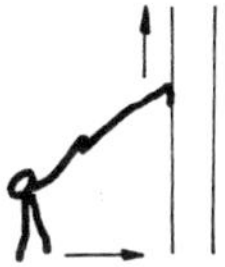	B
18	Allg. Kräftigung	Position wie oben. Wer läuft um den Baum herum, ohne dass die Füsse auf den Boden kommen?	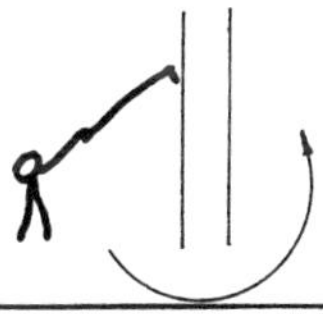	B
19	Allg. Kräftigung Geschicklichkeit	Der Baum wird mit beiden Armen umklammert. Ein Fuss ist am Baum aufgestützt. Die Arme werden angezogen, so dass kein Bodenkontakt mehr vorhanden ist. Wer bleibt am längsten in dieser Position?		B
20	Schnellkraft	Einarmiges, kräftiges Abstossen zwischen zwei Baumstämmen.	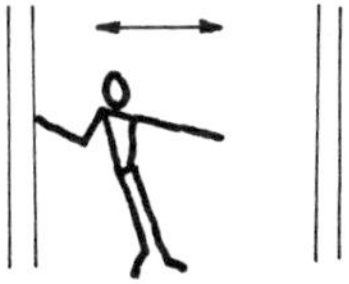	B

Kapitel 6

Konditionstraining (Konditionsfaktoren)

6.1 Konditionstraining: Allgemeine Ausdauer

NR.	ZIEL	BESCHREIBUNG	ORGANISATION	LIT.
1	Laufen in Intervallen ganz kurze Pausen Rücksicht nehmen	Kasten ausräumen: 2 - 4 versuchen, alle Bälle aus dem Kasten zu werfen. Die andern tragen die Bälle einzeln möglichst schnell wieder in den Kasten. Nach jedem Transport muss aber eine vorher bestimmte Strecke z.B. um 2 Malstäbe, gelaufen werden. Wie lange kann die Läuferpartei "leben"?	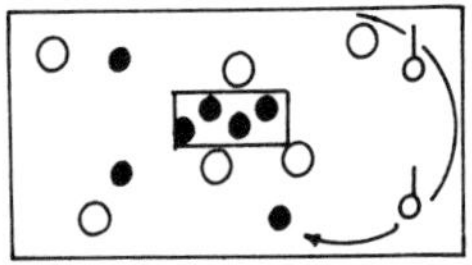	B
2	Gute Zusammenarbeit bei hoher körperlicher Belastung (Kraftausdauer)	Rettungs-Stafette: Ein Teilnehmer wird eine Runde auf der Matte getragen. Nach einer Runde: Last wechseln. Es müssen alle der Reihe nach getragen werden. (Anstelle eines Teilnehmers ist auch ein Medizinball möglich) Wieviele Runden in 5'?	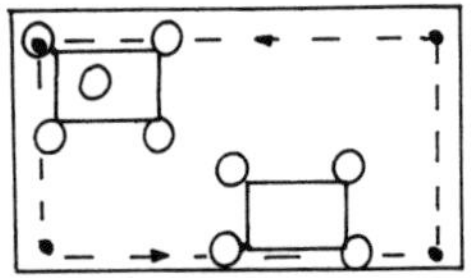	E
3	Spiel und Leistung kombinieren	Kombispiel: 3 Mannschaften: A und B spielen irgend ein Spiel gegeneinander. Tore oder Punkte zählen. C läuft gleichzeitig möglichst viele Runden um das Spielfeld, in dem gleichzeitig gespielt wird. Runden zählen. Bewertung: Anzahl Runden + Anzahl Punkte = Total.	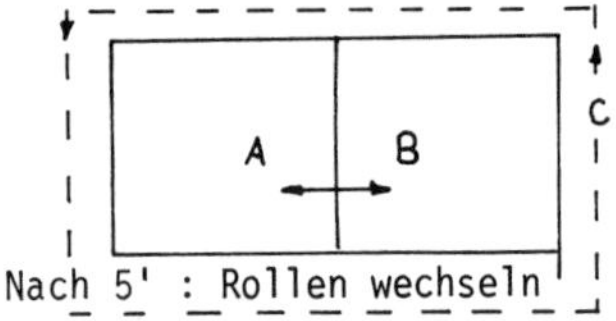	E
4	Ein frischer Läufer läuft neben einem müden.	Americaine - Training: Pro Trainingsgruppe 3 - 5. Gangart: Laufen, hüpfen, Hopser usw. A läuft alleine 1 Strecke. Zurück kommt B mit. A steigt aus und C kommt mit usw., dann wieder von vorne beginnen. Z.B. Anzahl Längen pro 10' zählen.	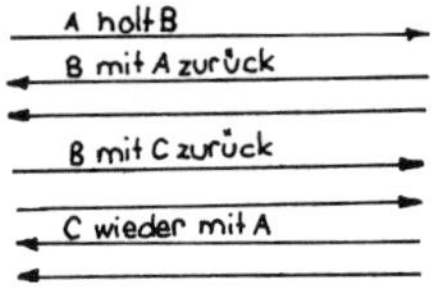	B
5	Geschicklichkeit wird belohnt Erziehung zur Ehrlichkeit	Hasen - Treiben: Jägerball im Feld. Wer getroffen ist, muss eine "Strafrunde" laufen. Es ist möglich, Runden "vorzulaufen"!	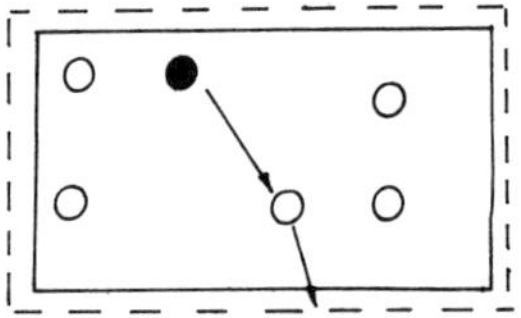	B

NR.	ZIEL	BESCHREIBUNG	ORGANISATION	LIT.
6	Zwei Gruppen kämpfen im Ausdauerbereich in zwei verschiedenen "Techniken"	<u>Laufen gegen Springseilen:</u> Mannschaft A läuft während 5' möglichst viele Runden, während Mannschaft B gleichzeitig versucht, möglichst oft zu springseilen. Beide zählen. - Wechsel. Wer gewinnt?	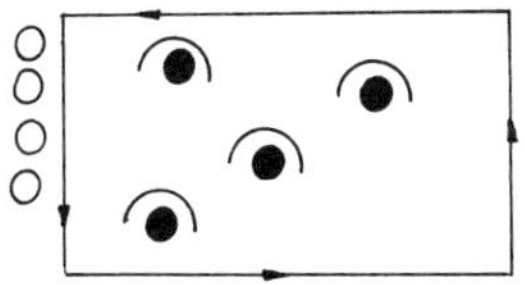	E
7	Starten - Stoppen	<u>Gegenseite ausrauben:</u> Während einer, für die Teilnehmer nicht bekannten Zeit, versuchen beide Parteien, von der Gegenseite möglichst viele Gegenstände zu rauben. (z.B. Spielbändel). Behinderung ist erlaubt, nicht erlaubt.	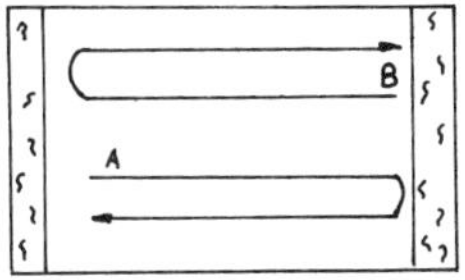	E
8	So lange wie möglich, so schnell wie möglich laufen. Tempogefühl	<u>Autorennen:</u> Jeder bestimmt sein Tempo selbst. Wer das eigene Tempo nicht mehr durchzuhalten vermag, geht an die Boxen, bis es wieder geht. Verschiedene Tempi angehen!	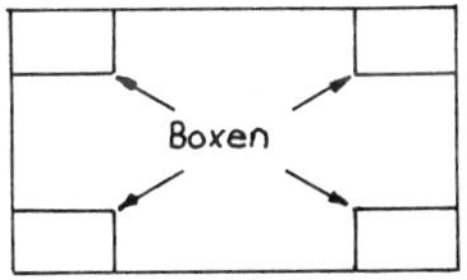	E
9	In der Gruppe kämpfen Sich einschätzen	<u>Lasten - Transport:</u> Wie Autorennen, aber für die eigene Mannschaft können verschiedene Punktzahlen (Tonnen) geholt werden.	wie oben <u>Punkte:</u> - leer fahren 1 Pkt. - mit Fussball od. Handball 2 Pkte. - mit Volleyball 3 Pkte. - mit Medizinball 4 Pkte.	E
10	Auf Schwächere Rücksicht nehmen In der Gruppe trainieren	<u>Die menschliche Uhr:</u> Jeder der Gruppe A muss den Parcours 5 x durchlaufen. Runden können "geschenkt" werden. (Innerhalb der eigenen Mannschaft). Die andere Gruppe versucht gleichzeitig, möglichst oft zu - klettern - Matte von einer Seite auf die andere zu tragen, usw.	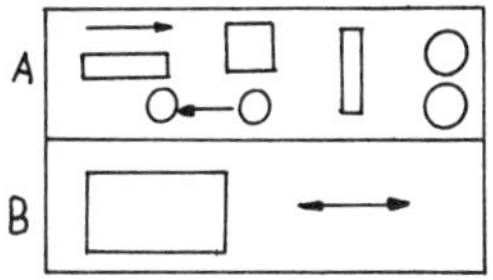	E

6.1 Konditionstraining: Allgemeine Ausdauer

NR.	ZIEL	BESCHREIBUNG	ORGANISATION	LIT.
11	Spielerisches Erholen	<u>Spiel - Lauf - Cup:</u> Zwei Mannschaften teilen sich je in Hälften auf. Gruppe A1 spielt gegen Gr. B1, während A2 und B2 ausserhalb des Spielfeldes 2 (3,5) Runden laufen. Erzielt A1 ein Tor, so wechselt B1 mit B2; B1 und A1 laufen weiter.	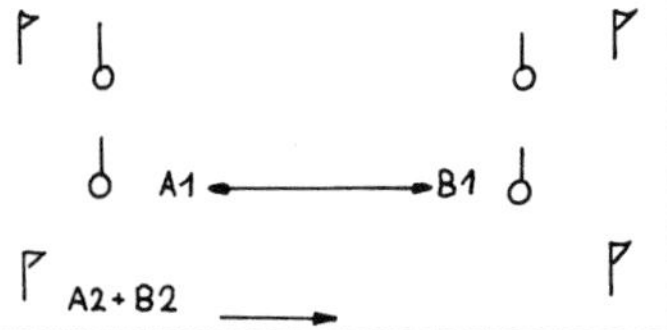	E
12	Jeder läuft so weit, wie er mag.	<u>Begegnungslauf:</u> 2er-Gruppen. Beide wählen eine Rundstrecke von ca. 4km. A läuft auf die eine, B auf die andere Seite. Wenn sie sich treffen, geht jeder wieder seinen Weg zurück. Welches Paar kommt gleichzeitig an?	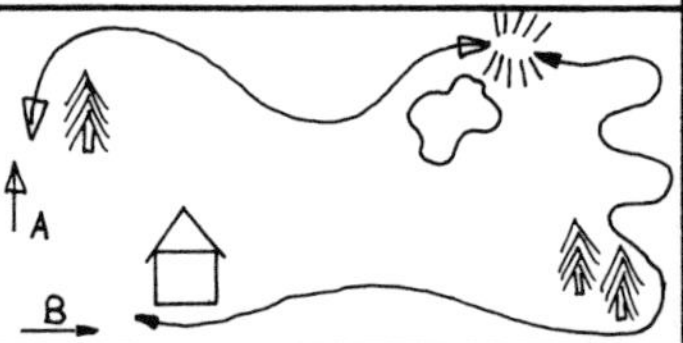	B
13	Verstehen, was im Körper vorgeht, wenn man lange läuft.	<u>"Bewusster Dauerlauf":</u> Jeder hat die Aufgabe, ca. 20 - 30 Minuten zu laufen. Tempo frei wählen, ab und zu variieren. Sich merken, was passiert.	Nach dem Lauf: Erklärung 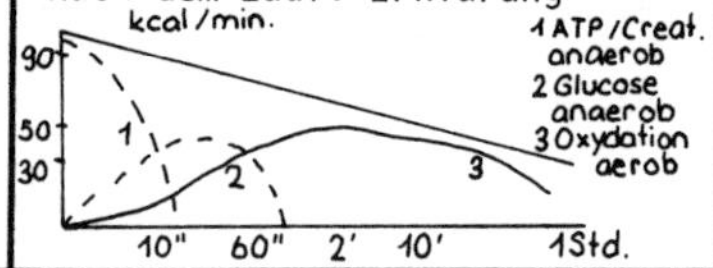	B
14	Vergleich: Belastung und Belastungsgefühl	<u>Test für das Ermüdungsgefühl:</u> Zu zweit. A läuft eine Rundstrecke (100 - 400 m) in zügigem Tempo. B trägt auf einem Protokollblatt die einzelnen Streckenzeiten laufend ein. Die errechneten Werte werden miteinander in Beziehung gebracht und nach dem Lauf mit dem Gefühl verglichen.	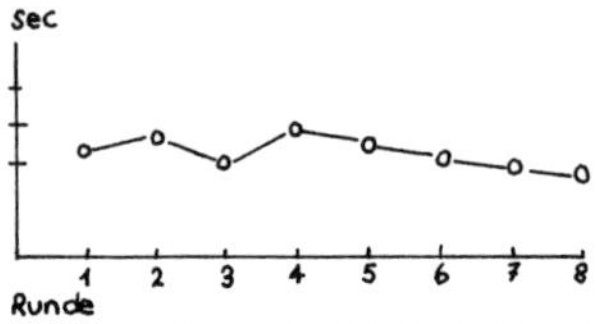	E
15	Gegenseitig Rücksicht nehmen gemeinsam Leisten	<u>Rad - Lauf - Wettbewerb:</u> A und B haben ein Fahrrad zur Verfügung. Einer muss immer laufen und darf das Fahrrad nicht benutzen. Beide müssen immer beieinander bleiben. Zeit: 1 Stunde. Welche Gruppe macht so am meisten Kilometer oder Runden?		E

NR.	ZIEL	BESCHREIBUNG	ORGANISATION	LIT.
16	Gegen andere laufen, ohne dass man den Gegner sieht.	Fern-Wett-Laufen: 2 oder mehrere Mannschaften laufen nach vorgängig abgemachten Regeln gegeneinander an zwei oder mehreren Orten während einer Stunde oder länger. Gegenseitiger Kontakt via Telefon. Wer läuft am meisten Meter?	Erst nach dem Wettkampf: Resultate via Telefon bekannt-geben.  	E
17	Allein seinen Beitrag für eine Gesamtleistung erbringen.	Tag (oder Nacht) - Lauf: Eine Gruppe versucht, während eines ganzen Tages eine Bahn (z.B. 400m-Rundbahn oder Rundstrecke im Wald) dauernd zu belegen. Wie weit kommt ihr? Ev. gegen eine andere Gruppe, Klasse.	 Rund um die Uhr läuft immer mindestens einer.	E
18	Erfahren, was eine Bestleistung im Marathon-Lauf bedeutet.	Marathon-Weltrekord-Versuch: Welche Mannschaft läuft die Strecke von 42,195 km am schnellsten? Mindestdistanz pro Wechsel: 1 km.	Es ist immer mindestens 1 Läufer auf der Strecke.	E
19	Eigener Rekord (ev. Club- oder Mannschaftsbestenliste)	Rekord - Versuch: Gemäss einem vorher vereinbarten "Wettkampfreglement" versucht eine Mannschaft, eine Strecke möglichst schnell zurückzulegen. z.B. 10 x 1000 m.	wie oben Nr. 18	E
20	Welche Mannschaft läuft am weitesten?	Lauf nach Sizilien: Welche Gruppe (Club) läuft zuerst eine Strecke von ...... km? Alle Läufe werden dauern zusammengezählt.	Listefür Eintragungen ausserhalb des Trainings Datum | Name | Strecke von-bis | Anzahl km	E

6.1 Konditionstraining: Ausdauer (außerhalb der Schul- und Trainingszeit!)

NR.	ZIEL	BESCHREIBUNG	ORGANISATION	LIT.
21	Mit- und füreinander laufen	<u>Um einen Kanton/Bezirk laufen:</u> Die Klasse teilt sich in 3er-Gruppen auf. Jede Gruppe hat ein Fähnchen, das auf einer im Klassenzimmer aufgehängten Landkarte (Grenzen mit Kennzeichen markieren) laufend verschoben werden kann. Wer läuft am weitesten?	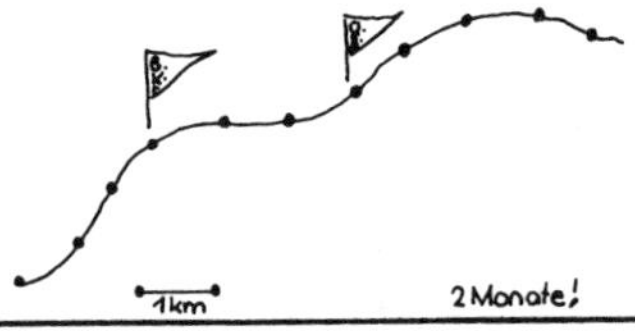	E
22	Verbesserung der Sprungkraft	<u>Wer fliegt in einem Monat am weitesten?</u> Auf der Schulanlage ist beim Weitsprung eine bestimmte Länge deutlich markiert (z.B. 3,5 m). Jeder Sprung zählt. Wer springt (fliegt) am weitesten?	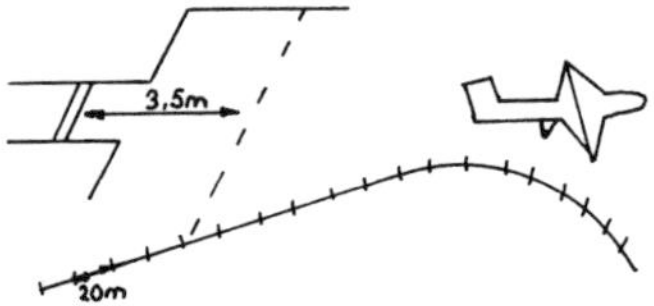	E
23	Verbesserung der Oberarm- und Schultermuskulatur	<u>Wer klettert auf den Eifelturm?</u> Regel wie VI.1./22. Nur an Kletterstange oder Tau gestattet.	Grosse Skizze des Eifelturmes im Schulzimmer. Jeden Tag das Fähnchen höher stecken!	E
24	Verbesserung der Wurfkraft	<u>Wer wirft über den ..... See?</u> Regel wie VI.1./22. Wurfgerät vorschreiben (z.B. Tennisball). Auf der Turnwiese sind permanente Marken. Selber zählen.	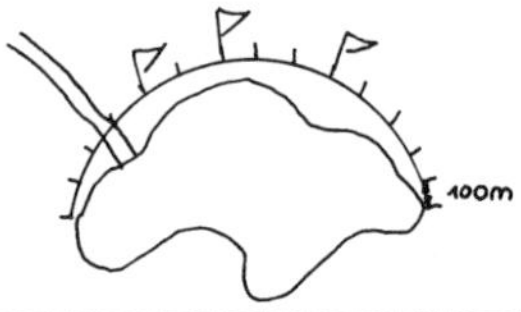	E
25	Erziehung zum Dauerlauf	<u>24-Stunden-Rennen:</u> Wer läuft zuerst rund um die Uhr? Bedingung: Immer laufen. Nur Intervalle zu mindestens 15'. Sonst Regel wie VI.1./22.		E

NR.	ZIEL	BESCHREIBUNG	ORGANISATION	LIT.
1	Arme Gewandtheit	Liegestütz gegeneinander: Die Partner fassen sich mit der rechten Hand. Sie versuchen, sich gegenseitig aus dem Gleichgewicht zu bringen.		B
2	Rumpfmuskulatur Gewandtheit	Rücken an Rücken. Die Arme werden eingehakt. Wer dreht den Partner zuerst auf den Bauch?		B
3	Beine, Rumpf Gewandtheit	Die Partner sind einander gegenüber und zwar auf allen vieren. Die beiden rechten Schultern berühren sich Wer hat den Gegner zuerst über die gegnerische Linie gestossen?		B
4	Bauchmuskulatur Gewandtheit	Fusskampf: Die Partner sind einander im Langsitz gegenüber. Beine u. Arme sind frei in der Luft. Durch Fusstritte (Fuss gegen Fuss!) soll der Partner aus dem Gleichgewicht gebracht werden!		B
5	Allgemeine Kräftigung	Ball entreissen: Die Partner halten einen Medizinball fest und versuchen, sich gegenseitig den Ball zu entreissen.		B

6.2 Konditionstraining: Kraft

NR.	ZIEL	BESCHREIBUNG	ORGANISATION	LIT.
6	Stützkraft Schultermuskulatur	Liegestützwettkampf: Jeder gegen jeden: Der Kampf dauert immer solang, bis einer 3x die Hände des Partners berühren kann (1 Pkt.) Laufend wechseln. Der Partner darf nur in der Liegestützstellung gewechselt werden. Wer hat zuerst 10 Punkte? do.: Auf die Füsse treten, Hände gefasst.		B
7	Kräftigung der Beinmuskulatur	Wer hat den bessern Stand? 2 gegenseitig in der tiefen Hocke, die Arme vor (hinter) dem Körper verschränkt. Jeder versucht, den Partner durch Stossen oder geschicktes Ausweichen zu Fall zu bringen. Laufend Partnerwechsel.		B
8	Kräftigung der Beine für B, der Bauchmuskulatur für A, als Geschicklichkeitsübung	Auf und zu, bzw. hoch und tief: A sitzt im Langsitz, hebt die gestreckten Beine leicht vom Boden, öffnet und schliesst je nach Tempo von B. B springt zwischen die geöffneten Beine von A in die tiefe Hocke, schnellt hoch und spreizt die Beine, während A wieder schliesst usw. Wechsel.		B
9	Kräftigung der Rücken- und Schultermuskulatur	Schubkarren: Alle möglichen Wettbewerbsformen wie - Schnellauf - Handballspiel usw. Immer Partner-, bzw. Aufgabenwechsel. (Stützen , schieben).		B
10	Allg. Kräftigung, ohne dass man es merkt!	Lasten-Tragen: Alle möglichen Wettbewerbsformen wie - leichte Hindernisläufe - Handball - Volleyball mit Ballonen.		B

NR.	ZIEL	BESCHREIBUNG	ORGANISATION	LIT.
11	"Ball halten zu zweit" Kräftigung der Bauchmuskulatur	Ball hoch: Welche Gruppe kann einen Medizinball mit gestreckten Beinen am längsten hochhalten? Stützen mit den Händen ist (nicht) erlaubt.		B
12	Schnellkraft der Rückenmuskulatur	Spielverderber: 4 Mannschaften. 3 liegen am Boden. 2 halten in Bauchlage einen Gummischlauch mit beiden Händen. Die 4. Gruppe versucht, möglichst oft über die Gummibänder zu springen, während Gr. 1-3 dies durch Hochschnellen zu verhindern versucht. Nach 2' Wechsel.	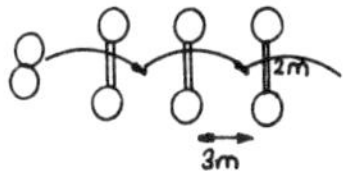	E
13	Rohkraft Plausch	Seilziehen : Verschiedene Regeln, aus diversen Ausgangslagen und Startmöglichkeiten. Ev. durch Teilnehmer selbst erarbeiten lassen.		B
14	Rohkraft Plausch	Ueberleben: Ein Gruppenmitglied muss möglichst lange "über Wasser" gehalten werden. Wenn es die Matte berührt, dann wird die Zeit gestoppt. Welche Gruppe kann am längsten überleben?		E
15	Kraftausdauer Spielen Kräftigung der Schultermuskulatur	Bodenfussball: Eigene Regeln erarbeiten lassen. Tor = ganze Wand. Nur im Vierfüsslergang gestattet. Var.: Nur auf 1 Fuss abstehen gestattet.		B

6.2 Konditionstraining: Kraft

NR.	ZIEL	BESCHREIBUNG	ORGANISATION	LIT.
16	Armkräftigung	Wanderschwingen an der Kletterstange: Start unten rechts, Ziel oben links. Variante: Am Tau .	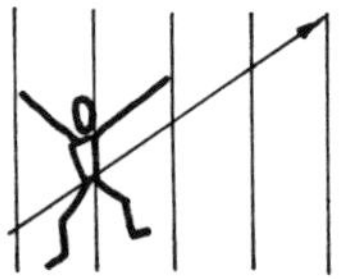	B
17	Arm- und Rumpf-kräftigung	Klettern an der schrägen Stange: - Schwingen - Hangeln - Hochschnellen im Beugehang. Variante: Gleich hinunter wie hinauf.		B
18	Armkräftigung	Am Reck / an den Ringen: - Wer bleibt am längsten im Beugehang? - Wer macht am meisten Klimmzüge? - Felgaufzug . Variante: obige Uebungen mit einem Ball zwischen den Füssen eingeklemmt.	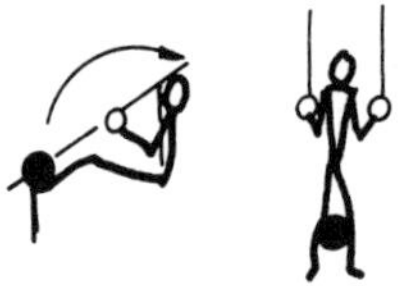	B
19	Armkräftigung	Am Barren: - Knickstützschwingen - Durchstützeln (gestreckte, gebeugte Arme). Wer hat am meisten Versuche in einer Minute?	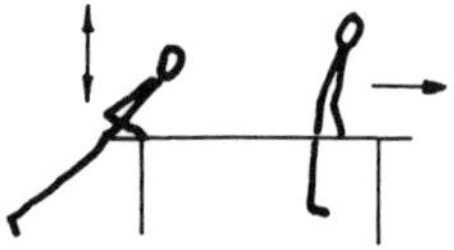	B
20	Bauch- und Rumpf-kräftigung	An der Sprossenwand: Hang rücklings an der Sprossenwand. Kreisen mit gestreckten Beinen über den stehenden Kollegen. Variante: Der Partner spielt den Ball gegen die Wand, der andere wehrt mit den Füssen ab.	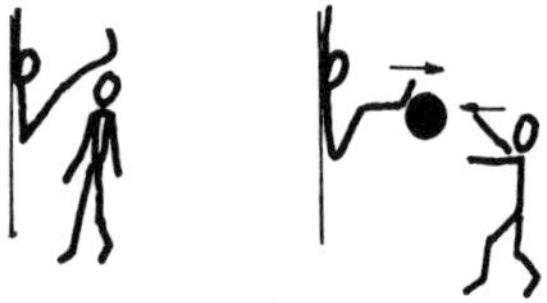	B

NR.	ZIEL	BESCHREIBUNG	ORGANISATION	LIT.
1	Optimal reagieren immer gegen einen neuen Gegner	Starttraining: 4 Startorte. Jeder beginnt dort, wo er will. Es laufen immer zwei gegeneinander. Sieg = 2 Pkt; Start = 1 Pkt. Nach jedem Start: Rotation im Uhrzeigersinn zum nächsten Startort. Ein Sieger pro Serie wird Schiedsrichter, der andere Sieger wird Starter. Wer hat zuerst 30 Punkte?	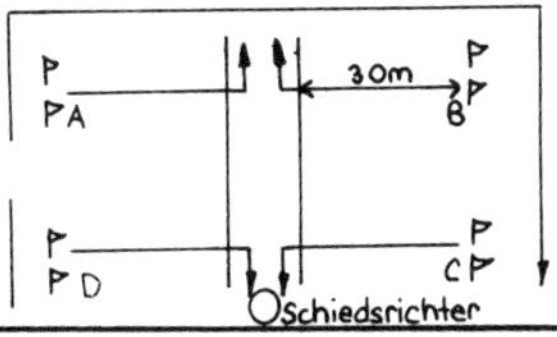	B
2	Eigenes Sprintvermögen einschätzen lernen	Aufholjagd: Zu zweit. A läuft in zügigem Tempo. B wartet so lange, bis er glaubt, A noch kurz vor dem "Ziel" abzufangen. Variante: - Gangart von A wird von beiden Läufern bestimmt; B muss immer sprinten. - nach 2 Durchgängen Rolle wechseln.	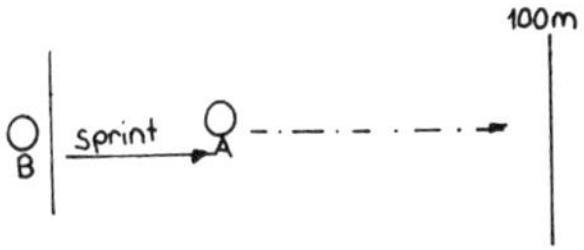	B
3	Sprinten einzeln und doch in der Gruppe	Konterlaufen: A1 und B1 laufen einander entgegen. Wenn sie sich kreuzen, pfeift der Trainer. Dieser Pfiff ist Startzeichen für A2 und B2 usw. Mögliche Wertung: Kreuzpunkte in der eigenen Hälfte = Minuspunkt, auf der entfernteren Hälfte = Pluspunkt. Nach 1/2' Neubeginn.	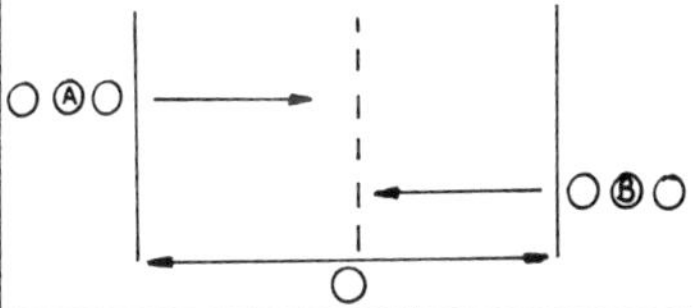	B
4	Sofort reagieren, Tempo anpassen aufeinander Rücksicht nehmen	Paarlaufen: A und B (oder mehrere) laufen anfänglich in gleichmässigem Tempo nebeneinander. A (oder B) dürfen nun das Tempo beliebig variieren, während B immer versuchen muss, auf gleicher Höhe zu bleiben.	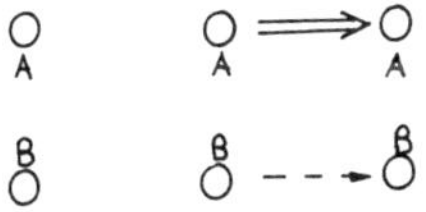	B
5	Auf akustisches Signal reagieren	Balljagd: Der Trainer (oder der Sieger eines Durchgangs) spielt den Ball mit dem Fuss über die liegende (stehende, kniend ...) Gruppe. Sobald der Ball auf den Boden fällt, darf gestartet werden. Wer holt den Ball?	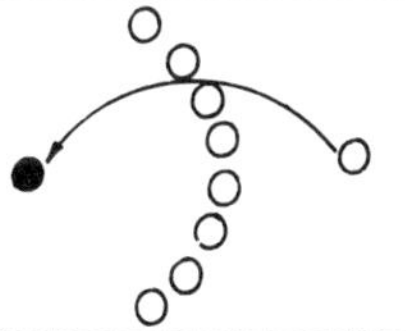	B

6.3 Konditionstraining: Aktions- und Reaktionsschnelligkeit

NR.	ZIEL	BESCHREIBUNG	ORGANISATION	LIT.
6	Schnelligkeit in Koordination mit z.B. Kraft	<u>Laufen - Stoppen</u>: A muss 4 (5 ...) Liegestützen machen. In dieser Zeit läuft B so weit, bis A nach Erfüllen seiner Pflicht ruft: Stopp. Dort setzt B ein Zeichen (Fähnchen). Gegengleich; Wer läuft in der gleichen "Zeit" eine grössere Strecke?		E
7	Schnelligkeit in Koordination mit Werfen sich gegenseitig anpassen	<u>Bein - Tor - Wurf</u>: A rollt (schiesst!) den Ball zwischen die Beine von B = Startzeichen für B. B stoppt den Ball und versucht, im direkten Wurf zu A zu werfen. Gelingt dies? Var.: Sich selbst den Ball werfen!		E
8	Starten und Stoppen Das "Problem" in der Gruppe gemeinsam lösen ehrlich zählen	<u>Hin- und Her - Lauf</u>: Mannschaft A und B gleichzeitig. Während 4' sind so viele Breiten wie möglich zu laufen. Es darf nur gelaufen werden, solange der Ball in der Luft ist! Nur 1 Ball pro Gruppe. Wer läuft mehr Breiten? (Nur ganze Breiten)	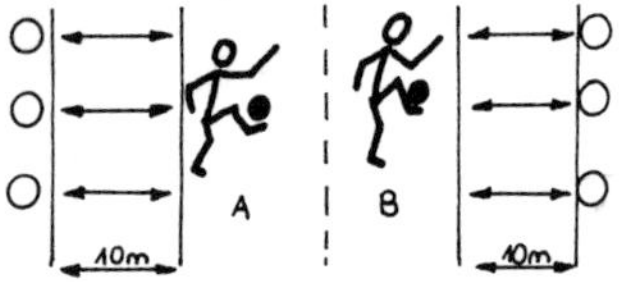	E
9	Den Informationsvorsprung ausnützen geschickt reagieren	<u>Foppen und Reagieren</u>: A steht hinter B. A ruft irgend eine kleine Tätigkeit, die er selbst auch ausführt, die aber von B zuerst gemacht werden muss. Dann erst darf B A verfolgen.	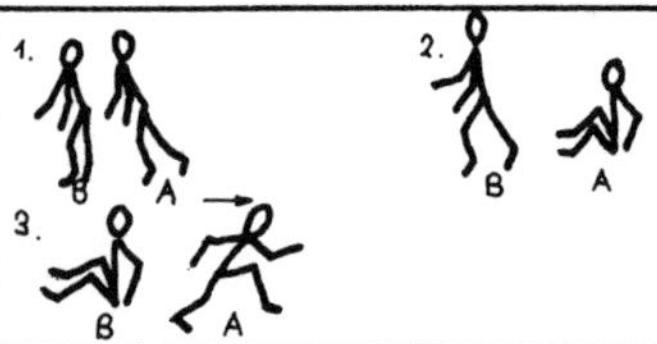	B
10	Reaktion Kadenz umsetzen	<u>Blitzstart</u>: A versucht, B mit einem Gummischlauch an Ort zu "halten". Nach Belieben lässt A los und B versucht, im gleichen Rhythmus wegzusprinten.		B

NR.	ZIEL	BESCHREIBUNG	ORGANISATION	LIT.
11	Jeder hat eine Chance zu gewinnen	Sprint mit Verschiebung der Ziellinie: Auf Startzeichen versuchen alle, möglichst rasch zum "Ziel" zu kommen. Der Sieger muss auf die B-Seite, alle andern zu A. Nach jedem Start wird das Ziel um 50 cm Richtung A verschoben, bis der letzte Sieger wird.	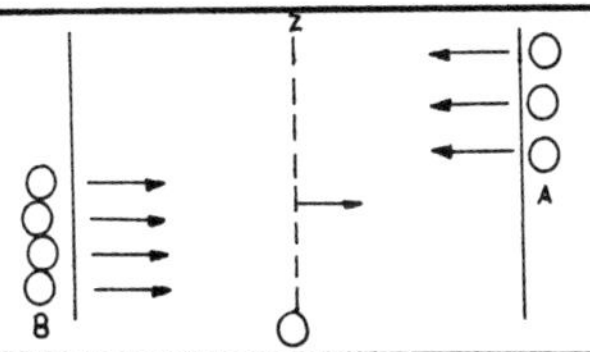	E
12	Sofort reagieren, dann starten	Reagieren .... Starten: A und B laufen locker nebeneinander. Der Trainer ruft z.B.: Bauchlage! Beide versuchen, so schnell wie möglich zu reagieren. Wer ist nach der Ausführung schneller?	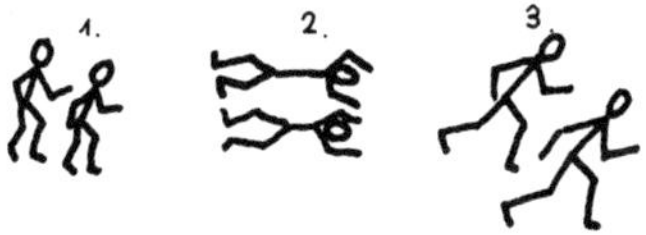	B
13	Aufeinander Eingehen, Rücksicht nehmen auch auf Schwächere in der Trainingsgruppe	Rudellauf: Die Gruppe (4 - 10) läuft in ruhigem Trab. Plötzlich zieht einer an bis zu 80/90 %. Dann bremst irgend jemand wieder, und weiter geht es im langsamen Laufen bis der nächste "anzieht".	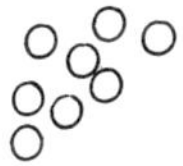	B
14	Zeit und Distanz schätzen	Sternlauf: Der Trainer setzt eine Zeit fest, z.B. 6"/12"/15" usw. Jeder Läufer setzt sich sein eigenes Fähnchen dort, wo er glaubt, nach der genannten Zeit zu sein. Start! Nach der abgelaufenen Zeit: Pfiff.	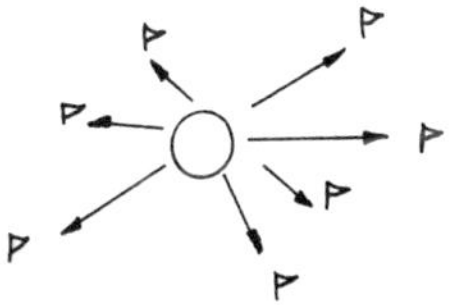	E
15	Schnelligkeits-ausdauer Plausch in der Gruppe	Pendellau: Welche Gruppe (10-20) legt km in der kürzesten Zeit zurück? Oder: Welche Gruppe läuft in einer Stunde in 100 m - Intervallen die längste Strecke?	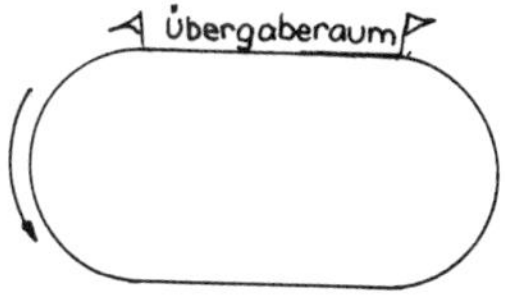	B

6.4 Konditionstraining: Geschicklichkeit/Gewandtheit

NR.	ZIEL	BESCHREIBUNG	ORGANISATION	LIT.
1	Den Autopneu als Sportgerät verwenden	Schattenboxen: Versuchen, immer auf den Rändern von Autopneus zu tanzen.	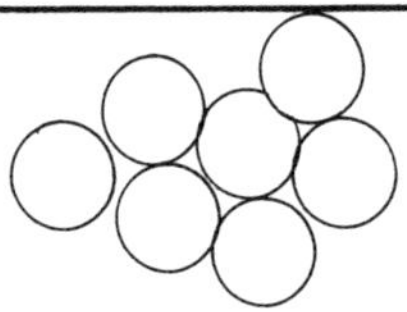	E
2	Im richtigen Moment reagieren	Cowboy - Test: Langsitz. Kreise das Seil mit einer Hand über dem Kopf. Versuche, das Seil unter dem Körper zu schwingen, ohne die andere Hand zu gebrauchen!		B
3	Peripheres Sehen schulen	Ballarbeit: Versuche, mit 2 Bällen gleichzeitig zu prellen. Ev. als Wettbewerb.		B
4	Werfen und rollen aufeinander abstimmen	Rollen - Fangen: Ball hochwerfen, Rolle vorwärts, den Ball, wenn möglich, wieder fangen.		B
5	Spezifische Ballgeschicklichkeit schulen	Prell - Fangis: Fangis nach bekannten Regeln. Gleichzeitig muss ein Ball mitgeführt werden (je nach Balltechnik entsprechende Ballführung verlangen: Prellen, am Fuss, Volley ...).		B

NR.	ZIEL	BESCHREIBUNG	ORGANISATION	LIT.
6	Werfen mit der schwächeren Hand	"Bilateraltest": Wirf den Speer (Ball) rechts, dann links. Berechne den Quotienten aus: $\frac{\text{Distanz mit guter Hand [m]}}{\text{Distanz mit schlechter Hand [m]}}$ z.B. Speer: $\frac{39\text{ m}}{17\text{ m}} = 2{,}3$	Als Einzelwettkampf. Je höher der Quotient, umso "geschickter" auf der schwächeren Seite!	B
7	Stossen mit der schwächeren Hand	"Bilateraltest": Gleiches Vorgehen wie VI.4.6.	ev. in der Aufbauphase in der Halle mit Medizinball. 	B
8	Hochspringen mit dem schwächeren Bein	"Bilateral - Sprungtest": Gleiches Vorgehen wie VI.4.6. Ev. Einschränkung, z.B. "Es muss beidseitig mit der gleichen Technik gesprungen werden".	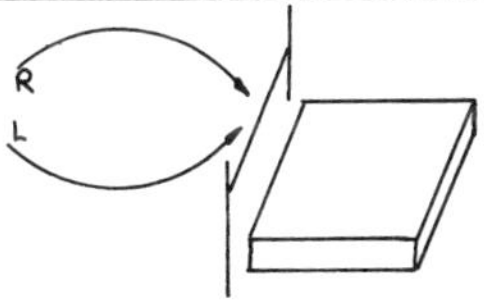	B
9	Weitspringen mit dem schwächeren Bein	"Bilateral - Sprungtest": Gleiches Vorgehen wie bei VI.4.6. z.B.: Rechts: 4.80 $\frac{5{,}3\text{ m}}{4{,}8\text{ m}} = 1{,}104$ Links: 5.30	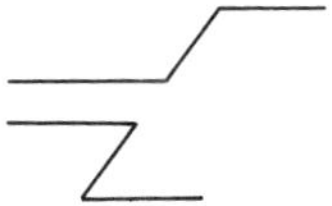	B
10	Hürdenlaufen mit dem schwächeren Sprungbein	"Bilateral - Lauftest": Bedingung: Einhalten der Spielregeln während des ganzen Laufes. z.B.: Rechtes Spb. 14.8 " $\frac{14{,}8\text{ "}}{13{,}2\text{ "}} = 1{,}12$ Linkes Spb. 13.2 "	Nach den üblichen Wettkampfregeln. 	B

6.4 Konditionstraining: Geschicklichkeit/Gewandtheit

NR.	ZIEL	BESCHREIBUNG	ORGANISATION	LIT.
11	Lustbetont trainieren Training Sprungmanchette Volleyball	Ueberleben: A schwingt einen Ball an einem langen Seil. B (ev. weitere) springt jedesmal von der Matte hoch, wenn der Ball "kommt". Wie oft gelingt dies?		E
12	Geschicklichkeit im Wettbewerb üben	Hindernislauf: Alle möglichen Formen von Hindernisläufen mit möglichst schwierigen (aber nicht gefährlichen) Uebungsfolgen. Variante: Hindernislauf zu zweit. Beide sind zusammengebunden.	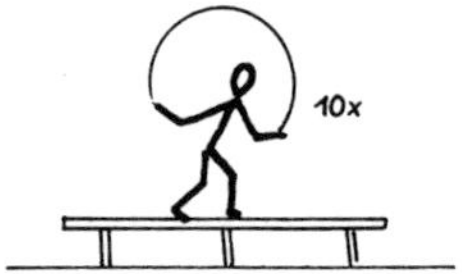	B
13	Timing Lustbetont trainieren	Ball in der Luft fangen: Am Schluss einer Sprungkombination dem Partner zurufen, wann er den Ball werfen soll. In der Luft fangen und wieder zurückspielen.		B
14	Mit einem Handicap spielen Plausch!	Gefangenen - Spiel: Mit gefesselten Beinen Handball oder mit gefesselten Händen (hinter dem Rücken) Fussball spielen.		E
15	geschickt reagieren	Auf die Füsse treten: A und B fassen sich an den Händen. Jeder versucht, dem andern auf die Füsse zu stehen, sich selbst aber davor zu schützen.		B

NR.	ZIEL	BESCHREIBUNG	ORGANISATION	LIT.
1	Durchhalten in der Gruppe	Balltransport: Die Gruppe muss einen Ball auf einer Weichsprungmatte tragen. Der Ball darf nie mit den Händen berührt werden. Bei Ballverlust: Matte ablegen, neu beginnen. Zeitmessung!	ev. als Gruppenwettkampf 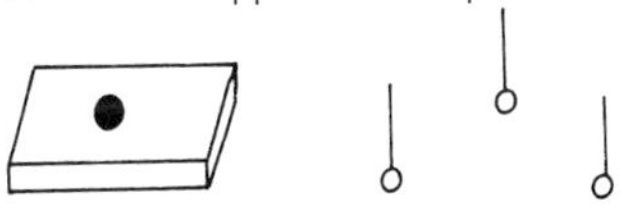	E
2	Möglichst oft optimale Leistung erbringen; indiv. Vergleich.	Berglauf: Start gegen einen Hügel. Pfiff nach 30 ". Dort Fähnchen einstecken, zurücklaufen. Nach 3' erneut Start (10 Wiederholungen). Nach jedem Lauf erneut Marke setzen.	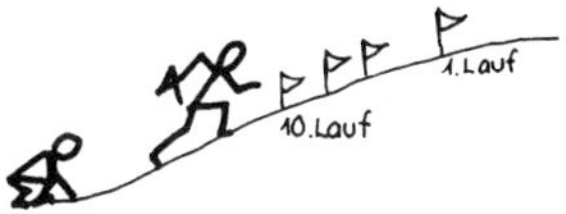	B
3	Handicap aufholen	Berglauf rückwärts: A versucht, B einzuholen. B darf nur rückwärts (auf allen vieren ...) laufen.	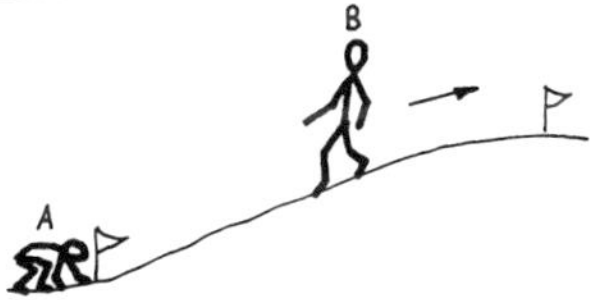	B
4	Schulung des Zeitgefühls	Schätzen: Der Trainer gibt eine Zeit vor, z.B. 40", 1' und die entsprechende, individuelle Intensität in %. Jeder läuft nun so lange, bis er glaubt, die vorgegebene Zeit gelaufen zu sein. Dort anhalten.		B
5	Schulung des Tempogefühls	Handbremse lösen: Laufe eine Strecke von 400 m in lockerem Trab. Nun hast du noch 5 Läufe à 400 m zu laufen. Kannst du regelmässig steigern, so dass du im letzten Lauf auf 100 % bist?	Protokoll 1. Lauf 2. 3. 4. 5.	B

6.5 Konditionstraining: Stehvermögen

NR.	ZIEL	BESCHREIBUNG	ORGANISATION	LIT.
6	Schrittkadenz ändern Geschwindigkeit bleibt gleich	<u>In einen "andern Gang" schalten:</u> Versuche, eine gegebene Strecke, z.B. 400 m, 4 x zu laufen (mit entsprechenden Pausen), möglichst in der gleichen Zeit. Die Schrittkadenz soll merklich variiert werden.		B
7	Geschwindigkeit ändern, Kadenz bleibt gleich	<u>Mehr oder weniger "Gas" geben:</u> Versuche, im gleichen Gang (Kadenz) zu bleiben, doch die Schrittlänge deutlich zu variieren mit dem Ziel, die vorgegebene Strecke bewusst schneller oder langsamer zu laufen.		E
8	Miteinander trainieren, sich gegenseitig motivieren	<u>Non - Stop - Training</u> (auf Distanz): Eine Gruppe von 6-12 Athleten versucht, eine Strecke von 10 km möglichst schnell zu laufen. Mindestdistanz 400 m. (Ev. Rekordliste, Clubmeisterschaft).		E
9	Miteinander trainieren, sich gegenseitig motivieren	<u>Non - Stop - Wettkampf</u> (gegen die Uhr): Gleiche Regelung wie VI.5.8, aber gegen die Uhr, z.B. 1 Std. zur Verfügung, Intervalle à 400 m. Anzahl Runden, bzw. Meter zählen.		E
10	Gegen eine "unsichtbare" Mannschaft kämpfen	<u>Fern - Wettlauf</u>: 2 oder mehrere Mannschaften laufen gleichzeitig an verschiedenen Orten gegeneinander. (1 Stunde). Start/Stopp durch sprechende Uhr am Telefon. 400 m Intervalle. Nach dieser Stunde sich gegenseitig orientieren, wieviele Meter gelaufen worden sind!		E

NR.	ZIEL	BESCHREIBUNG	ORGANISATION	LIT.
1	Geschicklichkeit kombiniert mit Beweglichkeit	"Handschellen - Uebung": Lege dich auf den Rücken, die Arme zur Seite. Stell dir vor, die Handgelenke seien gefesselt. Kannst du den Körper um 360° drehen?		B
2	Beweglichkeit zu zweit erlebt!	Ein- und Aussteigen: A und B halten sich gegenseitig. Mit je einem äusseren Fuss beginnen, über die gefassten Hände steigen, dann das andere Bein ... bis zur Ausgangsstellung.		B
3	Geschicklichkeit, Beweglichkeit und Gleichgewichtsgefühl!	Trichterkreisen: Setze dich auf den Boden; beide Fussohlen gegeneinander, die Hände drücken die Füsse gegeneinander, und die Knie mit den Ellbogen gegen aussen. Drehen!		B
4	Die eigene Beweglichkeit der WS vorwärts erleben	Beweglichkeits - Test: Auf einer Stufe, Kasten o.ä. sind Markierungen angebracht (alle 2 cm). Versuche, mit gestreckten Beinen möglichst weit hinunter zu kommen.		B
5	Aufeinander eingehen	Doppelrolle (Tankrolle): A und B fassen sich gegenseitig an den Füssen. Welches Paar kann 1,2 ... Rollen ohne Unterbruch ausführen?		B

6.6 Konditionstraining: Beweglichkeit

NR.	ZIEL	BESCHREIBUNG	ORGANISATION	LIT.
6	Koordination zu zweit	Ball im Kreis rollen A und B sitzen gegeneinander, Beine gespreizt, Füsse gegeneinander, Hände gefasst. Welches Paar kann ohne Hilfe der Hände nur mit dem Kopf einen Ball um beide Partner rollen?		E
7	Laufen im Wechsel mit Dehnen	1 Runde lang dehnen A modelliert B in irgend eine Stellung, die eine intensive Dehnung verlangt. Dann läuft A eine Runde und B muss so lange in der anfänglichen Stellung bleiben. Dann Wechsel.	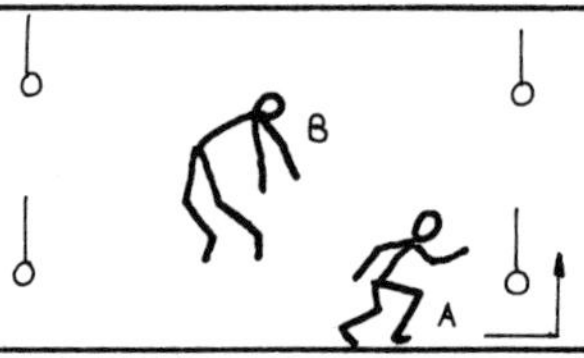	B
8	Den vorermüdeten Muskel dehnen	Den Muskel vorermüden A drückt B in jene Richtung, die nachher gedehnt werden soll. B leistet Widerstand. Dann entspannt B und A drückt gefühlsvoll in die gewünschte Richtung.		B
9	Koordination von Geschicklichkeit und Beweglichkeit	Kleiner Handstand Die Hände von der Innenseite der Beine her auf den Boden stützen, Beine anheben und so laufen!		B
10	Beweglichkeit im Spiel, z.B. Volleyball	Fliegende und rollende Verteidigung Der Ball wir von A auf ganz verschiedene Weise zugespielt. B muss versuchen, jeden Ball zu spielen mit einer anschliessenden Rolle.	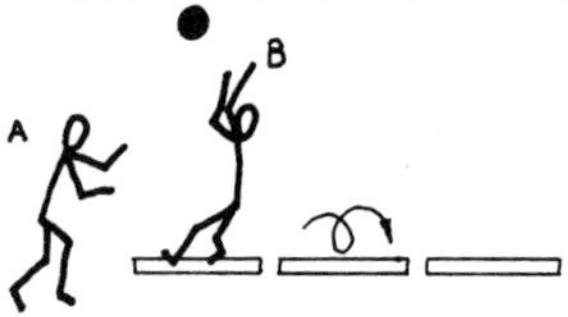	B

NR.	ZIEL	BESCHREIBUNG	ORGANISATION	LIT.
1	Arme und Beine koordinieren	Rhythmuswechsel: Wer kann asymmetrisch mit den Armen kreisen, gleichzeitig an Ort laufen und den Rhythmus der Beine beliebig variieren?		B
2	Arme und Beine koordinieren	Schuhblatterl: - Rechte Hand zu linkem Fuss (vorne) - Linke Hand zu rechtem Fuss (vorne) - Rechte Hand zu rechtem Fuss (hinten) - Linke Hand zu linkem Fuss (hinten) usw. (eigene Kombinationen) Immer schneller!		B
3	In Varianten springseilen	Varianten - Springseilen: Wer findet am meisten Möglichkeiten, wie mit dem Springseil gesprungen werden kann?		B
4	Jonglieren	Artisten - Wettbewerb: Wer kann 2 (3) Bälle gleichzeitig jonglieren?		B
5	Koordinieren unter erschwerten Bedingungen	Unmittelbar nach 2 (3,4) Rollen vorwärts versuchen, z.B. Uebung 7, 1 - 4 so schnell wie möglich auszuführen, ohne das Gleichgewicht zu verlieren!	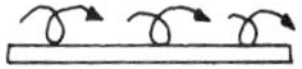	B

2
3

Kapitel 7

Circuittraining (Stationentraining)

Die Nummern 1-10 stellen immer ein Circuit-Programm dar. Ohne weiteres können jedoch beliebige Formen aus verschiedenen Einheiten, je nach Zielsetzung, kombiniert werden. Spiel- und Übungsformen aus anderen Kapiteln können sich ebenfalls als Station in einem Circuittraining eignen!

7.1 Circuittraining: In der Halle

NR.	alles mit Partner ZIEL	BESCHREIBUNG	ORGANISATION	LIT.
1	Stossbewegung Stosskraft	<u>Medizinball - Schnurball:</u> als Spiel 1 - 1/2 - 2. - einarmiges Stossen - beidarmiges Stossen - Stossen und Werfen gestattet.	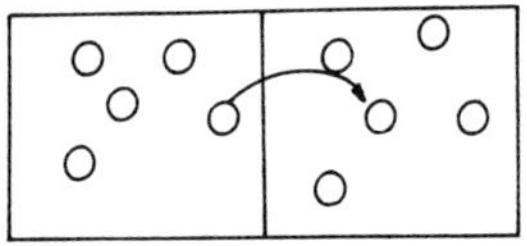	B
2	Wurfbewegung Wurfkraft	<u>Vollball - Werfen</u>:(1 kg/1,5 kg) Zuspiel via Decke: Welches Team erzielt am meisten Zuspiele in der vorgegebenen Zeit?	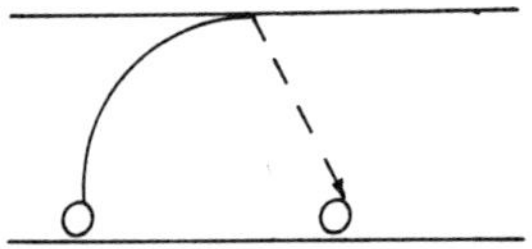	B
3	Stehvermögen Beinkraft	<u>Verfolgungsrennen</u>: Die Laufstrecke führt über zwei (3) Sprungkissen und um 2 Pfosten. 1 versucht 2 einzuholen und umgekehrt.	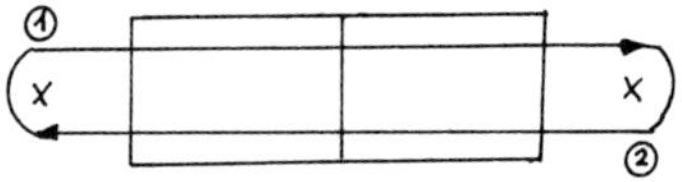	E
4	Sprungkraft	<u>Standweitsprung gegeneinander</u>: 1 springt, 2 springt vom Landepunkt des Gegners aus. Wer gewinnt mehr Raum mit 5/1o/15 Sprüngen?	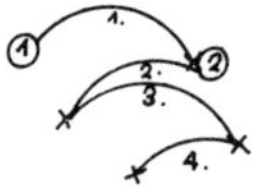	B
5	Kraft: Rücken Schultergürtel	Ueber eine Gummischnur (ca. 50 cm Höhe) spielen 1 + 2 einander einen Vollball (Basketball) zu. Welches Team erzielt die höchste Anzahl Wiederholungen?	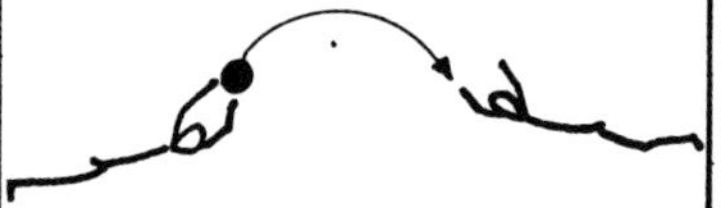	B

NR.	ZIEL	BESCHREIBUNG	ORGANISATION	LIT.
6	Wurfkraft Reaktionsvermögen	<u>Wandprellball</u>: 1 steht 3 - 5 m neben 2, 3 - 6 m von der Wand entfernt. 1 + 2 spielen einander einen Handball via Wand zu. Welches Team wirft am meisten fehlerfreie Zuspiele?	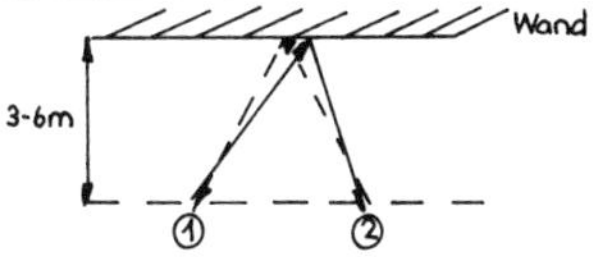	B
7	Beinkraft Reaktionsvermögen	<u>Fussfangis</u>: 1 versucht, mit 1 Hand einen Fuss von 2 zu berühren. Gleichzeitig weicht er mit seinen Füssen der Hand von 2 aus.		B
8	Wurfbewegung	<u>Zielwerfen</u>: Das Ziel für 1 + 2 bildet je ein Medizinball auf einem Sprungkasten. Wurfdistanz : 10 m. Wer erzielt die meisten Punkte? Ball vom Kasten = 5 Pkte. Treffer = 1 Pkt. Es wird mit	 kleinen Bällen geworfen.	B
9	Rumpfkraft Armkraft	<u>Tarzanschaukel am Klettertau</u>: 1 versucht, von Kasten A zu Kasten B und zurück zu schaukeln. Wechsel. Welches Team erreicht am meisten Wiederholungen? Bei Bodenberührung ist die Wiederholung ungültig.	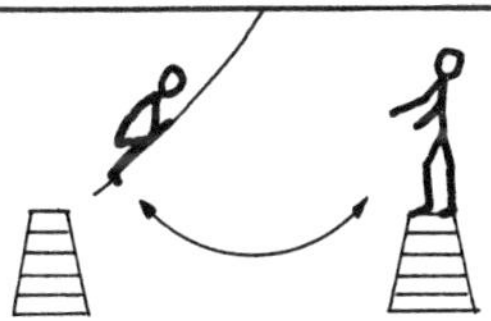	B
10	Gewandtheit	<u>Ueber die Linie ziehen</u>: 1 und 2 versuchen, sich gegenseitig über eine Linie zu ziehen.		B

7.1 Circuittraining: In der Halle

NR.	ohne grossen Aufwand ZIEL	BESCHREIBUNG	ORGANISATION	LIT.
1	Bauchkraft	Hang rücklings an der Sprossenwand. Die Füsse gehen zu den Händen. Variante: Wer kommt mit den Füssen über die Sprossenwand?	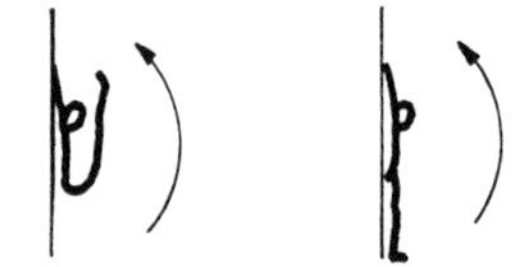	B
2	Kraft Arme Schultern Beine	Sprung an zwei Stangen des schräg gestellten Klettergerüstes. Emporziehen in den Beugehang, - Niedersprung. Wer kommt am höchsten?		B
3	Bauchkraft	Rückenlage vor der Sprossenwand, Füsse zwischen 1. und 2. Sprosse, Arme in der Hochhalte. Rumpfheben vorwärts bis zur Berührung der 1. Sprosse mit beiden Händen. Die Beine bleiben gestreckt.	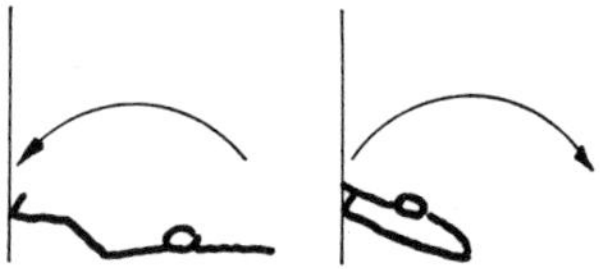	B
4	Sprungkraft Umsetzen: Anlauf - Sprung	Sprung aus Stand vor dem Basketballbrett und Berühren desselben mit einer Hand. - Sprung an den Korbring/Korbnetz - Sprung mit Anlauf. Wie manchmal hintereinander kannst du das Brett, den Korb, berühren?	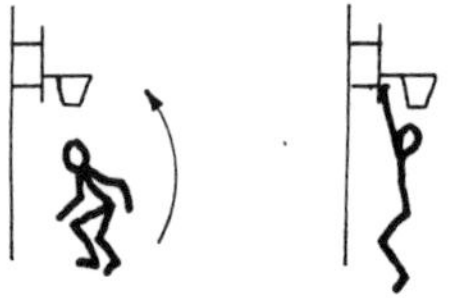	B
5	Kraft: Arme Schultern Rumpf	Handstand gegen die Wand und Sprung zurück in den Stand. Wer kann diese Uebung 10 x ohne Halt?		B

NR.	ZIEL	BESCHREIBUNG	ORGANISATION	LIT.
6	Sprungkraft	<u>Linienhüpfen:</u> 1 hüpft auf 1 Bein entlang den Bodenzeichnungen. 2 folgt im gleichen Rhythmus, auf gleichem Weg. - Beinwechsel.	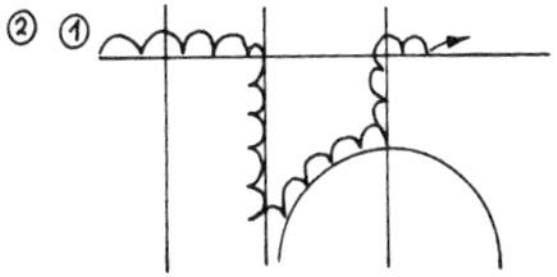	B
7	Beweglichkeit Hüfte	<u>Hürdensitzwechsel:</u> 1 + 2 sitzen einander gegenüber im Hürdensitz. Jeder versucht,den Sitz ohne Hilfe der Arme (kein Aufstützen) rascher als sein Partner zu wechseln.	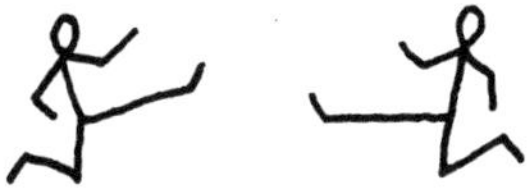	B
8	Beinkraft	1 + 2 stehen einander in der Hocke gegenüber (Abfahrtshocke, ganze Fussohle auf dem Boden). Die beiden federn im gleichen Rhythmus. Wer steht zuletzt auf?		B
9	Beinkraft Stehvermögen	Federn im Minitramp in Hockstellung Wer hält am längsten durch?		B
10	Geschicklichkeit	Aus dem Gleichgewicht. 1 + 2 fassen sich an einer Hand und versuchen, den Partner aus der Gleichgewichtsposition zu bringen.		B

7.1 Circuittraining: In der Halle

NR.	Einzelübungen ZIEL	BESCHREIBUNG	ORGANISATION	LIT.
1	Stossbewegung	Medizinballstossen gegen die Wand, Abstand ca. 3-4 m : - einarmiges Stossen - beidarmiges Stossen.		B
2	Wurfbewegung	Werfen und Fangen gegen die Wand mit einem Handball, Abstand ca. 5-8 m : - aus Stand - mit Anlauf .		B
3	Sprungkraft	Fortgesetztes Hüpfen über eine Hürdenreihe. Abstand: eine Mattenbreite : - einbeiniges Hüpfen - beidbeiniges Hüpfen - beidbeiniges Hüpfen mit tiefem Abfedern bei der Landung .	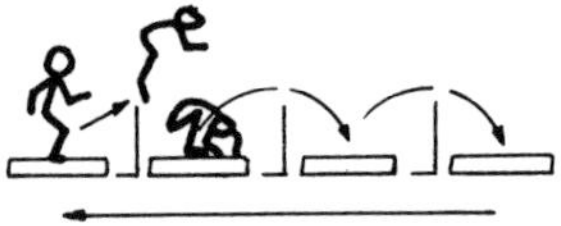	B
4	Sprungkraft	Sprung von einem Sprungkasten (3-4 T) auf eine Matte, direkter Sprung nach der Landung auf einen 2. Sprungkasten (gleiche Höhe).		B
5	Kraft: Arme Schultern Bauch	Sprung ans sprunghohe Reck, Feldaufzug in den Stütz, Senken vorwärts zum Hang, Niedersprung.	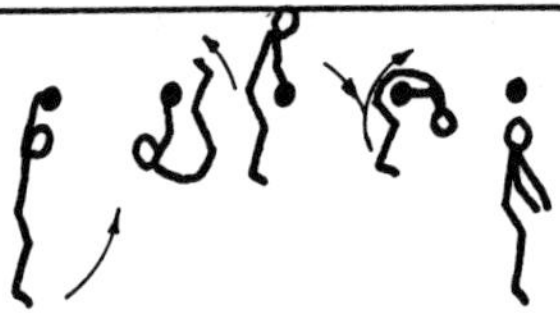	B

NR.	ZIEL	BESCHREIBUNG	ORGANISATION	LIT.
6	Gewandtheit Stützkraft	Anlauf - Grätsche über einen quergestellten Bock - Abrollen vorwärts auf 2 Matten - Sprint um einen Pfosten - Wiederholung von der andern Seite.	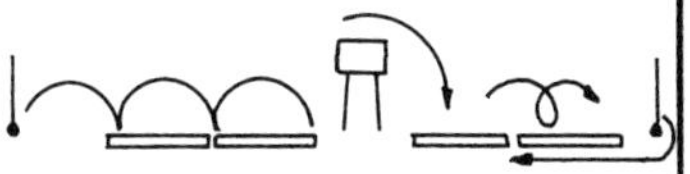	B
7	Kraft: Rücken	Hang vorlings an der Sprossenwand. Wegdrücken der Beine und der Hüfte von der Sprossenwand, Halten der erreichten Position für einige Sekunden - Senken zum Hang.		B
8	Kräftigung: Fussgelenke Beinkraft	Seilspringen in verschiedenen Varianten. Wer hat in einer gewissen Zeit am meisten gültige Versuche? Wer findet die originellsten Sprungformen?		B
9	Arme Geschicklichkeit	Wanderschwingen an den Ringen: An den sprunghohen Ringen wird von einem Ring zum andern gewechselt.	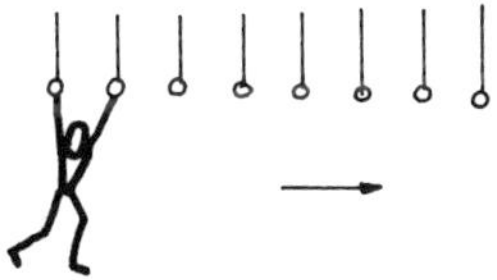	B
10	Ausdauer Geschicklichkeit	Minitramp - Basketball: 10 m Anlauf - Minitrampsprung und Korbwurf.		B

7.2 Circuittraining: Auf der Tribüne

NR.	Tribünentreppe ZIEL	BESCHREIBUNG	ORGANISATION	LIT.
1	Beinkraft Armeinsatz	<u>10 - Stufen - Sprint</u>: 10 Treppenstufen werden im Sprint überwunden. Von der 10. Stufe wirft Nr. 1 einen kleinen Ball zu Nr. 2. Nr. 2 startet.	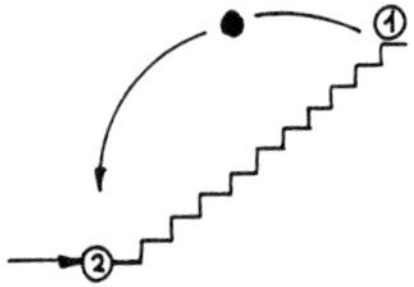	B
2	Ausdauer Beinkraft	<u>Wie Uebung 1</u>: - als Einzelarbeit - die Stufen auf dem Hin- und Rückweg zählen - Wieviel Zeit für 1000 Stufen?		B
3	Beinkraft Armeinsatz	<u>Wie Uebung 1</u>: - Gruppenwettkampf. - Welche Gruppe überläuft mehr Stufen in der vorgegebenen Zeit?		B
4	Sprungkraft	<u>5 - Stufen - Hupf</u>: 5 Tribünenstufen werden im Hüpfen überwunden. 1. Durchgang lk Bein, 2. Druchgang rt Bein. - Einzelarbeit - in 3er-Gruppen .	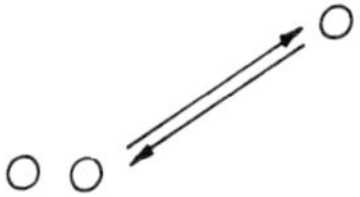	B
5	Sprungkraft	<u>10 - Stufen - Frosch</u>: - mit Eigengewicht - mit Sandsack Rückweg als Erholung.	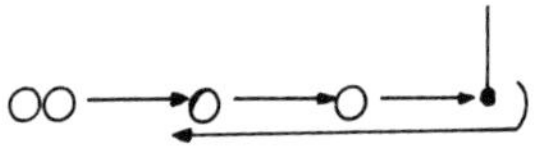	B

NR.	ZIEL	BESCHREIBUNG	ORGANISATION	LIT.
6	Kraft: Arme Schultern Rücken	<u>Treppensteigen seitwärts im Liegestütz</u>: - Talweg als Erholung - Berg- und Talweg als Leistung		B
7	Beinkraft Stehvermögen Reaktions- schnelligkeit	<u>Treppenfangis</u> : Nr. 1 - 4 versuchen, möglichst viele Läufe von A nach B zu erzielen. Nr. 5 versucht, die Läufe ungültig zu treten: Fuss auf gleicher Stufe wie ein Läufer.	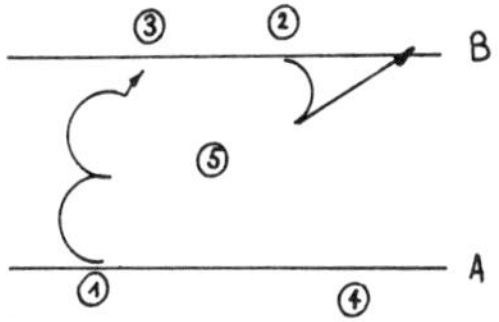	E
8	Kraft: Arme Schultern Rücken	<u>Liegestütze</u> : - Stütz auf erhöhter Stufe - Stütz auf tieferer Stufe	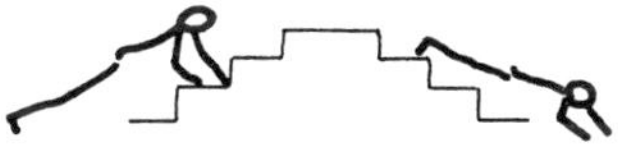	B
9	Beweglichkeit Hüfte Beinkraft	Treppensteigen mit Nachstellschritt seitwärts - als Wettkampf 1-1.		B
10	Kraft: Arme Schultern Rücken	Im Vierfüsslergang die Treppe hinauf und hinunter! Wer ist zuerst zurück?	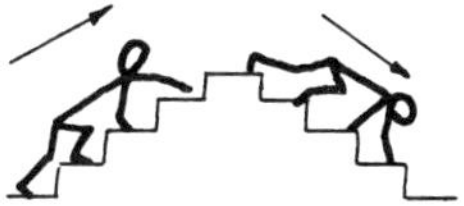	B

7.3 Circuittraining: Am Stadiongeländer

NR.	ZIEL	BESCHREIBUNG	ORGANISATION	LIT.
1	Kraft: Arme Rumpf Beine Gewandtheit	Uebersteigen und Unterkriechen der Abschrankung - als Wettkampf 1 - 1: Wer hat zuerst 10 Wiederholungen? - als Gruppenwettkampf: Wer erzielt am meisten Wiederholungen?		B
2	Beweglichkeit in der Hüfte	Linkes Bein seitwärts abgespreizt, Knie und Fuss auf der Abschrankung aufgestellt, Rumpfbeugen zum rechten Bein; dto. gegengleich.	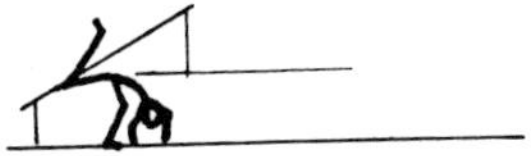	B
3	Geschicklichkeit	Glocke: Hang am Geländer. Mit den Beinen am Geländer einhängen. Die Hände fassen den Boden. Abschwingen - Landung auf den Füssen.		B
4	Schnelligkeit Gewandtheit	Slalomlauf um die Pfosten des Geländers im Vierfüsslergang.	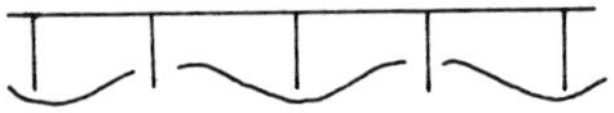	B
5	Kraft: Arme Rumpf	Handorgel: Die Füsse sind auf dem Geländer. Mit den Händen so nahe - so weit - wie möglich zum Geländer!	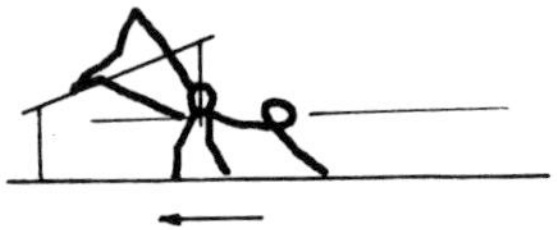	B

7.3 Circuittraining: Am Stadiongeländer

NR.	ZIEL	BESCHREIBUNG	ORGANISATION	LIT.
6	Kraft: Arme Rumpf Beine	Ueberspringen der Abschrankung: - Flanke (Stütz beidarmig) - Schere (Stütz einarmig).	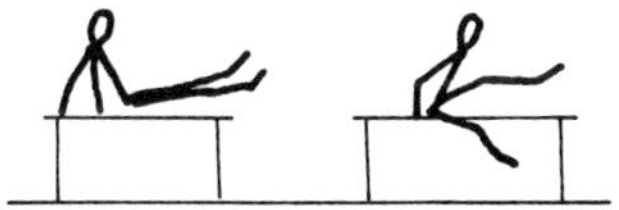	B
7	Schnelligkeit Gewandtheit	Umrunden der Abschrankung im hohen Tempo: - Ablösung nach 1 - 3 Runden - Arbeit in 2/3/4 er Gruppen.	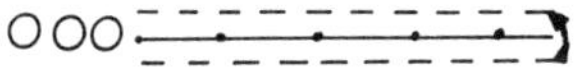	B
8	Arme Beine	Abspringen - Arme im Stütz. Beine in der Luft spreizen, anhocken, Laufbewegung. Wer erfindet neue Uebungen?		B
9	Gewandtheit	Knieaufschwung am Geländer. Varianten: Felgaufzug, Unterschwung.		B
10	Schnelligkeit Gewandtheit	Zwischen 2 Pfosten unter dem Geländer durch - zwischen den nächsten 2 Pfosten darüber.		B

7.4 Circuittraining: Im Wald

NR.	ZIEL	BESCHREIBUNG	ORGANISATION	LIT.
1	Sprungkraft	<u>Laufsprünge am Berg</u>: Auf einem ansteigenden Weg werden von einer Linie aus 5/10 Sprünge ausgeführt. Wer kommt mit 5/10 Sprüngen weiter?	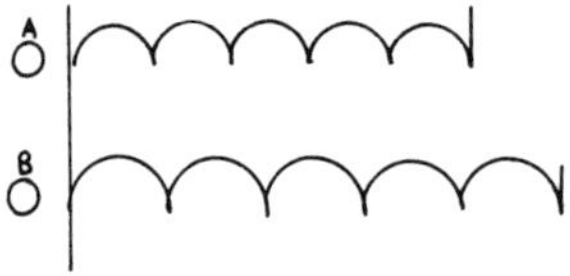	B
2	Kräftigung Fussgelenke Gewandtheit	<u>Baumslalom talwärts</u>: Markierte Bäume bilden die Torstangen. - einzeln auf Zeit - als Parallelslalom.	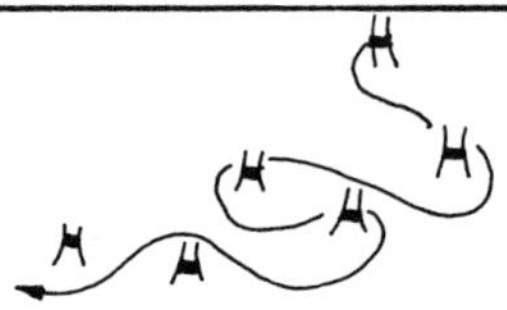	B
3	Stehvermögen Ausdauer	Schrittwechselhüpfen (mit einem Fuss auf einem Baumstamm). Duell über 1 Minute, über 5 Minuten. Wer erreicht die höhere Wiederholungszahl?		B
4	Kräftigung Fussgelenke Sprungkraft	Laufsprünge seitwärts/vorwärts über einen Bach - oder Strassengraben. Nr. 2 versucht in die Fussabdrücke von Nr. 1 zu springen; Wechsel!	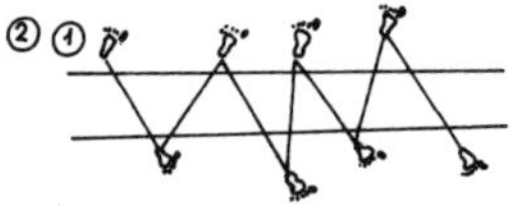	B
5	Stosskraft Stossbewegung	<u>Steinstossen gegeneinander</u>: Nr. 1 stösst als erster, 2 stösst vom Auftreffpunkt zurück. Wer stösst zuerst über die gegnerische Linie?	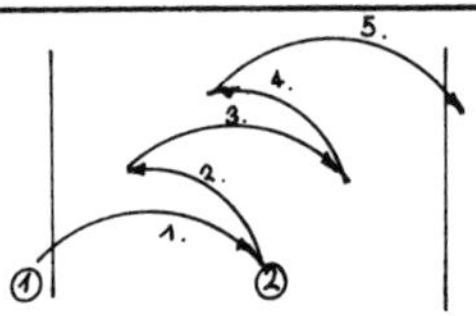	B

NR.	ZIEL	BESCHREIBUNG	ORGANISATION	LIT.
6	Stosskraft	Holzrugelstossen: 1 + 2 stehen einander gegenüber. Aus einer tiefen Ausholbewegung wird ein Holzrugel hin- und hergestossen.		B
7	Wurfbewegung	Zielwerfen: Wer trifft den markierten Baum? Werfen mit Holzstücken/Steinen/Tannzapfen.	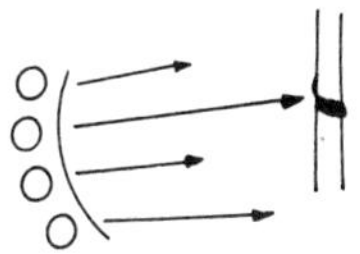	B
8	Reaktionsvermögen Gewandtheit	Baumfangis: 1 versucht 2 zu berühren, anschliessend Wechsel. Zwischen 1 und 2 steht ein dicker Baum. Das Weglaufen vom Baum ist nicht gestattet (mehr als 2 m).		B
9	Sprungkraft Gewandtheit	Doppelhüpfen hin und her über ein Bächlein. Variante: Händefassen zu zweit, als Gruppe.	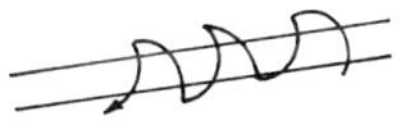	B
10	Gewandtheit	Baumklettern: Wer ist in der vorgegebenen Zeit am höchsten auf einem Baum?		B

7.5 Circuittraining: Mit Leichtathletikgeräten

NR.	ZIEL	BESCHREIBUNG	ORGANISATION	LIT.
1	Stossbewegung	Hallenkugel: Beidarmiger Stoss in die Höhe zum Auffangen durch den Partner.		B
2	Kraft: Rücken	Diskus: Rumpfheben rückwärts aus der Bauchlage mit dem Diskus als Belastung in den ausgestreckten Armen. Uebergabe an den Partner und Senken.		B
3	Dehnen: Rumpf Schultern	Speer: Grätschstellung Rücken an Rücken, Arme in der Hochhalte, Griff schulterbreit am Speer; Rumpfbeugen seitwärts und vorwärts mit Nachfedern.		B
4	Hochsprung	Hochsprunganlage: Sprung mit 1- (3-) Schritt-Anlauf - Wer kommt am höchsten? - Wer kann auf verschiedene Arten die Latte überqueren?		B
5	Hürdenlauf	3 Hürden: Rasches, lockeres Laufen über 3 Hürden im 5 er - Rhythmus. Zurück unter den Hürden.		B

NR.	ZIEL	BESCHREIBUNG	ORGANISATION	LIT.
6	Sprungkraft	Dreisprung: Dreisprungduell gegen den Partner. - 1-Schritt-Anlauf - 3-5-Schritt-Anlauf		B
7	Weitsprungtechnik	Weitsprung: Sprung ab Geländehilfe, Landung in 2 Sprungkissen (hintereinander).	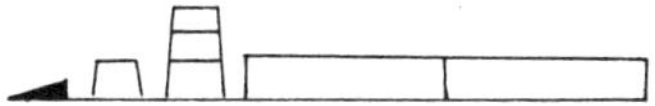	B
8	Schnelligkeit Laufkoordination	Pendellauf mit dem Stab: Hoher, stolzer Lauf. Variante: Stafette.		B
9	Gerätgewöhnung Beweglichkeit Hüften	Hammerschwingen: - der Athlet schaut immer in die gleiche Richtung - mit dem Hammer marschieren - Körperdrehung.		B
10	Ausdauer	Verfolgungslauf zu zweit. 1 fängt 2. Wechsel. 2 fängt 1.		B

7.6 Circuittraining: Spiel — Leichtathletik kombiniert

NR.	Basketball - LA ZIEL	BESCHREIBUNG	ORGANISATION	LIT.
1	Technik: Korbleger Sprungkraft	1x prellen, 2-Takt, Korbleger. Rückweg: Dribbling. - Wer erzielt die meisten Treffer?	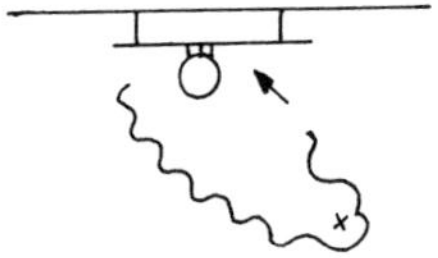	B
2	Streckung beim Weitsprung Sprungkraft	<u>3 - Schritt - Anlauf</u>: Absprung von Geländehilfe Strecken des Kopfes gegen einen aufgehängten Spielbändel. Wer berührt den höheren Bändel?	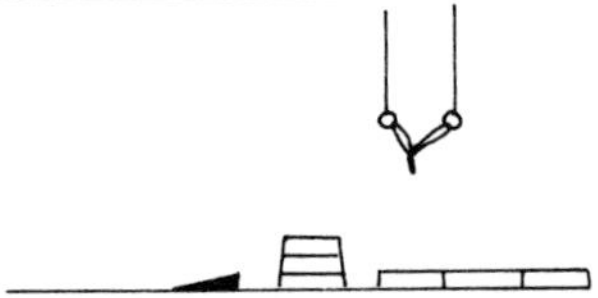	B
3	Technik: Druckpass Kraft: Arme/Finger	<u>Zuspiel zu zweit mit Basketball</u>: Distanz ca. 6 m. Welches Team erreicht ohne Blick auf die Uhr 60 Pässe in 1 Min.?	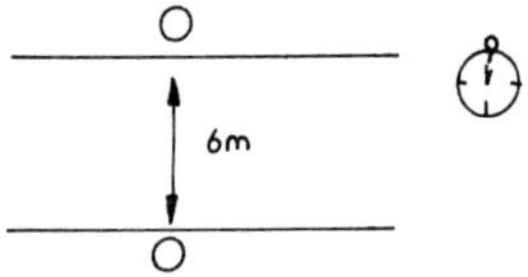	B
4	Stosskraft	<u>Stossduell</u>: Wer bringt mit beidarmigem Medizinballstossen den Partner vom kleinen Sprungkasten auf den Boden?		B
5	Technik: Dribbling Stehvermögen	<u>Verfolgungsdribbling</u>: Der Ball muss immer mit der äussern Hand geführt werden Wer kann seinen Partner einholen? - Dribbling vorwärts - Dribbling rückwärts	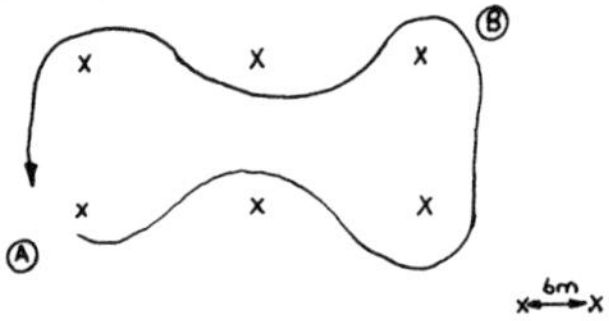	B

NR.	ZIEL	BESCHREIBUNG	ORGANISATION	LIT.
6	Technik: Sprungwurf Sprungkraft	<u>Sprungwurf nah, aus dem Stand:</u> Nr. 1 wirft 5x, dto. Nr. 2. Wer gewinnt mehr 5er - Serien?	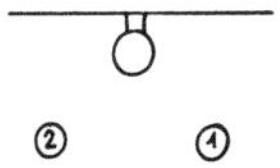	B
7	Technik: Sprungball Sprungkraft	<u>Sprungball:</u> Nr. 1 wirft den Ball in die Höhe. Nr. 2 + 3 springen, Nr. 2 wirft, Nr. 3 + 4 springen, Nr. 3 wirft, Nr. 4 + 1 springen. Wer sammelt am meisten Punkte?	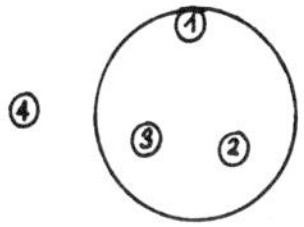	B
8	Technik: rasches Dribbling Schnelligkeit	Nr. 1 versucht mit einem raschen Dribbling Linie B zu erreichen. Nr. 2 startet mit Nr. 1 und versucht Nr. 1 vor Linie B einzuholen. dto. mit Rollenwechsel	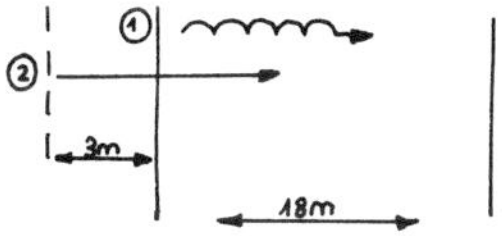	B
9	Ausdauer	Lauf mit Ball um die Halle. Bei jedem Korb wird ein Korbwurf versucht. Wer hat am meisten Treffer?	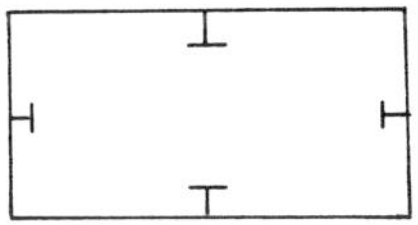	B
10	Reaktion Reaktionsschnellig- keit	1 rollt einen Ball. 2 versucht beim Erblicken des Balls sofort den Ball zu holen!	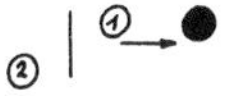	B

7.7 Circuittraining: Lauf

NR.	ZIEL Halle	BESCHREIBUNG	ORGANISATION	LIT.
1	Lauftechnik (Knie, Arme) Schnelligkeit	Rössligespann: Skipping mit starker Vorlage, der Partner leistet Widerstand mit 2 Kraftschläuchen; Wechsel nach jeder Hallenbreite!		B
2	Schnelligkeit Gewandtheit	Umkehrstafette: Nr. 1 umläuft Pfosten B und schickt mit Handschlag Nr. 2 auf die Reise.	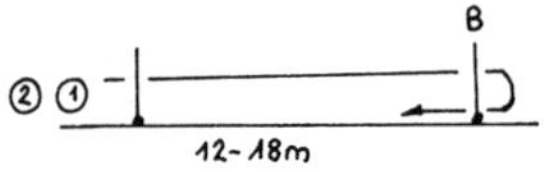	B
3	Reaktionsvermögen Gewandtheit Stehvermögen	4 er Fangis: Nr. 1 versucht in 1 Minute möglichst viele abzuschlagen. Die gleiche Nr. darf nicht 2x unmittelbar hintereinander berührt werden. In der 2. Minute versucht Nr. 2 das Resultat von Nr. 1 zu übertreffen.	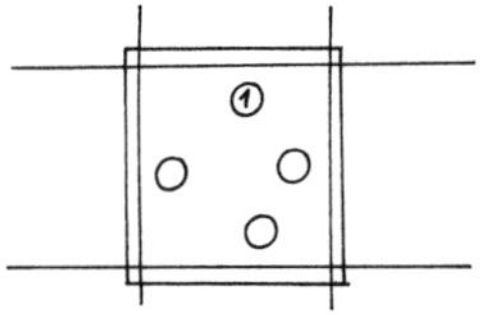	B
4	Beinkraft Kraftausdauer	Kastensteigen: Nr. 1 steigt auf einen Sprungkasten (2 Teile) und zurück auf den Boden. Vom Kasten aus muss mit 1 Hand eine Marke (auf Kopfhöhe) berührt werden. Nach 20 Wiederholungen wechselt Nr. 1 mit Nr. 2. Welches Team erzielt die meisten Wiederholungen in der vorgegebenen Zeit?		B
5	Schnelligkeit Gewandtheit	Verfolgungs - Slalom: Nr. 1 versucht Nr. 2 einzuholen und umgekehrt.	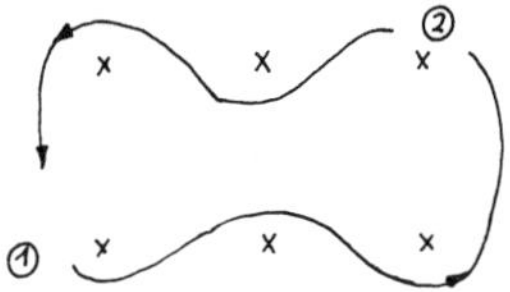	B

NR.	ZIEL	BESCHREIBUNG	ORGANISATION	LIT.
6	Beweglichkeit	Nr. 2 in Rückenlage, Nr. 1 steht hinter den Schultern von 2, 1 zieht mit beiden Händen das l. Bein von 2 gegen sich, bis das r Bein sich vom Boden abhebt. dto. anderes Bein.		B
7	Reaktionsvermögen Schnelligkeit	<u>Bändeliraub:</u> Nr. 1 + 2 versuchen den Spielbändel am Boden zu ergreifen und hinter ihre Linie zu bringen, ohne vom Gegner eingeholt zu werden.	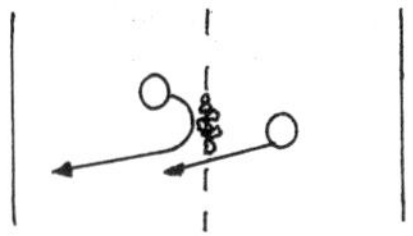	B
8	Armhaltung Fussarbeit	<u>Laufen an Ort auf der Turnmatte:</u> - Variieren der Kadenz - Kontrolle der Technik durch den Partner.		E
9	Auf der Wiese <u>Auf der Laufbahn</u> Rundbahnwechsel	Wechsel von Nr. 1 zu 2 zu 3 zu 4 zu 1 - Temposteigerung.	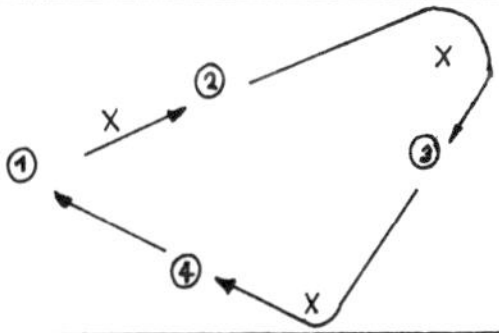	B
10	Tiefstart Schnelligkeit Reaktionsvermögen	<u>Start + 20 m - Sprint:</u> Nr. 1 erteilt das Startkommando für 2,3,4; Nr. 2 erteilt das Kommando für 3,4,1; etc.	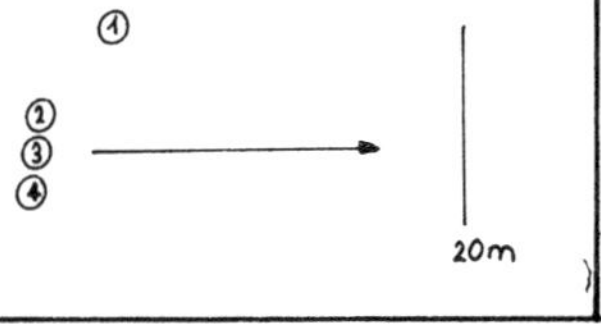	B

7.7 Circuittraining: Lauf

NR.	ZIEL	BESCHREIBUNG	ORGANISATION	LIT.
11	Stehvermögen Gewandtheit	Nummern - Fangis: Nr. 1 verfolgt 2, 2 verfolgt 3, 3 - 4, 4 - 1 etc. Bei Misserfolg nach ca. 1 Minute erfolgt in jedem Fall ein Wechsel. Misserfolg = 1 Punkt für den Verfolgten.	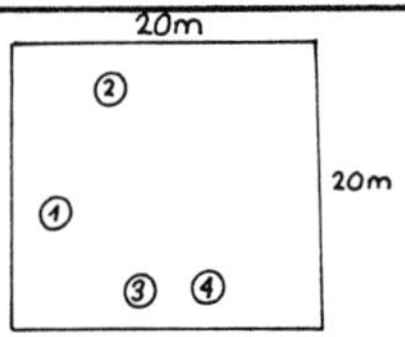	B
12	Lockerung Gelöstheit	Plauderrunde: Lockeres Laufen um den Platz im Plaudertempo.		B
13	Hürdentechnik	2x3 Hürden sind nebeneinander in entgegengesetzter Richtung aufgestellt: - reduzierter Abstand - Wettkampfdistanz .	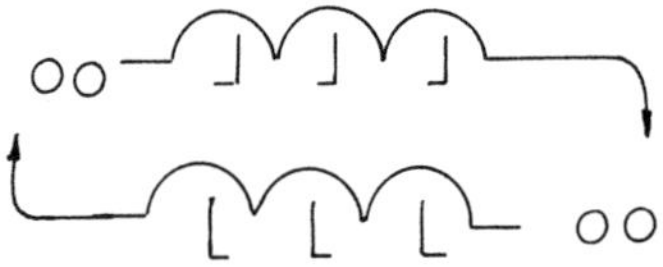	B
14	Sprungkraft Abstoss beim Weitsprung	Laufsprünge über umgekippte Hürden; 2x4 umgekippte Hürden nebeneinander, die zwei Uebenden versuchen, die Hindernisse synchron zu überspringen;	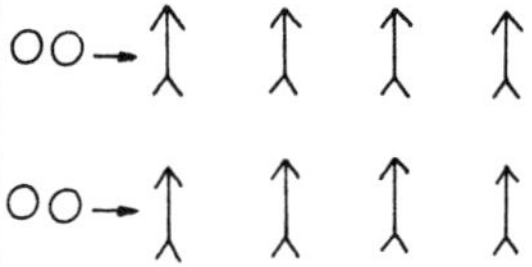	B
15	Ausdauer Gewandtheit	Lauf mit dem Stab und Imitation des Einstichs Absprung auf der Bahn, auf der Wiese.		B

NR.	ORGANISATION	Material	BESCHREIBUNG
	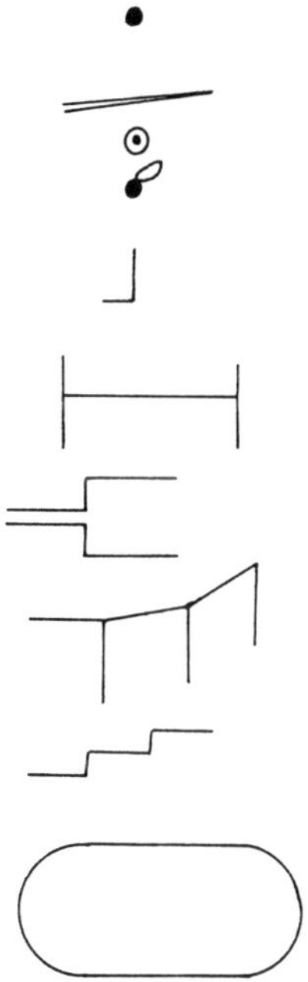	Kugel Speer Diskus Hammer Schleuder-ball Hürde Hochsprung-anlage Weitsprung-anlage Geländer Tribüne Rundbahn	Idee: Jeder Athlet ist an einer anderen Station beschäftigt. Die Uebungen und die Intensität sind dem Können und dem Trainingszustand anzupassen. Um einen möglichst grossen Trainingseffekt zu erreichen, sind 2 - 3 Serien, mit Pause, am selben Ort zu machen. Wechsel individuell. Lauf zu einer neuen Station! Varianten: - Wechsel vorgeschrieben: Nr. 1 folgt immer Nr. 2, Nr. 2 folgt Nr. 3 .... der letzte folgt Nr. 1. - Jeder Athlet "erfindet" an jeder Station selber eine Uebung. - Jeder Teilnehmer ist einmal beim Leiter (individuelle Betreuung!) - In der Halle, im Stadion, im Wald, in der Kiesgrube usw.

7.9 Circuittraining: Läufercircuit

NR.	ORGANISATION	Material	BESCHREIBUNG

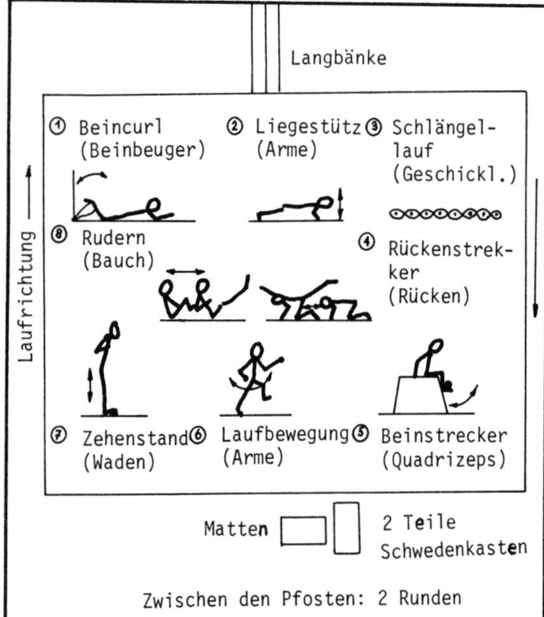

Idee:

Jeder Athlet wählt die Stationen selber.
Die Intensität ist je nach Leistungsfähigkeit zu wählen.
Der Athlet bestimmt selber!

Hobby-Athleten:	10 x
Amateure (!)	20 x
Profi (!)	30 x

Zwischen den Posten aktive Erholung durch Laufen (2 und mehr Runden).

Varianten:

- Durchführbar auch im Freien (Rasen, Finnenbahn, Wald usw.)

Zielsetzung:

Erziehung zu Selbständigkeit.

s. Literaturverzeichnis: Egger K.

NR.	ORGANISATION	Material	BESCHREIBUNG
	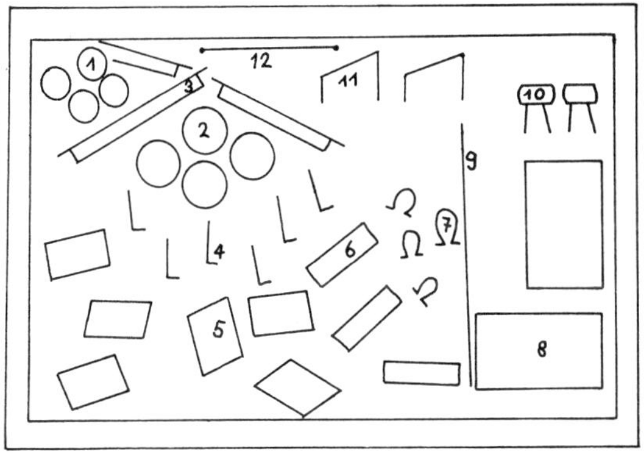	1 Medizin-bälle 2 Reifen Pneu 3 Lang-bänke 4 Hürden 5 Matten 6 Kasten-teile 7 Sprung-seile 8 weiche Matte 9 Linien- 10 Bock 11 Mini-trampo-lin 12 Gummi-schnüre etc.	Sprunggarten Idee: Freies Herumhüpfen im "Sprunggarten". Nach 10, 20, 30 Sprüngen aktive Erholung ——▸ Lauf um die Halle. Die Reihenfolge spielt keine Rolle. Varianten: - Vorschrift über die Sprungart: Einbein-, Mehrfachsprünge usw. - Wer überspringt in einer gewissen Zeit am meisten Hindernisse? - Fangis im "Sprunggarten". - Ueben technischer Grundelemente wie Absprung, Scherensprung, Drehsprung.

Kapitel 8

Sprungkrafttraining

8.1 Sprungkrafttraining: Ohne Geräte

NR.	ZIEL	BESCHREIBUNG	ORGANISATION	LIT.
1	Geschicklichkeit Zusammenarbeit	A grätscht die abgehobenen Beine ein- und auswärts. B springt aus dem Grätschstand zwischen die Beine und zurück! - Wechsel.		B
2	Geschicklichkeit Kraftausdauer	A hält einen Fuss von B. Beide hüpfen hintereinander - nebeneinander. Variante: - Gruppenhüpfen - Stafette.		B
3	Reagieren Beobachten	A hüpft voraus in verschiedenen Hüpf- und Sprungformen. B kopiert sofort die Fortbewegungsart. Wechsel.		B
4	Geschicklichkeit Zusammenarbeit	A und B geben sich die Hände. C stützt sich auf die Schultern von A und B und überspringt vorwärts, rückwärts die gefassten Arme von A und B.		B
5	Geschicklichkeit	Hahnenkampf: A und B haben die Arme verschränkt. Hüpfend (einbeinig, zweibeinig) versucht man, den Partner aus dem Gleichgewicht zu bringen. Variante: Gruppenwettkampf.		B

NR.	ZIEL	BESCHREIBUNG	ORGANISATION	LIT.
6	Geschicklichkeit Ausdauer	Böcklispringen: A überspringt B. Fortlaufender Wechsel. Varianten: - im Kreis - im Lauf.	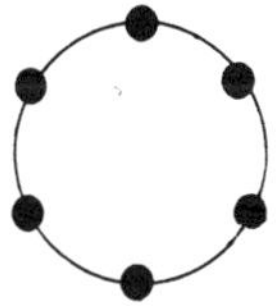	B
7	Kraftausdauer Gewandtheit	Fangis: Der Fänger läuft normal. Die andern hüpfen in festgelegter Weise. Die Hüpfart wird gewechselt, wenn ein neuer Teilnehmer fangen muss.		B
8	Kraftausdauer Geschicklichkeit	Kosakentanz zu zweit. Händefassen in der Hocke. Gleichzeitig das linke Bein seitwärts strecken. Beinwechsel. Welche Gruppe bleibt am längsten im Gleichgewicht?		B
9	Kräftigung Geschicklichkeit	A und B sind Rücken an Rücken. Sie haken gegenseitig die Arme ein. Aufstehen - Absitzen. Varianten: Hüpfen an Ort, vorwärts, seitwärts.		B
10	Kraftausdauer	Froschhüpfen: A überspringt B aus der Kauerstellung. B kniet am Boden. Wechsel. Welche Gruppe hat zuerst 30, 40, 50 m zurückgelegt?		B

8.1 Sprungkrafttraining: Ohne Geräte

NR.	ZIEL	BESCHREIBUNG	ORGANISATION	LIT.
11	Geschicklichkeit	Pärlifangis in verschiedenen Sprungarten. Immer, wenn jemand gefangen wird, erfolgt ein Wechsel im Springen.		B
12	Geschicklichkeit	Einbeiniges Hüpfen. Mit dem Schwungbein wird versucht, auf das Sprungbein des Gegners zu stehen.		B
13	kräftiger Absprung Kraftausdauer	Versuch 10, 20, 30 ... mal ohne Halt die Füsse in der Luft zu berühren! Variante: Sprung immer aus der Hocke!		B
14	Wettkampf	Gruppenwettkampf als Stafette. Ein bestimmter Parcours, Strecke wird hüpfend zurückgelegt.	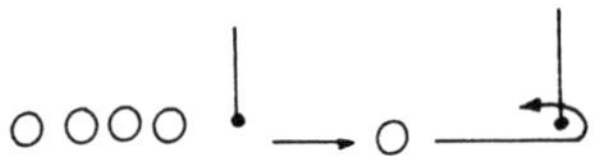	B
15	Sprunggewandtheit	Die Schüler liegen in Bauchlage am Boden. Der hinterste der Reihe überspringt jeden. Wer übersprungen wird, steht auf und beginnt zu hüpfen. Wer alle übersprungen hat, liegt ab. - Verschiedene Sprungarten!	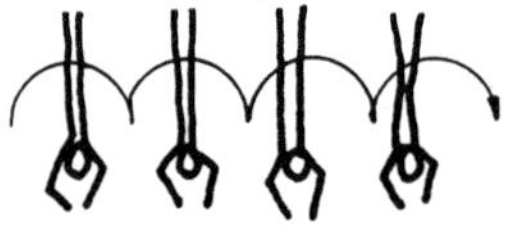	B

NR.	ZIEL	BESCHREIBUNG	ORGANISATION	LIT.
16	Wettkampf	Wer springt am weitesten? - bei vorgegebener Sprungart - bei gegebener Anzahl Sprünge - bei verschiedenen Sprungkombinationen. (ll/rr, lr usw.)	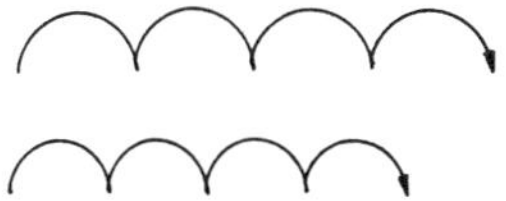	B
17	Wettkampf Teamarbeit	Wanderspringen zu zweit. Eine Strecke muss von 2 Schülern durchhüpft werden. Nur einer ist im Einsatz. Wechsel nach Gutdünken. Wer braucht am wenigsten Sprünge?	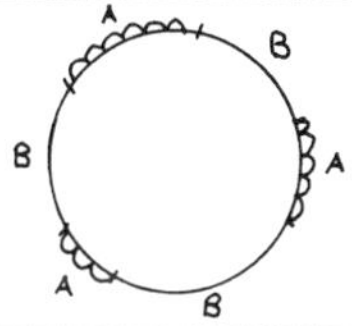	B
18	kräftiger Absprung	Handicapspringen. Eine Zone von 1 m Breite wird übersprungen (Absprung beidbeinig). Wer über die Zone springt, muss eine Fusslänge zurück. Wer ist am Schluss am weitesten von der Zone weg?	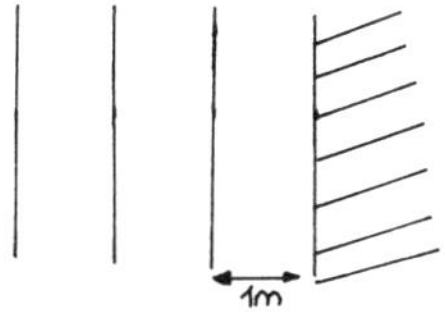	B
19	Reaktion	Wir bilden mehrer Kolonnen und numerieren die Schüler. Der Leiter ruft eine Zahl. Alle Teilnehmer mit der gleichen Nummer umhüpfen die Kolonne. Wer ist zuerst wieder am ursprünglichen Platz? Variante: Anordnung im Kreis.	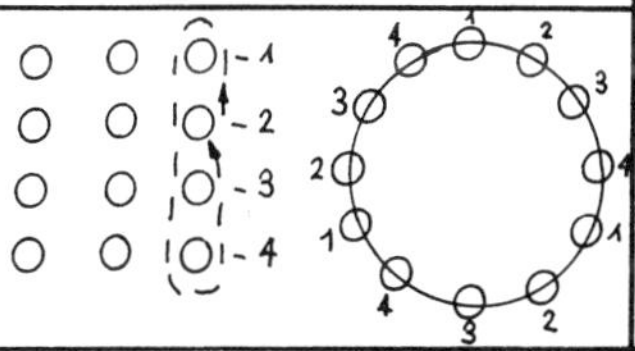	B
20	Teamarbeit	Mannschaft 1 versucht,Mannschaft 2 hüpfend zu fangen. Wechsel. Welche Mannschaft braucht weniger Zeit? Variante: Wieviele werden in einer bestimmten Zeit gefangen?		B

8.2 Sprungkrafttraining: Mit und an Hallengeräten

NR.	ZIEL	BESCHREIBUNG	ORGANISATION	LIT.
1	explosiver Absprung Kräftigung Beine	Sprung an die schräg gestellte Kletterstange. Von der Kauerstellung auf einen Kastenteil soll möglichst hoch in den Beugehang gesprungen werden. Wer springt am höchsten?	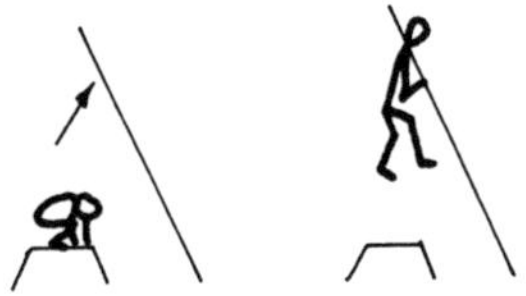	B
2	explosiver Absprung Kräftigung Beine	Absprung aus der Kauerstellung vor der Sprossenwand. Wer hat zuerst 10, 20, 30 ... mal die oberste Sprosse berührt?	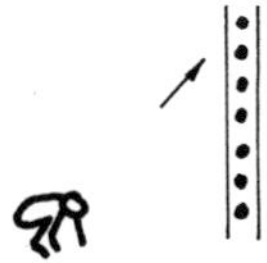	B
3	Kräftigung Beweglichkeit	Wanderhüpfen an der Sprossenwand. Ein Bein ist auf einer Sprosse abgestützt. Einbeiniges Hüpfen parallel zur Sprossenwand. Beim Retourweg - Beinwechsel. Versuch mit dem "freien" Bein eine möglichst hohe Sprosse zu erreichen!	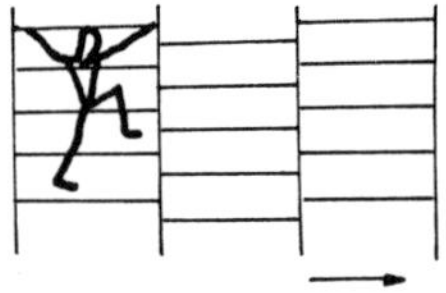	B
4	Springen - Laufen	Lauf von einem Basketballkorb zum andern. Berührung des Netzes=1 Pkt. - Berührung des Korbrandes=2 Pkte. (Nicht festhalten!) Wer hat am meisten Punkte? Variante: Gruppenwettkampf.	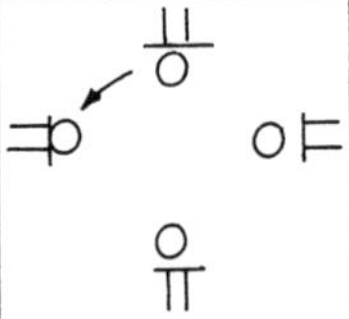 	B
5	explosiver Absprung Kräftigung	Sprünge am Mehrfachreck. Wer berührt die oberste, zweitoberste ... Reckstange?		B

NR.	ZIEL	BESCHREIBUNG	ORGANISATION	LIT.
6	Absprung Kräftigung Arme/ Beine	Sprung ans Reck und Halten im Beugehang. Während 5 sec. musst du das Kinn über die Reckstange halten. Wer kommt bis zum obersten Loch?		B
7	Absprung Geschicklichkeit	Wer findet den kürzesten Weg von A nach B. (Wer braucht am wenigsten Sprünge?) Variante: Wer überspringt am meisten Matten?	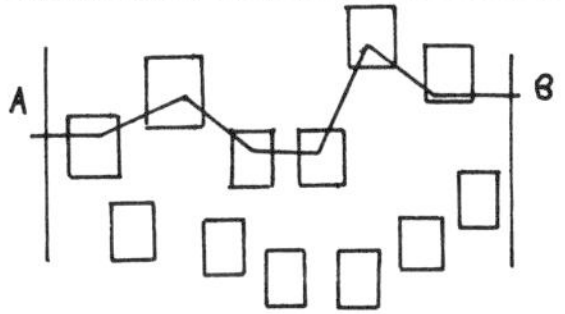	B
8	Sprunggewandtheit	Springe von einer Matte zur andern. Wieviele Sprungarten sind für dich möglich, wenn du eine Matte nur einmal berühren darfst?	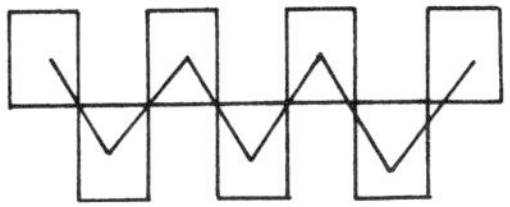	B
9	Sprunggewandtheit	Suche den Mattenabstand, so dass es für dich gerade noch möglich ist, von einer Matte zur andern (ohne Zwischenhupf) zu kommen? Varianten: verschiedene Sprungarten.	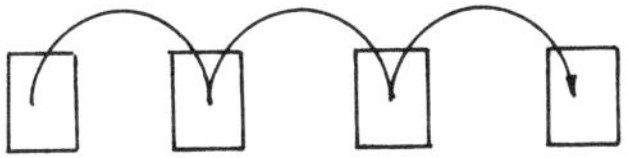	B
10	Teamarbeit	A und B halten eine Matte. C überspringt die Matte 5 x und kriecht nach jedem Sprung unter der Matte durch! Wechsel. Welche 3er Gruppe ist zuerst fertig?		E

8.2 Sprungkrafttraining: Mit und an Hallengeräten

NR.	ZIEL	BESCHREIBUNG	ORGANISATION	LIT.
11	Kräftigung	"Sumpfhüpfen". Hüpfen in Weichsprungmatten auf verschiedene Arten. Variante: Mit Sprungseil.		B
12	kräftiger Absprung	Kastenspringen auf verschiedene Höhen. Auf welchen Kasten kannst du gerade noch springen? Variante: überspringen.	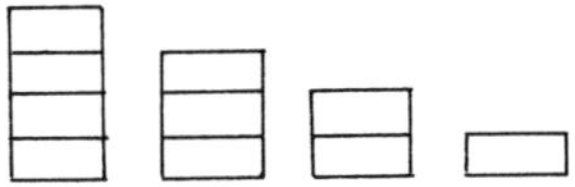	B
13	kräftiger Absprung	Tiefsprung: Springe von einem ganzen Kasten hinunter. Wie hoch kannst du sofort wieder auf einen andern Kasten springen? Auf 1, 2 ... Teile, oder über den Kasten.		B
14	Kraftausdauer	"Sprunggarten:" Gruppenwettkampf. Für das Ueberspringen eines liegenden Kastenteils 1 Pkt. pro quer aufgestellter Teil 2 Pkte. Welche Gruppe hat mehr Punkte nach 2 Minuten?	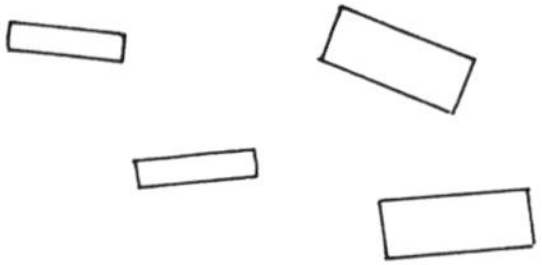	B
15	Geschicklichkeit	Bärentritt: Treppenspringen - am Ende: Sprung über eine Gummileine. Distanz verändern - Gummiseil erhöhen!	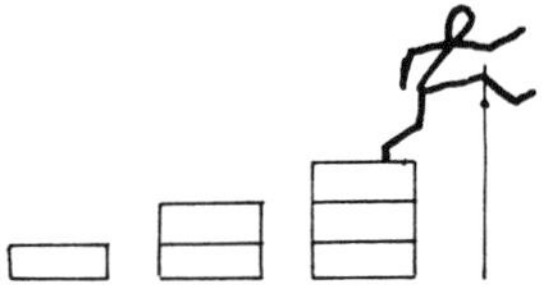	B

NR.	ZIEL	BESCHREIBUNG	ORGANISATION	LIT.
16	Geschicklichkeit	Bockspringen: Grätsche, Hocke, Flanke, ohne Zwischenhupf. Die Höhe und die Zwischenräume dem Sprungvermögen anpassen!		B
17	Geschicklichkeit Zusammenarbeit	Gegenseitiges Berühren mit offenen Handflächen über einer gespannten Leine. Variante: Gleichzeitiges Hüpfen seitwärts der Leine entlang.		B
18	rhythmisches Springen Zusammenarbeit	Sprung von 2 parallel gestellten Langbänken in den Zwischenraum und zurück in verschiedenen Rhythmen. Variante: Als Gruppe, rhythmisches Springen.		B
19	Zusammenarbeit	Bänklirennen: Die Langbank wird zwischen den gegrätschten Beinen gehalten. Die Gruppe hüpft eine bestimmte Strecke. Variante: Stafette, rhythmisches Hüpfen.		B
20	Kräftigung der Beine	Beinpresse. Der Partner sitzt auf der Langbank. (Je nach Ort, mehr oder weniger grosse Belastung). Mit den Beinen wird nun versucht, den Partner in die Höhe zu stossen.		B

8.3 Sprungkrafttraining: Mit dem Seil

NR.	ZIEL	BESCHREIBUNG	ORGANISATION	LIT.
1	Geschicklichkeit	Halten des zusammengelegten Seils mit beiden Händen. Fortlaufendes Ueberspringen vorwärts, rückwärts.		B
2	Geschicklichkeit	Das Seil wird einhändig, kreisförmig über den Boden geschwungen. Ueberspringen des Seils an Ort, in der Bewegung.		B
3	Geschicklichkeit	Hin- und Herschaukeln mit dem Seil. Wer macht am meisten Versuche ohne Berührung? Varianten: an Ort, im Lauf.		B
4	Geschicklichkeit	Nach 10 Sprüngen wird das Seil eine Handbreite enger gefasst! Wer hat am Schluss das "kürzeste" Seil?		B
5	Kraft - Ausdauer Geschicklichkeit	Einzelwettkampf: einbeiniges Springen 1 Pkt. zweibeiniges Springen 2 Pkte. Kreuzen vor dem Körper 3 Pkte. Doppelhupf 4 Pkte. Springen in der Hocke 5 Pkte. Wer hat nach 3 Min. am meisten Punkte?	Ein Partner zählt! 	B

NR.	ZIEL	BESCHREIBUNG	ORGANISATION	LIT.
6	Sprunggewandtheit	Die Seile werden in origineller Art auf den Boden gelegt. Ueberspringen in verschiedenen Formen - alleine - in der Gruppe.	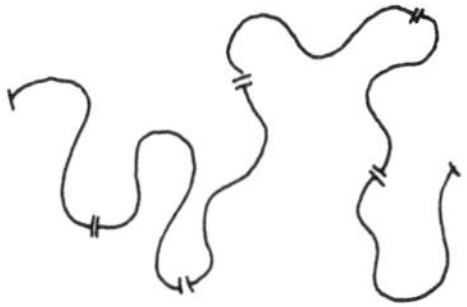	B
7	Sprunggewandtheit	Die Seile liegen parallel, hintereinander am Boden. Wer erreicht das letzte Seil mit Einbeinsprüngen, Laufsprüngen ... Distanz variieren.	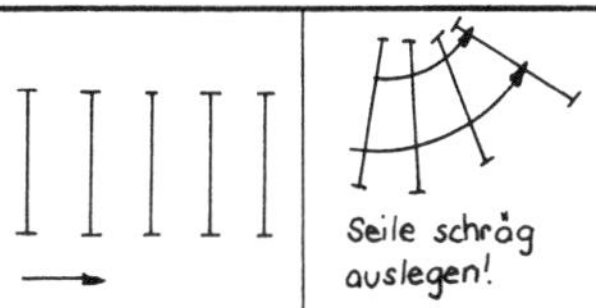	B
8	Geschicklichkeit Zusammenarbeit	Eine Gruppe liegt am Boden. Je 2 halten ein Sprungseil. Durch Hochschnellen versuchen sie, die Springer zu stören. Welcher der Springer berührt die Seile am wenigsten?	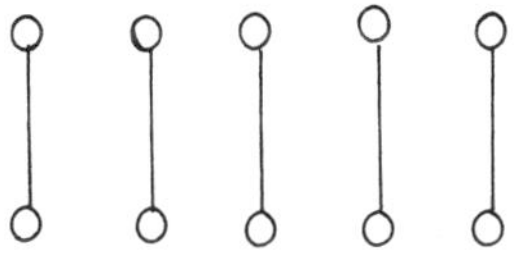	B
9	Sprunggewandtheit	Eine Gruppe bildet die Sprunganlagen, dh. je 2 halten ein Seil. Die andere Gruppe überspringt die Seile. - Wechsel. Variante: Die "Ständer" hüpfen an Ort.		B
10	Geschicklichkeit	Wie oben: Die Anlagen sind ebenfalls in Bewegung. Welcher Springer hat am meisten Hindernisse übersprungen?		B

8.3 Sprungkrafttraining: Mit dem Seil

NR.	ZIEL	BESCHREIBUNG	ORGANISATION	LIT.
11	Geschicklichkeit	A schlängelt das Seil. B überspringt, ohne das Seil zu berühren. Bei Berührung Wechsel.		B
12	Wettkampf	A springt, B zählt. Bei Sprungfehler - Wechsel. Wer springt am meisten in 1, 2, 3 ... Min.?		B
13	Geschicklichkeit Zusammenarbeit	Springen zu zweit mit einem Seil. Auf dem Rückweg: Funktionswechsel.		B
14	Zusammenarbeit	Jeder der Gruppe 1 wirft einen Rugbyball ins Feld. Die Gruppe 2 versucht, so schnell wie möglich den Ball in eine Marke zu legen. Unterdessen hüpft Gruppe 1 an Ort mit dem Seil. Pro Sprung 1 Pkt. Wechsel.	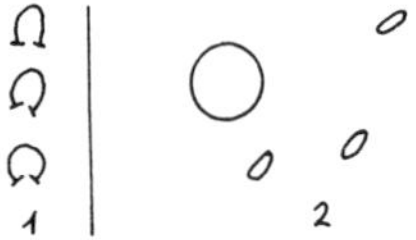	B
15	Sprunggewandtheit	Gruppe 1 sitzt am Boden und bildet mit den Seilen einen Kreis. Gruppe 2 überspringt die gespannten Seile. Variante: Gruppenwettkampf. Wieviele Sprünge in 3 Min. Wechsel.	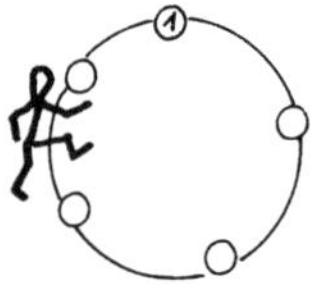	B

NR.	ZIEL	BESCHREIBUNG	ORGANISATION	LIT.
16	Geschicklichkeit	Seilspringen mit dem langen Seil in verschiedenen Varianten.		B
17	Geschicklichkeit	Ein Schüler schwingt das lange Seil in einem Kreis. (Ende des Seils beschweren!) Wer das Seil berührt, löst ab.		B
18	Reaktion Geschicklichkeit	2 Schüler laufen mit einem langen Seil (Gummischnur) in einem begrenzten Feld umher. Die restlichen Leute springen über das Seil. Wer hat am wenigsten Seilberührungen?	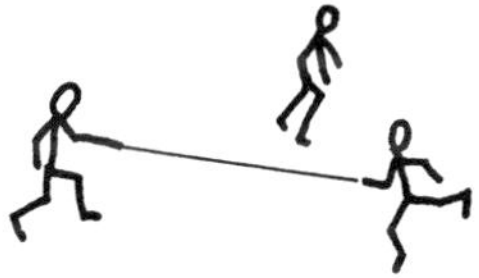	B
19	Sprunggewandtheit	Sprunglabyrinth. Viele Leinen und Gummischnüre werden kreuz und quer gespannt. Freies Springen.	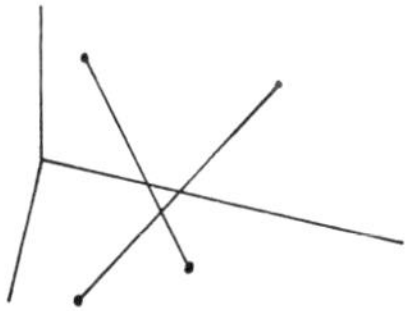	B
20	Geschicklichkeit	Gummitwist: 2 Schüler spannen eine Gummischnur. Verschiedene Sprungarten auf verschiedenen Höhen (Knöchel - Knie - Oberschenkel - Hüfthöhe). Wer einen Fehler macht, löst ab.		B

8.4 Sprungkrafttraining: Mit Reifen, Pneu

NR.	ZIEL	BESCHREIBUNG	ORGANISATION	LIT.
1	Geschicklichkeit	Slalom: Die Beine werden mit einem Gummiseil zusammengebunden. Hüpfen von einem Reif zum andern - ohne die Malstäbe (Speer) zu touchieren!	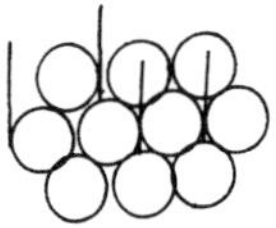	B
2	Geschicklichkeit	Jeder hat 2 Reifen. Sprung aus Reif 1 mit Reif 2 in der Hand. Am Landeort wird Reif 2 deponiert. Reif 1 muss geholt werden, wobei beide Füsse in Reif 2 bleiben. Wer hat zuerst eine bestimmte Strecke zurückgelegt?	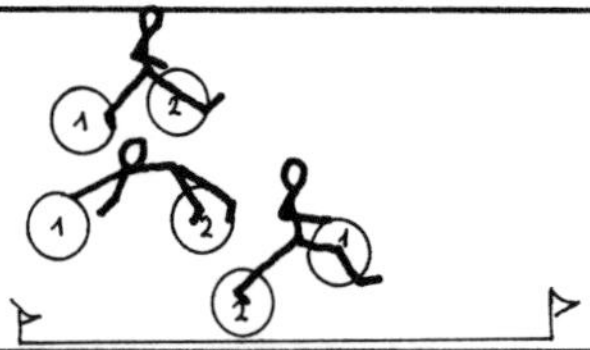	B
3	Reaktion	Die Anzahl Reifen ist kleiner als die Anzahl der Teilnehmer. Die Schü hüpfen von einem Reif zum andern, in einer abgemachten Sprungform. Pfiff! Wer in keinem Reif Platz findet, macht 3x Froschhüpfen!	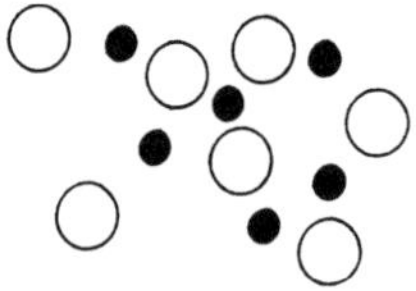	B
4	Geschicklichkeit	3 Schü halten einen Reif mit je einem Fuss. Welche Gruppe hüpft am längsten, ohne den Reif zu verlieren?		B
5	Zusammenarbeit	2 (3) in einem Reif. Hüpfend wird ein vorgegebener Parcours zurückgelegt!	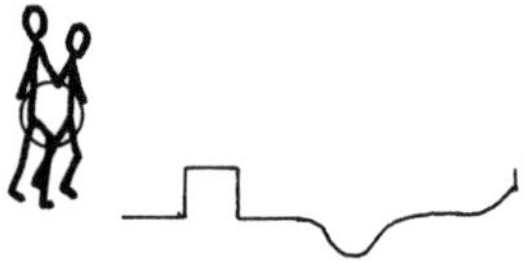	B

8.5 Sprungkrafttraining: Mit Bällen

NR.	ZIEL	BESCHREIBUNG	ORGANISATION	LIT.
1	Sprunggewandtheit	Die Bälle liegen verteilt auf dem Platz. Ueberspringen in diversen Varianten. Wer einen Ball wegrollt, läuft eine "Strafstrecke"!	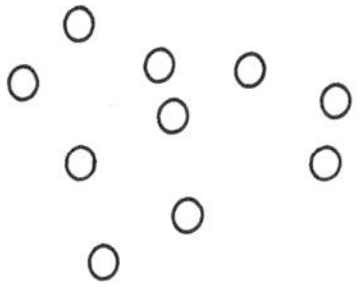	B
2	Geschicklichkeit	Der Ball wird zwischen den Füssen (Beinen) festgeklemmt. Wer hüpft am weitesten ohne Ballverlust?		B
3	Geschicklichkeit	Mit einem Fuss wird der Ball vorwärts geschoben. Der Ball muss immer kontrolliert geführt werden. Beinwechsel. Variante: rückwärts.		B
4	Geschicklichkeit	Der Ball wird mit einem Fuss geprellt. Wer kann am längsten prellen ohne Ballverlust?		B
5	Geschicklichkeit	Der Ball wird zwischen den Füssen festgeklemmt. Durch Anfersen wird der Ball in die Höhe geschleudert. Wer kann den Ball fangen?		B

8.5 Sprungkrafttraining: Mit Ball

NR.	ZIEL	BESCHREIBUNG	ORGANISATION	LIT.
6	Geschicklichkeit	Prellen mit einer Hand, hüpfend auf einem Bein durch die Halle. Bei Ballverlust: Hand- und Beinwechsel.		B
7	Kraftausdauer Geschicklichkeit	Ballspiele: Die Fortbewegungsart ist Hüpfen. Bei Spielunterbruch – Wechsel der Hüpfart. Wandball, Linienball, Handball		B
8	Reaktion	A und B rollen sich gegenseitig den Ball zu. C springt über den Ball (Vorsicht!). Bei Ballberührung: Wechsel.	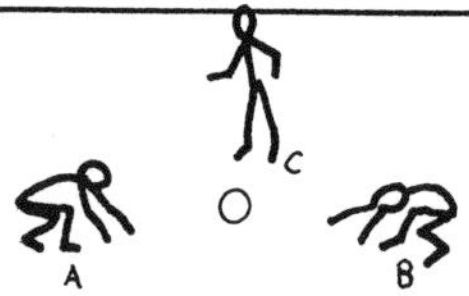	B
9	Reaktion	A springt über eine Leine auf eine weiche Matte. B wirft den Ball zu. A versucht den Ball zu fangen, bevor er mit den Füssen auf der Matte ist und ohne die Leine zu berühren! 10 Versuche - Wechsel.	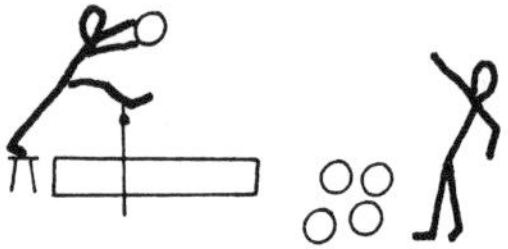	B
10	Geschicklichkeit	Rebounds. Der Ball wird fortwährend an die Wand gespielt. Der Ball muss in der Luft gefangen und wieder neu an die Wand geworfen werden. Variante: Als Gruppe zu zweit Zuspiel gegeneinander		B

NR.	ZIEL	BESCHREIBUNG	ORGANISATION	LIT.
1	Gewandtheit	Hürdenpyramide: Gelingt es dir, die Hürden mit 2 oder 1, eventuell sogar ohne Zwischenhupf zu überspringen? Distanzen variieren!		B
2	Springen - Laufen	Stafette: Abwechslungsweise über die Hürde und unter der Hürde durch. Lauf zurück zum Startort - Handschlag.	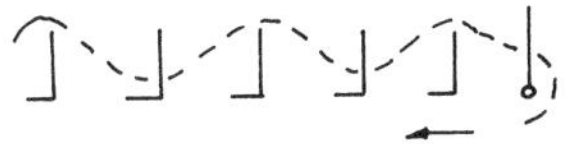 mehrere Bahnen nebeneinander.	B
3	Gewandtheit Schnelligkeit	Die Hürden sind auf einer Linie aufgestellt. Die einzelne Hürde wird seitwärts übersprungen. Anschliessend unter derselben Hürde durch zur nächsten. Wer braucht am wenigsten Zeit für die ganze Reihe?	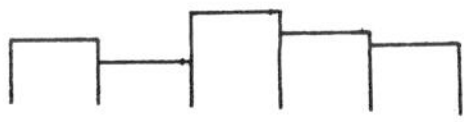	B
4	explosiver Absprung	Immer 2 halten einen Speer und stellen sich in einer Kolonne auf. Die andern überspringen einen Speer nach dem andern in verschiedenen Sprungformen.	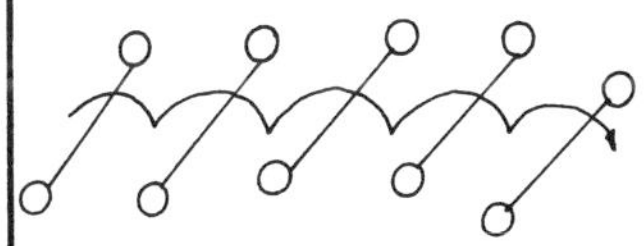	B
5	Vertikalsprung	Die Speere werden schräg in den Boden gesteckt. Wer überspringt den Speer oberhalb des Griffs? Variante: Die Speere werden gekreuzt!	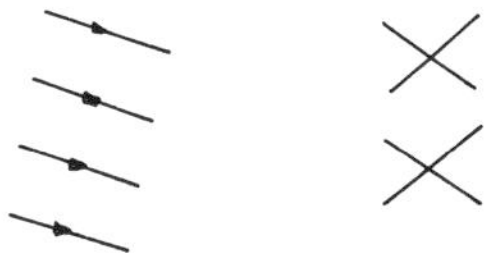	B

8.6 Sprungkrafttraining: Im Stadion

NR.	ZIEL	BESCHREIBUNG	ORGANISATION	LIT.
6	Beweglichkeit Absprung	Wer erreicht mit dem Schwungbein die Latte des Hand-(Fuss-) balltores?	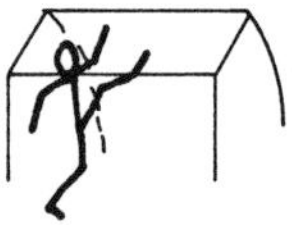	B
7	Kraftausdauer	Treppenhüpfen: - Wer hat zuerst eine bestimmte Uebungsfolge gemacht? - Wer braucht für eine Sprungart am wenigsten Versuche? Variante: Mit dem Partner im Huckepack!	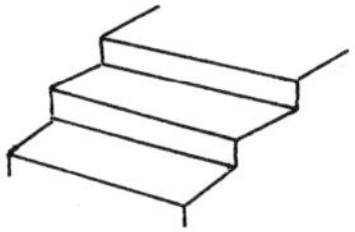	B
8	Kreativität	Wer findet in 5 Minuten am meisten verschiedene Sprungarten über das Stadiongeländer?	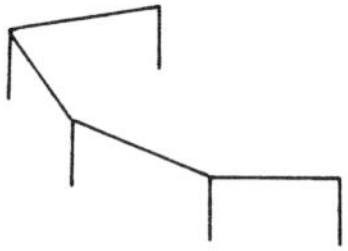	B
9	Kraftausdauer	Froschhüpfen - Laufsprünge am Hang. Wer braucht aufwärts und abwärts gleich viele Sprünge?		B
10	Kraftausdauer	Hüpfen (barfuss) in der Weitsprunganlage in verschiedenen Varianten, auch als Fangis möglich.	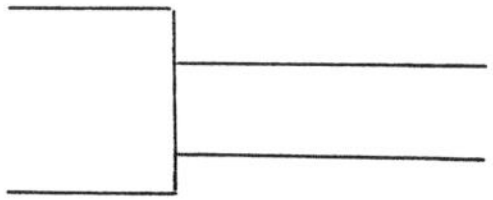	B

NR.	ZIEL	BESCHREIBUNG	ORGANISATION	LIT.
11	Kraftausdauer Reaktion	Die ganze Gruppe hüpft hintereinander über die Bahnmarkierungen.	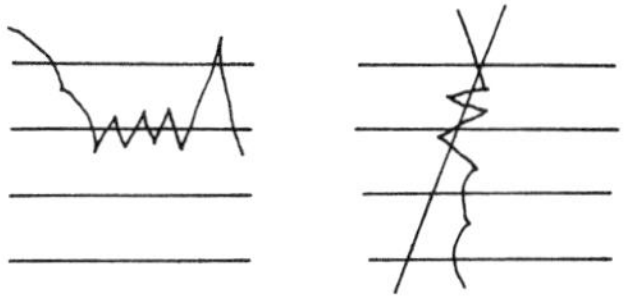	B
12	Kraftausdauer	Sprung vom Boden auf die weiche Matte. Niedersprung auf die andere Seite. Drehen - zurück. Wer hat die Matte zuerst 20x übersprungen?		B
13	explosiver Absprung	Sprung aus Stand über die Hochsprunglatte. Wer erreicht die geringste Differenz (in cm) zur persönlichen Hochsprungbestleistung?	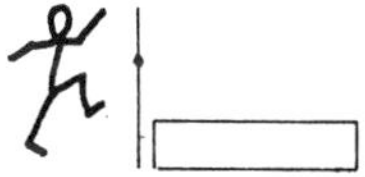	B
14	Gewandtheit	Wie hoch sprinst du mit der Hechtrolle. Aus Stand - mit Anlauf? Variante: - Päcklisprung - Anlauf frontal - Flop aus Stand.	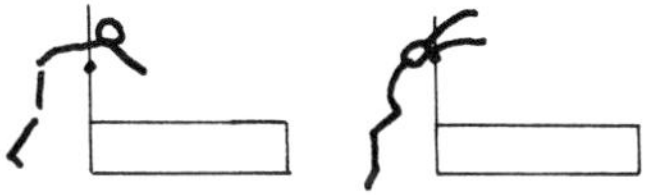	B
15	Kräftigung	Lege die Hochsprunglatte an die weiche Matte an. Springe immer aus der tiefen Hocke. Kommst du an der höchsten Stelle über die Latte?	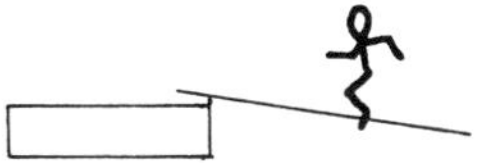	B

8.7 Sprungkrafttraining: Im Wald

NR.	ZIEL	BESCHREIBUNG	ORGANISATION	LIT.
1	Gewandtheit	Wir überspringen ohne Unterbruch ein Bächlein. Die Landung und der Absprung erfolgen mit dem gleichen Bein.	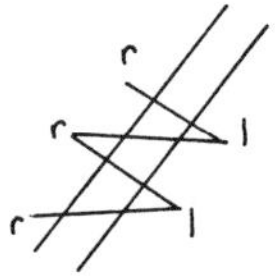	B
2	Gewandtheit Kraftausdauer	Wer hat das Bächlein zuerst 20x übersprungen? - mit und ohne Anlauf - Ort selber aussuchen lassen!	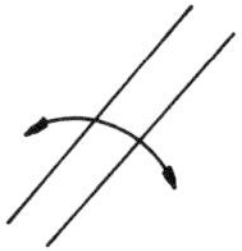	B
3	Kraftausdauer	Zu zweit. Händefassung. Die Partner dürfen nie auf derselben Seite des liegenden Baumes sein. Welche 2er-Gruppe kann unter dieser Voraussetzung am längsten hüpfen?		B
4	Gewandtheit Absprung	Versuche, mit dem Kopf ein Aestchen, ein Blatt zu berühren. Variante: Berührung mit der Hand, mit dem Fuss.		B
5	Laufen - Springen	Ueberspringe Sträucher, kleine Bäume, ohne die Pflanzen zu berühren!		B

NR.	ZIEL	BESCHREIBUNG	ORGANISATION	LIT.
6	Ausdauer	Waldslalom. Wir hüpfen eine genau markierte Strecke. Wer braucht am wenigsten Zeit? Variante: bergaufwärts.		B
7	Ausdauer	Hindernislauf: Die Hindernisse sind gekennzeichnet. Jedes Hindernis muss 1,2,3 ... mal überquert werden. Einzellauf / Gruppenlauf	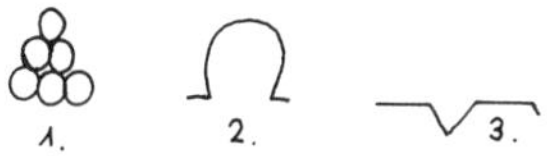	B
8	Absprung Geschicklichkeit	Wir springen einen Baumstamm an. Möglichst hoch drehen wir uns vom Baumstamm ab. Wer kommt am höchsten und landet wieder sicher am Boden?		B
9	Geschicklichkeit	Ringelreihen um einen Baum. Die Füsse sperren gegen den Baumstamm. Die Hände bleiben gefasst. Gemeinsam wird abgestossen und rings um den Baum gehüpft.		B
10	Kraftausdauer	Mit einem Aestchen binden wir die Beine zusammen und hüpfen im Wald herum.		B

1
1
1

Kapitel 9

Wettkämpfe

Viele Spiel- und Übungsformen haben Wettkampfcharakter. Im folgenden Kapitel werden deshalb nur ein paar Wettbewerbsformen als Grundideen aufgezeigt. Zur Disziplinen-Auswahl stehen viele Formen aus den Kapiteln 1-8, sowie eigene, selbst erfundene Wettbewerbe zur Verfügung.

9.1 Wettkämpfe: Einzelwettbewerbe

NR. 1	ORGANISATION	Material	BESCHREIBUNG
	- Wurf links und rechts. - Wurf aus Stand mit Anlauf. - Wurf stehend und kniend. - Differenz: Körpergrösse - gesprungene Höhe - Sprung Flop und Scherensprung - Sprung Wälzer und Flop	Speer, Kugel, Diskus, Hoch-sprung	Differenzwettbewerb: Wer erreicht mit verschiedenen Ausführungsarten die kleinste Differenz in cm ?

NR. 2	ORGANISATION	Material	BESCHREIBUNG
	- Zeit-, Tempogefühl - Gefühl für den Wurf - Zeit-, Tempogefühl	Wurf-geräte.	Schätzwettbewerb: - Wer läuft eine bestimmte Strecke in einer vorausgeschätzten Zeit? - Wer wirft (stösst) ein Gerät möglichst genau auf eine vereinbarte Weite? - Wer schätzt die Einlaufzeiten bei einem Rennen am besten? - Wer erratet die Sprung-Wurfweite?

NR. 3	ORGANISATION	Material	BESCHREIBUNG
	Lauf: - 1,2,3 ... m mehr laufen. - eingebautes Hindernis - Zusatzaufgabe Sprung: - verkürzter Anlauf - andere Technik Wurf/Stoss: - verkürzter Anlauf - entferntere Abwurfstelle usw.		<u>Handicapwettbewerb:</u> Die Sieger eines Vorkampfes haben im nächsten Durchgang ein "Handicap" zu tragen.

NR. 4	ORGANISATION	Material	BESCHREIBUNG
	- verschiedene Sprungarten - Werfen aus verschiedenen Positionen - mit und ohne Anlauf		<u>Wer braucht am wenigsten Versuche?</u> Wer durchspringt, durchwirft eine Strecke mit möglichst wenig Versuchen?

9.1 Wettkämpfe: Einzelwettbewerbe

NR. 5 ORGANISATION	Material	BESCHREIBUNG
	Wurf- geräte	Werfen / Stossen in Gewichtsklassen: Die Gruppe wird aufgeteilt in verschiedene Gewichtsklassen: z.B. Abstufung 5 kg / Schüler 7 kg / Jugendliche 10 kg / Erwachsene Wer wirft am weitesten in jeder Gewichtsklasse?

NR. 6 ORGANISATION	Material	BESCHREIBUNG
Laufen: 1 Std. Laufschritt = 4 km Summe aller zurückgelegten km gibt Deine Laufstrecke! Sprung: Alle Hoch- und Stabhochsprünge werden addiert. Flug: Alle Weit- und Dreisprünge werden addiert.		Wer läuft am weitesten, springt am höchsten, fliegt am weitesten in einer bestimmten Zeit? Als Ferien - Wochenendbeschäftigung! Notiere Deine gemachten km, m, cm. Setze Dir persönliche Ziele: z.B. Lauf von Deinem Wohnort nach ... Sprung über den Eiffelturm. Flug über den Bodensee!

NR. 7	ORGANISATION	Material	BESCHREIBUNG
	Eigene Initiative!		Selbsterfundener Wettbewerb: Die Gruppe sucht selber einen Wettkampf. Sie stellt die Regeln auf, überprüft die Vorschriften. Wenn nötig, werden sie angepasst!

NR. 8	ORGANISATION	Material	BESCHREIBUNG
	- Wahl der Wettkampfdauer je nach Trainingszustand, resp. Alter der Beteiligten. - Die Disziplinen müssen bekannt sein, d.h. die technisch korrekte Ausführung muss garantiert sein!		Schnellmehrkampf: Ein Versuch pro Disziplin. Bewertung nach den üblichen Wertungstabellen oder nach Rangpunkten. Die Gruppe setzt sich eine sinnvolle Zeitlimite. (z.B. 2 Std. für den ganzen Wettkampf!) Variante: - Bei Fehlversuch wird eine Minimalpunktzahl gutgeschrieben. - jeder Athlet wählt seine Disziplinen

9.2 Wettkämpfe: Gruppenwettbewerbe

NR. 1	ORGANISATION	Material	BESCHREIBUNG
	Forderungen an eine Stafette: - der Ablauf muss klar sein - ungefährliche Uebungen (z.B. keine Rolle vorwärts aus schnellem Lauf) - klare Bestimmungen beim Wechsel - Die Uebungen müssen zwingend sein!		Stafetten: In der Halle, im Freien sind Stafetten beliebte Uebungsformen. - Pendelstafette: Hin und Her - Umkehrstafette: Uebergabe am Startort - Rundlaufstafette: Wechsel auf einer Rundbahn - Begegnungsstafette: Die Gruppenmitglieder laufen sich entgegen. Bei Berührung: Umkehr. Die nächsten Läufer starten auf Handschlag. Welche Gruppe hat zuerst 10 Begegnungen?

NR. 2	ORGANISATION	Material	BESCHREIBUNG
	Forderungen: s. Stafette. Möglichkeiten, die Intensität zu vergrössern (keine grossen Wartezeiten!) - mehrere Bahnen (Achtung: Innen - Aussenbahn!) - Gruppenlauf: Welche Gruppe hat in einer gewissen Zeit am meisten Hindernisse passiert? - "sprechende Uhr". Der Leiter gibt laufend die Zeit bekannt. Start alle 15 sec. Die Läufer errechnen die Laufzeit selber.		Hindernislauf: In der Halle, im Stadion, im Wald usw. möglich.

NR. 3	ORGANISATION	Material	BESCHREIBUNG
	- Weitsprung von Stand - Weitsprung - Zielwurf - Kugelstossen - Lauf einer bestimmten Strecke usw. (s. Kapitel I - VIII !) Hinweis: nicht nur "klassische" Leichtathletikformen!	LA - Geräte u.a.	Gruppenwettkampf: Mehrere Gruppen, mehrere Stationen. An jeder Station sind Punkte zu holen. Rangierung: Für den 1. Rang an einer Station 1 Pkt. " " 2. " 2 Pkte. Welche Gruppe hat am Schluss am wenigsten Rangpunkte? ⟶ Sieger.

NR. 4	ORGANISATION	Material	BESCHREIBUNG
	s. oben ! zusätzlich eine Station: Aufgabe: "menschliche Uhr". Taktik: Die Gruppe versucht möglichst geschickt ihre Aufgabe zu lösen. Entsprechend haben die andern Gruppen weniger Zeit, Punkte zu machen!		Gruppenwettkampf mit "menschlicher Uhr" s. oben! Die Arbeitszeit wird jeweilen durch eine Gruppe bestimmt. z.B. Wechsel in dem Moment, wenn die Gruppe 10x eine ausgeflaggte Strecke durchlaufen hat.

9.2 Wettkämpfe: Gruppenwettbewerbe

NR. 5	ORGANISATION	Material	BESCHREIBUNG
	- Eigeninitiative - Phantasie - Zusammenarbeit	Ideen!	<u>Eigner Wettbewerb:</u> Verschiedene Gruppen stellen selber eine Disziplin für einen Gruppenwettkampf zusammen. Die Regeln werden bestimmt, den andern Teilnehmern erklärt, ausprobiert und, falls nötig, angepasst.

NR. 6	ORGANISATION	Material	BESCHREIBUNG
	Die Gruppe bestimmt selber, wie viele Läufer wie lange, wie oft eingesetzt werden!	Uhr!	<u>"Weltrekord (Schweizerrekord)- Lauf"</u> Eine Gruppe von mehreren Läufern versucht zusammen einen bestehenden Rekord zu verbessern. (z.B. 3000 m Lauf). <u>Variante</u>: im Werfen / Stossen.

NR. 7	ORGANISATION	Material	BESCHREIBUNG
	Die Gruppe organisiert sich intern selber. Je nach Zwischenstand (Telefon) wird eventuell die Taktik geändert!	Telefon!	Fern - Wett - Laufen: Zwei oder mehrere Mannschaften laufen nach vereinbarten Regeln gegen einander, an verschiedenen Orten, zur gleichen Zeit, gleichlang. Der gegenseitige Kontakt wird über das Telefon organisiert. Welche Gruppe läuft am weitesten?

NR.	ORGANISATION	Material	BESCHREIBUNG
	Varianten: - zu zweit, wer die kleinere Würfelzahl hat, muss laufen! - Wahrsagen: Jeder schätzt, bevor er würfelt, seine Würfelzahl. Lauf: Differenz der Zahlen. - Welche 2er-Gruppe läuft mit 3x Würfeln am weitesten? - 1-3 heisst: laufen. 4,5,6 wird abgemacht, was jede Zahl bedeutet.	Würfel!	"Würfelspiel" Jeder Teilnehmer hat ein Spielwürfel. A würfelt B, B würfelt für A. Die Augenzahl des Würfels bestimmt die Anzahl Runden, die der Partner laufen "muss"! s. Literaturverzeichnis. R. Moor.

1003. Spiel:

Kapitel 10
Super-Zehnkampf

Der Wettbewerb besteht aus 2 Zeitläufen (Zeit 1 + Zeit 2 = Totalzeit). Die Disziplinen und deren Reihenfolge sind dem klassischen Zehnkampf entlehnt. Neben der körperlichen Leistungsfähigkeit spielt das Glück eine nicht zu unterschätzende Rolle. Um allen Beteiligten gerecht zu werden, ist es nötig, daß der Leiter die entsprechenden Anfangshöhen und Weiten-Markierungen mit dem Leuten bespricht und den Möglichkeiten entsprechend anpasst. Bei wenig Teilnehmern ist es möglich, die „Limiten" individuell zu regeln. (z. B. Persönliche Bestleistung - x %, oder x cm!).

10.1 Super-Zehnkampf: In der Halle

NR.	ORGANISATION	Material	BESCHREIBUNG
	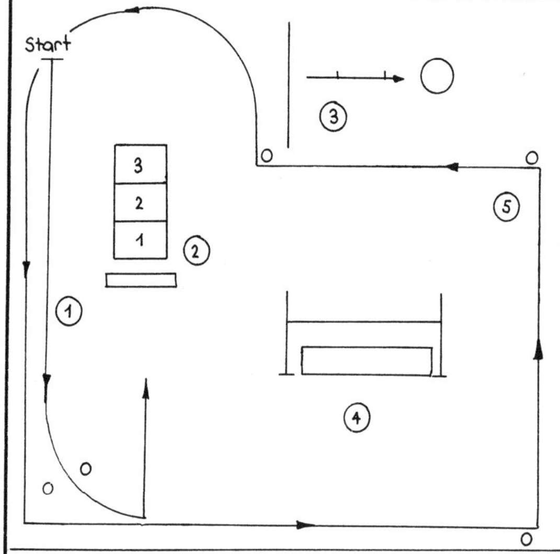	-Medizinball -Kastenelement -weiche Matte -Reif -Hochsprunganlage -Malstäbe -Stoppuhr	1. Teil: (Zeitlauf) 1 Tiefstart - Sprint 2 Weitsprung ab Kastenelement in eine weiche Sprungmatte. Landung auf dem Gesäss. Zone 1 → 1 Med. Ball für Station 3 Zone 2 → 2 Med. Bälle (Zeitgewinn!) Zone 3 → 3 Med. Bälle (Zeitgewinn!) 3 Kugel (Medizinball) stossen in eine markierte Fläche (Ring, Reif), mit 1,2 oder 3 Bällen (je nach Ergebnis beim Weitsprung!) Bei Fehlversuch 1 m näher Bei Treffer → zu Station 4 4 Hochsprung. (Latte auf mittlerer Höhe) Bei Fehlversuch → Latte 5 cm tiefer. (Der Schüler richtet die Höhe selber ein). Ueberqueren der Latte → zu Station 5 5 Lauf: 3 Runden um die Halle. 1 - 5 = Laufzeit 1

NR.	ORGANISATION	Material	BESCHREIBUNG
	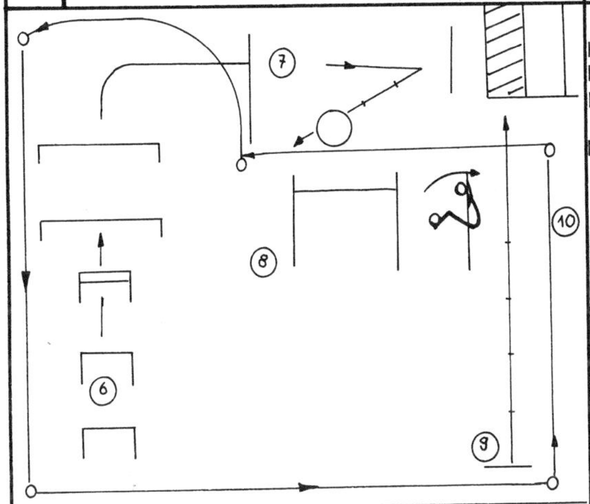 - Teil 1 und Teil 2 können an einem Tag, an verschiedenen Tagen durchgeführt werden. - Ablauforganisation s. Stafette S. 218.(1|2) - In 2er Gruppe: Die beiden bestimmen selber, wo und wie oft gewechselt wird. - Die Anforderungen können periodisch angepasst werden!	Hürden Bänkli Kasten Med.Ball Reck Ball Wurfball Stoppuhr	2. Teil: (Zeitlauf) 6 Hindernislauf über Hürden, Bänkli, Kastenelemente. 7 Diskuswurf mit dem Medizinball an die Wand, von vorgegebener Marke aus. Der Ball muss vom Werfer wieder aufgefangen werden, bevor der Ball zu Boden fällt. Bei Fehlversuch: 1 m näher an die Wand. 8 "Stabhoch": Ein Ball wird zwischen die Beine geklemmt und muss 2x über die Reckstange "befördert" werden. (Reckstange sprunghoch). 9 Weitwurf mit Ball (80/200 gr, Nockenball). Zielwurf zwischen 2 Kletterstangen. Bei Fehlversuch 1 m näher mit dem gleichen Ball. 10 Lauf: 8 Runden um die Halle laufen. 6 - 10 = Laufzeit 2 Laufzeit 1 + Laufzeit 2 = Totalzeit.

10.2 Super-Zehnkampf: Im Stadion

NR.	ORGANISATION	Material	BESCHREIBUNG
	Idee: wie X.1. - Der Trainer, Leiter bespricht mit den Schülern und Athleten den Ablauf und die angemessenen Höhen und Weiten. - Bei wenigen Teilnehmern ist es möglich, die Anfangshöhen, resp. die Marken für die Würfe individuell festzulegen. z.B. Weitsprung: Zone 1. Persönl. Bestleistung (PB) - 100cm Zone 2. PB - 70 Zone 3. PB - 50 Anfangshöhen Hoch/Stab PB - 30 Wurf/Stoss PB – 1 m usw. - Bei sehr guten Athleten können die entsprechenden Anfangshöhen und Anfangsmarkierungen entsprechend schwieriger gewählt werden!	Zeit 1 Zeit 2	2 Zeitläufe: Teil 1 1 Sprint (Streckenwahl je nach Alter und Trainingszustand) 2 Weitsprung. 3 Zonen. Absprung ab Balken. Zone 1 1 Kugel für Stat. 3 Zone 2 2 Kugeln Zone 3 3 Kugeln 3 Kugelstoss in markierte Fläche. Bei Fehlversuch → 1 m näher. 4 Hochsprung. Mittlere Höhe. Bei Fehlversuch 5 cm tiefer. 5 Lauf (je nach Alter und Trainingszustand). Teil 2 6 Hürdenlauf (Alter, Training, Technik!) 7 Diskus über eine vorgegebene Marke. Bei Fehlversuch 1 m näher. 8 Stabhoch. Mittlere Höhe. Bei Fehlversuch 30 cm tiefer. 9 Speer. Ueber vorgegebene Marke. Bei Fehlversuch 1 m näher. 10 Mittelstreckenlauf. (Alter, Training, Anlage!) Zeit 1 + Zeit 2 = Gesamtzeit.

NR.	ORGANISATION	Material	BESCHREIBUNG
	Idee: Wie X.1. und X.2. 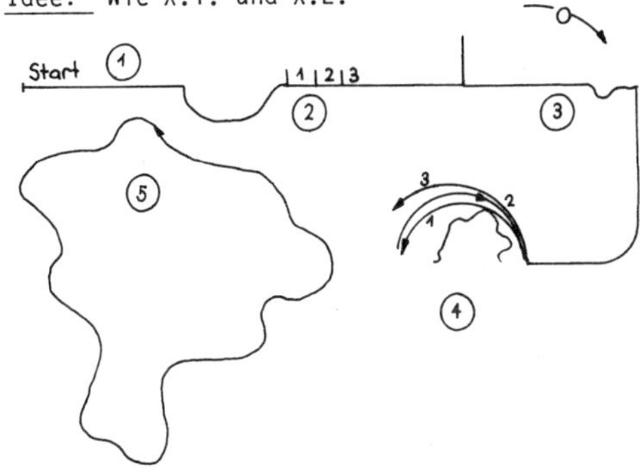 	Zeit 1	Geschicklichkeitsparcours im Wald. 1. Teil: 1 Start - Sprint 2 Weitsprung (in 3 Zonen) über Bächli, Weg ... 3 Steinstossen in ein Loch, mit 1,2 oder 3 Steinen, je nach Ergebnis im Weitsprung. Bei Fehlversuch 1 m näher ... 4 Sprung über Strauch (3x, ohne Berührung des Strauches!) 5 Lauf. (Markierte Waldbahn)
	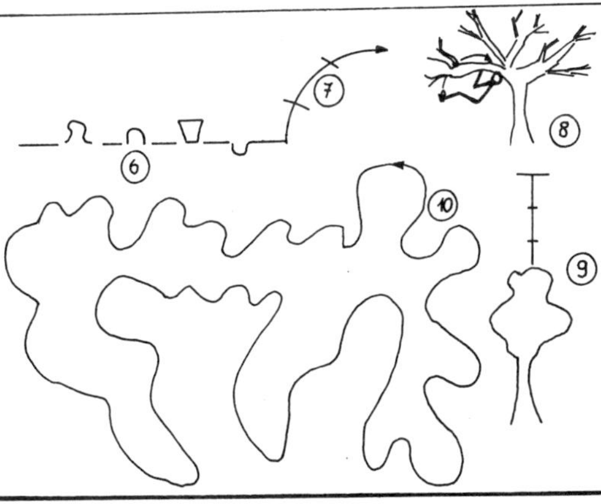 	Zeit 2	2. Teil: 6 Hindernislauf (über Baumstämme, Sträucher, Graben usw.) 7 Diskuswurf mit Stein. Ueberwerfen eines Baches, Weges ... Bei Fehlversuch 1 m näher ... 8 "Stabhoch". Aufschwingen an einem Ast. (Sprunghoch) 2 Tannzapfen, eingeklemmt zwischen den Füssen, müssen einer nach dem andern über den Ast "befördert" werden. 9 Zielweitwurf mit Tannzapfen auf Baumstamm. Bei Fehlversuch 1 m näher ... 10 Längerer Lauf. (Waldslalom!) Zeit 1 + Zeit 2 = Gesamtzeit

Literaturverzeichnis

B bedeutet: Diese Spiel- oder Uebungsform war uns bekannt. Entweder haben wir diese Form in einem Buch gelesen, von jemanden gehört oder selber bei einer Gelegenheit gemacht. Auf jeden Fall, all den Beteiligten besten Dank!

E bedeutet: Wir glauben, diese Form sei eigene Kreation. Es ist uns jedoch bewusst, dass eventuell auch andere diese Form bereits kennen und machen! Vielleicht ist es auch nur eine ganz kleine Variante zu einer "bekannten" Form.

Folgende Bücher und Manuskripte dienten uns als Arbeitsunterlagen:

Autorenkollektiv: Lehrbuch für das schweizerische Schulturnen (Bd. III). Bern: EDMZ 1965.

Autorenkollektiv: Turnen und Sport in der Schule (Bd. 3). Bern: EDMZ 1975.

Bauersfeld, K.H./ Schröter, G.: Grundlagen der Leichtathletik. Berlin: Sportverlag 1979.

Bernhard, G.: Leichtathletik der Jugend, Bd. 1 u. 2, Frankfurt 1971.

Bernhard, G.: Sprungtraining, Schorndorf 1977[2]

Bernhard, G.: Didaktik der Jugendleichtathletik, Schorndorf 1976.

Bohumil, K., u.a.: Gymnastik 1200 Uebungen. Berlin: Sportverlag 1973.

Bucher, W., u.a.: 1001 Spielformen im Wasser. Schorndorf: 1980.

Egger, K.: Läufercircuit - IAAF - Bericht. Magglingen: ETS 1980. S. 59-70.

Fähndrich, J.: Diplomarbeit NKES, Spiel- u. Uebungsformen im Laufen. Magglingen: ETS 1980.

Fischer, H., und Mitarbeiter: Turnen und Sport in der Schule (Bd. 2). Bern: EDMZ 1975.

Gygax, P., u. Mitarbeiter: Turnen und Sport in der Schule (Bd. 6). Bern: EDMZ 1977.

Hanselmann, E.: OL - ABC. Magglingen: Schriftenreihe der ETS.

Kirsch, A.: Jugend-Leichtathletik, Berlin 1964[3].

Kirsch, A./ Koch, K.: Methodische Uebungsreihen in der Leichtathletik. Erweiterte Grundausbildung im differenzierten Sportunterricht. Schorndorf 1980[6].

Koch, K.: Laufen, Springen, Werfen in der Grundschule. Schorndorf 1979[5].

Koch, K.: Methodische Uebungsreihen in der Leichtathletik. Grundausbildung im obligatorischen Unterricht der Schule. Schorndorf 1979[8].

Kruber, O.: Leichtathletik in der Halle. Schorndorf 1978[5].

Magglingen, ETS.: J+S Leiterhandbuch. "Leichtathletik". Bern: EDMZ 1976.

Moor, R.: Werkstattblätter. Bern 1981 (unveröffentlicht).

Nett, T.: Die Lehrweise der Leichtathletik. Berlin 1963.

Schmolinsky, G., u.a.: Leichtathletik. Berlin: Sportverlag 1977.

Spring, P.: Lieber länger laufen lernen. Sporterziehung in der Schule, AZ Zug 1980, S. 6-13.

Ziörjen, M.: Turnen + Sport in der Schule (Bd. 9). Bern: EDMZ 1980.

Kurt Murer

Leichtathletik in der Schule

Die Leichtathletik hat Mühe, sich in der Schule durchzusetzen. Im letzten Detail festgelegte Bewegungsabläufe werden immer wieder, auf gleiche oder doch ähnliche Art und Weise, geübt. Die (einzige) Zielsetzung lautet: schneller, höher, weiter . . .!
Das Bild der schulischen Leichtathletik muß zweifellos weiter gefaßt und verstanden werden, im Sinne einer *Neuorientierung* (G. Balz).
Die Mehrdimensionalität der Zielsetzungen muß dem Schüler gezeigt und bewußt gemacht werden. Dem isolierten Üben und der zu frühen Spezialisierung ist entgegenzuwirken. Motorische Grundfähigkeiten (Laufen, Werfen, Springen, Klettern . . .) sind gegenüber den Fertigkeiten (Techniken) vorzuziehen. (*Fähigkeitsorientierter Fertigkeitserwerb.* A. Hotz.) *Bsp.* In-die-Weite-Springen und nicht Weitsprung. Durch altersgemäße Reize und Lerngelegenheiten wie: Kennenlernen — Erfinden — Probieren — Üben — Leisten, sollen die Kinder angeregt werden. Spielerische Aspekte zum Wecken von Freude und Motivierung gehören ebenso ins Programm. Durch differenzierte Aufgabenstellungen soll der einzelne Schüler gefordert und damit gefördert werden. Erlebnisse, Erfahrungen und Kenntnisse in den leichtathletischen Disziplinen sollen Brücken schlagen zur Alltagsmotorik, zum Freizeitsport. Nur ein breit abgestützter Leichtathletikunterricht bewirkt bei Schülern mittel- und langfristig Freude an der Bewegung, Spaß am Sporttreiben und Interesse an der Leichtathletik.

Herausgeber: Schweizerischer Leichtathletikverband und Schweizer Verband für Sport in der Schule
Umfang: 100 Seiten mit Fotos und Illustrationen
Bezugsquelle: Schweizerischer Leichtathletikverband, Postfach 2233, CH-3001 Bern